T0195044

Viele Welten in einer Welt

Hans Sillescu

Viele Welten in einer Welt

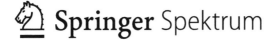
Springer Spektrum

Hans Sillescu
Institut für Physikalische Chemie
Universität Mainz
Mainz
Deutschland

ISBN 978-3-662-47148-7   ISBN 978-3-662-48124-0 (eBook)
DOI 10.1007/978-3-662-48124-0

Die Deutsche Nationalbibliothek verzeichnet diese Publikation in der Deutschen National-bibliografie; detaillierte bibliografische Daten sind im Internet über http:// dnb.d-nb.de abrufbar.

Springer Spektrum
© Springer-Verlag Berlin Heidelberg 2016

Planung: Dr. Vera Spillner, Dr. Lisa Edelhäuser
Einbandabbildung: deblik, Berlin

Gedruckt auf säurefreiem und chlorfrei gebleichtem Papier

Springer Berlin Heidelberg ist Teil der Fachverlagsgruppe Springer Science+Business Media (www.springer.com)

„Mit Wort und Weise müssen die Leser vorlieb nehmen. Man kann nicht dazu, daß man nicht mehr jung ist, wenn man alt ist. Was aber den Inhalt anlangt, der doch bey einer Schrift die Hauptsache ist, da meyne ich Wort gehalten zu haben. Und wenn einige Leser etwas Anderes erwartet haben; so ist der Bothe unschuldig daran, ist auch unverlegen darüber. Ihn gereuet seine Überzeugung nicht, und er weiß, auch am Grabe, für sich und seine Leser nichts Besseres."

Matthias Claudius, Wandsbecker Bothe, Achter Teil, 1812

Vorwort

Ein Professor, der es auch als seine Berufung ansieht, über den Rand der eigenen Fachdisziplin hinauszuschauen, sollte immer wieder Zeit finden, über Grundfragen des Lebens nachzudenken und das Ergebnis irgendwie zu Papier zu bringen. Mich selbst haben zeitlebens die uralten philosophischen Fragen umgetrieben: Wer bin ich? Wo komme ich her? Wo gehe ich hin? Warum ist etwas und nicht nichts? Warum ist die Welt so und nicht anders? Welche Rolle spiele ich in dieser Welt, und welche sollte ich spielen? – Seit meiner Emeritierung im Jahre 2002 bleibt mir noch viel mehr Zeit, diesen Fragen nachzugehen. Mein philosophischer Standort lässt sich vielleicht dadurch charakterisieren, dass ich den Satz von Protagoras, nach dem der Mensch das Maß aller Dinge sei, als Ausdruck der Bescheidenheit ansehe, der die Grenze menschlichen Wissens markiert.

Jenseits dieser Grenze beginnt die Welt religiöser Vorstellungen, die im zweiten Teil meines Buches zur Sprache kommen. „Gott" ist hier immer irgendwie gegenwärtig, weil ein nach heutigen Maßstäben fundamentalistischer christlicher Glaube meine Jugendzeit geprägt hat. Auch nach dem Verlust dieser Gläubigkeit war und ist mir bewusst, dass eine derart tiefgehende Prägung als Lebensschicksal bis zum

Ende bestimmend bleibt. Hier liegen also die Wurzeln meines Interesses an Theologie, Religion und jedweder Form von Jenseits.

Der dritte Teil berührt die Welt der Kunst, in der ich gerne als „Dilettant" meiner Phantasie freien Lauf lasse. Gelegentlich entstehen dann Texte, die mir lesenswert erscheinen. Dabei werden immer wieder Fragen angesprochen, die sich naturgemäß im Alter stellen. Gedanken über derartige „letzte Fragen" sind eigentlich *Gedankenspiele*. Wer Kindern beim Spielen zuschaut, spürt etwas von der elementaren Kraft und Leidenschaft des *Homo ludens*. Alte Menschen im Ruhestand haben die Chance, zum *Spielen* im ureigentlichen Sinne zurückzufinden.

Mein Interesse an der Welt von Kindern, an der eigenen Kindheit und derjenigen meiner Kinder und Enkel, hat wesentlich zur Entstehung des ersten Kapitels beigetragen, in dem es darum geht, wie gleichsam aus dem Nichts in jedem Menschen eine ganz persönliche eigene Welt entsteht und wie durch das Zusammenleben mit Eltern, Geschwistern und anderen Menschen irgendwann ganz selbstverständlich das Bewusstsein entsteht, in *einer* gemeinsamen Welt zu leben. Aber wie *real* ist die in dieser einen Welt erfahrene Wirklichkeit? Diese Frage zieht sich wie ein roter Faden durch die Kapitel von Teil I, die aus verschiedenen Anlässen zu verschiedenen Zeiten entstanden sind. Auch die weiteren Kapitel sollten zunächst als Essays gesehen werden, für sich selber stehen. Wenn am Ende die phantastische Vielfalt unserer Welt sichtbar wird, könnte als „Weltbild" ein Kaleidoskop erscheinen, in dem jeder Betrachter seine eigene Welt entdecken kann.

Mein besonderer Dank gilt Frau Dr. Vera Spillner, die fand, meine Überlegungen, die ich als „Gedankenspiele eines alten Mannes" an Freunde und Kollegen verteilt hatte, passten zu den Büchern, die bei Springer Spektrum zum Thema Religion und Wissenschaft erscheinen. Sehr dankbar bin ich aber auch Frau Dr. Lisa Edelhäuser und ihren Kolleginnen im Springer-Verlag, die das Buchprojekt mit professioneller und geduldiger Hilfe betreut haben.

Herrn Prof. Dr. Reiner Kümmel danke ich für einen sehr anregenden Briefwechsel über biblische Wunder (Kümmel 2015).

Mainz, April 2015   Hans Sillescu

Inhalt

Teil I

Philosophie – Die Wissenschaft der erfahrenen Wirklichkeit

Der erste Teil meines Buchs trägt die Überschrift „Philosophie", obwohl es auch um „Wirklichkeit" geht, die von „philosophisch unmusikalischen" Menschen erfahren wird. Es werden jedoch die in Teil II behandelten religiösen Erfahrungen bewusst ausgeklammert. Dieses *methodische* Außerachtlassen von allem Übernatürlichen hat eine lange Tradition in der Wissenschaftsgeschichte, auf die ich im 10. Kapitel über biblische Wunder ausführlich eingehen werde. In der neueren Philosophie wird diese Haltung auch als *Kritischer Rationalismus* bezeichnet. Hier geht man davon aus, dass eine vom Menschen unabhängige Wirklichkeit existiert, die rational erforscht werden kann. Die Ergebnisse werden aber als grundsätzlich hypothetisch und kritisch hinterfragbar betrachtet.

1
Die Entstehung kindlicher Welten – Das Werden der einen Welt

In jedem Menschen entwickelt sich schon im Säuglingsalter eine ganz persönliche eigene Welt, die bestimmt und geprägt wird durch die Eigenheiten seiner Anlagen sowie seiner personellen und materiellen Umwelt. Es entsteht dabei wohl zuerst ein gewisses Selbstgefühl und besonders in der Konfrontation mit den Forderungen der Eltern ein eigener Wille, der zumindest in unserer westlichen Kultur zu einem selbstbewussten Ich führt, das sich gegen Ende des zweiten Lebensjahrs zum ersten Mal sprachlich artikuliert. Von den Psychologen und Pädagogen, die sich mit der frühkindlichen Entwicklung beschäftigen, können wir lernen, dass hier faszinierende Parallelen zur Phylogenese des *Homo sapiens* bestehen. Der vorgeschichtlichen Periode, in der die Märchen und Mythen entstanden sind, entspricht in der Kindesentwicklung die *magische Phase*, in der die Welt ganz selbstverständlich von Fabelwesen bevölkert ist, die dem Kind genauso real erscheinen wie die Wirklichkeit den Erwachsenen. Doch eines Tages entdeckt das Kind, dass der Weihnachtsmann *in Wirklichkeit* nur der Onkel Franz mit umgehängtem Bart ist. Manche Kinder erleben hier ihre erste tiefgreifende Enttäuschung, an die sie sich bis an ihr Lebensende erinnern. Andere mögen dieses

Erlebnis weniger dramatisch empfinden. Bei allen beginnt jedoch jetzt die Entfaltung einer neuen, *wirklichen* Welt, in die nur aufgenommen wird, wer oder was einer kritischen Überprüfung seiner *Wirklichkeit* standhält. Besonders Ingenieure und Naturwissenschaftler bleiben manchmal zeitlebens in dieser vermeintlich *objektiven Realität* gefangen, weil sie ihnen eine ähnliche Geborgenheit und Sicherheit verleiht wie ihr Kinderglaube, den sie zusammen mit dem Weihnachtsmann ins Reich der Fabeln vertrieben haben.

Jean Piaget, der in den Dreißigerjahren des vorigen Jahrhunderts die Entstehung des Realitätsbewusstseins während der frühkindlichen Entwicklung studierte (Piaget 1937), wurde damit auch zum Wegbereiter einer neuen philosophischen Richtung, die als *Konstruktivismus* bezeichnet wird (Siehe z. B. Ernst von Glasersfeld 1997). Danach ist jeder Mensch der *Konstrukteur* seiner eigenen Welt, und zusammen mit anderen Menschen *erfindet* er die jeweils existierende Wirklichkeit. Ähnliche Gedanken vertrat schon George Berkeley (1684–1753) mit seiner Behauptung, dass alle menschlichen Wahrnehmungen und damit unser ganzes Sein lediglich Phänomene unseres Bewusstseins sind (*esse est percipi*). Die Wurzeln dieser Auffassungen gehen auf den *Homo-Mensura*-Satz von Protagoras zurück: *Der Mensch ist das Maß aller Dinge, der seienden, dass sie sind, der nicht seienden, dass sie nicht sind.*

Nach Piaget entsteht die gedanklich erlebte Welt des Kindes mit der Entwicklung des Objektbegriffs, der *Re-Präsentation* von Dingen im Bewusstsein, und es kommt über die Objekt-Permanenz zu weiteren Begriffen wie „Identität", „Wandel", „Raum", „Zeit" etc. Die *Ontogenese des Wissens* erfolgt also schrittweise und parallel zur Entwicklung der Methoden des Denkens.

An der Sprachentwicklung können erwachsene Gesprächspartner auch beobachten, wie die Sprache mit dem Denken verbunden ist, wie Kinder Sachverhalte auf den *Begriff* bringen. Zuerst werden Wörter, die offensichtlich für das Kind wichtig sind (und die sich leicht aussprechen lassen, z. B. Mama), nachgesprochen. Danach werden sie aus eigenem Antrieb ausgesprochen, wenn sie in den richtigen Kontext passen (z. B. Nein!). Jedes Wort bedeutet eine Aussage (Ein-Wort-Sätze). Wenn der Wortschatz auf etwa 50 Wörter angewachsen ist, ergeben sich fast automatisch Kontexte, in denen zwei Wörter zusammenpassen. Beispiele: Auto brumm-brumm, Baby Heia, Oma Opa. Schließlich werden weitere Wörter hinzugefügt: Mama auch essen!

Die Grammatik und logische Verknüpfungen ergeben sich aus Gewohnheit. Das Kind versteht immer besser, die längeren Sätze der Erwachsenen nachzuahmen. Dabei gewöhnt es sich an deren Grammatik und verinnerlicht die Regeln, ohne sich ihrer bewusst zu sein. Dies ist besonders gut bei „unregelmäßigen Verben" zu beobachten, deren Beugung es noch nicht kennt, zum Beispiel: „Ich habe geesst."

Beim Entstehen der kindlichen Welt zeigt sich besonders in den Frühstadien, wie die Wirklichkeit sich fortwährend wandelt, der Wandel als solcher aber nicht wahrgenommen wird. Ein vorläufiges Ende findet diese Entwicklung mit der Aufnahme des Kindes in die Welt der Erwachsenen, die in allen menschlichen Kulturen im Rahmen traditioneller *Initiationsriten* vollzogen wird.

Danach leben die meisten Menschen in einer Welt, die in der Philosophie als *naiver Realismus* bezeichnet wird. Nur gelegentlich nimmt man wahr, dass man sich offenbar getäuscht hat oder getäuscht wurde. Doch das ändert nichts an der Überzeugung, in einer *wirklichen* Welt zu leben, in der man sich behaupten muss, die man vielleicht verändern, hoffentlich verbessern kann, an deren Existenz aber im Ernst niemand zweifelt.

Wie aus den vielen subjektiv erlebten Welten der einzelnen Menschen die *eine Welt* entsteht, in der alle zu leben glauben, ist eine philosophische Frage, die von den wenigsten bewusst reflektiert wird. In den folgenden Kapiteln werden wir auf diese Frage zurückkommen, zumal es keine allgemein akzeptierte Antwort gibt. Dabei spielt eine wichtige Rolle, dass Kinder etwa mit Beginn des fünften Lebensjahres die Fähigkeit entwickeln, sich in andere Menschen zu versetzen und die Welt aus deren Perspektive zu betrachten. Man bezeichnet diese Fähigkeit als Bildung einer *Theory of Mind* (Theorie des Geistes). Das Kind lernt also zu *verstehen*, dass der kleine Bruder noch an den Weihnachtsmann glaubt, obwohl dies doch in Wirklichkeit der Onkel Franz ist. Es versteht auch, warum in der Nachbarfamilie, die Moslems sind, an Weihnachten überhaupt kein Weihnachtsmann kommen kann. Sie lernen also, dass es eine „Welt der Moslems" und Welten fremder Völker mit ganz anderen Sitten und Gebräuchen gibt. Doch die Einsicht, dass jeder einzelne Mensch in seiner subjektiv erlebten „Eigenwelt" lebt, erfordert ein philosophisches Denken, das vielen Menschen zeitlebens fremd bleibt. Wer versteht, dass jedes Wissen *primär* subjektives Wissen ist, sieht auch die Bedeutung der Fähigkeit, eine *Theory of Mind* zu entwickeln: „Ich weiß, dass du weißt, dass ich weiß." Dies ist der Schlüssel, um aus dem Käfig des Solipsismus, der Vorstellung, dass nur das eigene Ich existiert, herauszukommen. Wesentlich ist dabei die gemeinsame Sprache, die eine Kommunikation zwischen den verschiedenen Eigenwelten der einzelnen Menschen ermöglicht. Sie erlaubt mir, mein Wissen mit anderen zu teilen und mir das Wissen anderer anzueignen. Auf diesem Weg entsteht ein „Wissen der Menschheit", für das Karl Popper den Begriff „Welt 3" geprägt hat. Dass dieses allen denkenden Menschen gemeinsame Wissen nicht notwendig eine von Menschen unabhängige *objektive* Realität beschreibt, behandeln die nächsten Kapitel.

Seit den Forschungen von Piaget (1937) wurde die Entwicklung des Menschen in den ersten Lebensjahren zunehmend erforscht und sie ist heute ein wichtiges Teilgebiet der Hirnforschung (Siehe z. B.: Caspary et al. (2012), Friederici (2008) und Pauen (2006, 2011)). In der Philosophie spielt die Frage, wie philosophisches Denken entsteht und warum viele Menschen „philosophisch unmusikalisch" sind, merkwürdigerweise eine ziemlich unbedeutende Rolle. Auf die Entstehung *einer Welt* aus den *vielen Welten* der einzelnen Menschen werde ich in Kap. 3 im Zusammenhang mit der *Welt-Null-Hypothese* in Metzingers Selbstmodell-Theorie näher eingehen. Besonders „die Kooperation und Kommunikation innerhalb großer Gruppen von Menschen durch die Bildung wissenschaftlicher Gemeinschaften" wird dabei eine wichtige Rolle spielen.

2
Die Welt des Pythagoras – Objektive oder hypothetische Realität

Der Urvater dessen, was wir heute in den exakten Naturwissenschaften unter „objektiver Realität" verstehen, ist die legendäre Gestalt des Pythagoras von Samos[1] (siehe: Singh 2000). Der nach ihm benannte Satz, nach dem im rechtwinkligen Dreieck das Hypotenusenquadrat gleich der Summe der beiden Kathetenquadrate ist, war schon tausend Jahre vor ihm bekannt, und Pythagoras hat ihn zweifelsohne auf seinen ausgedehnten Reisen durch die antike Welt kennengelernt. Denn überall interessierte er sich für die in vielen Generationen von Priestern, Sterndeutern und Landvermessern gewonnenen Kenntnisse der Mathematik. Was wir ihm verdanken, ist also nicht der Satz des Pythagoras, sondern sein Beweis. Nach allem, was wir wissen, gab es vor ihm allenfalls Vorformen von dem, was wir heute unter einem mathematischen Beweis verstehen. Mathematische Kenntnisse und Fertigkeiten wurden vom Vater dem Sohn, vom Lehrer dem Schüler weitergegeben wie die Kenntnisse des Brotbackens. Für Pythagoras aber war der Beweis etwas Göttliches. Man kann Pythagoras durchaus als Religions-

---

[1] Über den historischen Pythagoras (ca. 580–500 v. Chr.) ist wenig bekannt. Das hier gezeichnete Bild entspricht verschiedenen Legenden aus der Zeit des Neuplatonismus im 3. Jahrh. n. Chr.

stifter ansehen, dem ein neuer Weg zur göttlichen Wahrheit offenbart wurde. Angeblich ließ er den Göttern zum Dank hundert Ochsen opfern, als ihm der Beweis seines berühmten Satzes eingefallen war. Es ist bemerkenswert, dass bis in unsere Zeit große Mathematiker und Naturforscher Begriffe aus dem Bereich des Religiösen verwenden, wenn sie zu beschreiben versuchen, was in ihnen vorgeht, wenn ihnen eine bedeutende Erkenntnis *einfällt*. Als Beispiel sei Carl Friedrich Gauß zitiert, der sich zwei Jahre lang vergeblich um den Beweis eines Satzes bemüht hat und der nach dessen Entdeckung an seinen Freund schreibt: „Endlich vor ein paar Tagen ist's gelungen – aber nicht meinem mühsamen Streben, sondern bloß durch die Gnade Gottes möchte ich sagen. Wie der Blitz einschlägt, hat sich das Rätsel gelöst; ich selbst wäre nicht imstande, den leitenden Faden zwischen dem, was ich vorher wusste, dem, womit ich die letzten Versuche gemacht habe, – und dem, wodurch es gelang, nachzuweisen." (Primas 1995)

Ausgerüstet mit der Methode des mathematischen Beweises machten sich Pythagoras und seine Schüler daran, die Welt der Zahlen zu erforschen. Gemeint sind die positiven ganzen Zahlen, denn nur diese gab es in der damaligen Welt. Als Beispiel seien die *vollkommenen Zahlen* betrachtet, die dadurch definiert sind, dass sie gleich der Summe ihrer Teiler sind. Zum Beispiel sind $6 = 1 + 2 + 3$ und $28 = 1 + 2 + 4 + 7 + 14$ die ersten vollkommenen Zahlen, auf die in immer größeren Abständen 496, 8128 und 33.550.336 folgen. Welche Bedeutung diese erstmals von Pythagoras erkannte mathematische Vollkommenheit in der nachfolgenden Kulturgeschichte hatte, können wir aus dem folgenden Zitat aus dem *Gottesstaat* von Augustinus erkennen: „Die 6 ist an und für sich eine vollkommene Zahl, doch nicht, weil Gott alle Dinge in sechs Tagen erschaffen hätte. Das Gegenteil ist wahr: Gott schuf alle Dinge in sechs Tagen, weil diese Zahl vollkommen ist. Und sie würde vollkommen bleiben, selbst wenn das Werk der sechs Tage nicht existierte." (Singh 2000) Kein Wunder also, dass man danach die pythagoreische Methode des Beweisens auch auf die Existenz Gottes anwandte. Allerdings wurden diese Gottesbeweise spätestens von Immanuel Kant als Ergebnisse menschlicher Unvollkommenheit erkannt, während die Vollkommenheit der vollkommenen Zahlen bis heute von niemandem angezweifelt wurde. Die unabänderliche Richtigkeit mathematischer Sätze lässt seither immer wieder Menschen an die Existenz einer absoluten Wahrheit glauben, die für alle Zeiten unabänderlich bestehen bleibt. Auch Platons Ideenlehre ist in diesem Sinne pythagoreisch.

Wie viele seiner Nachfolger ist schon Pythagoras einer Illusion erlegen, die von C. G. Jung als *psychische Inflation* (Jung 1928) bezeichnet wurde. Er war nämlich so erfüllt von der Wahrheit und Heiligkeit der ganzen Zahlen, dass er glaubte, jede Zahl könne als echter Bruch zweier ganzer Zahlen dargestellt werden, obwohl er dies ja noch gar nicht bewiesen hatte. Fragt man aber nach der Länge der Hypotenuse eines gleichseitigen rechtwinkligen Dreiecks, deren Katheten die Länge eins haben, so erhält man die Wurzel aus zwei. Es wird erzählt, ein Schüler von Pythagoras mit dem Namen Hippasus habe entdeckt, dass diese Zahl nicht als echter Bruch dargestellt werden kann. Doch in der Welt des Pythagoras gehörten die ganzen Zahlen gleichsam zum Allerheiligsten. Dass es daneben noch andere *irrationale* Zahlen geben könne, war ein Sakrileg. Daher verurteilte

Pythagoras seinen Schüler Hippasus zum Tode durch Ertränken. Zweihundert Jahre später hat Euklid mit der von Pythagoras erfundenen Methode des Widerspruchsbeweises (es wird bewiesen, dass das genaue Gegenteil des behaupteten Satzes zu einem logischen Widerspruch führt) einen ganz einfachen Beweis für die Irrationalität der Wurzel aus zwei gefunden, der noch heute in den Gymnasien gelehrt wird. In der Zwischenzeit hatte etwas stattgefunden, das man heute als „Paradigmenwechsel" bezeichnen würde. Die Zahlenwelt des Pythagoras war nicht wirklich zusammengebrochen; was Pythagoras streng bewiesen hatte, stimmte noch immer. Aber es stimmte innerhalb einer erweiterten Zahlenwelt, zu der später noch die komplexen Zahlen hinzukamen. Die Illusion des Pythagoras bestand darin, dass er meinte, mit der Zahl den Schlüssel zum Plan Gottes in der Hand zu haben: „Alles, was man erkennen kann, lässt sich auf eine Zahl zurückführen." Tatsächlich fand er auf der Suche nach ganzen Zahlen in der Natur das vielleicht erste quantitativ überprüfbare Naturgesetz. Wenn man eine Saite in den Verhältnissen 1: 2, 2: 3, 3: 4, 4: 5 und 5: 6 teilt, so erklingen die Oktave, die Quinte, die Quarte, die große und die kleine Terz. Die Harmonie der Töne gehorcht also einfachen Beziehungen zwischen ganzen Zahlen. In kühner Extrapolation entwarf er daraus eine Kosmologie mit Sphärenklängen in einer Harmonie der Welt, der Welt des Pythagoras. Irrationale Zahlen dagegen gehörten in das Reich des Bösen, das bekämpft werden musste; daher musste Hippasus sterben.

In ihren Grundzügen hat sich die Entstehungsgeschichte der „Welt des Pythagoras" später immer wieder nach dem gleichen Muster wiederholt: Eine schöne mathematische

Struktur harmoniert in verführerischer Weise mit Naturerscheinungen. Obwohl nur eine partielle und näherungsweise Übereinstimmung nachgewiesen werden kann, wird sie zur Weltformel, einer *Theory of Everything* erklärt, und Ungläubige werden in das Reich des Bösen verdammt. Die letzten beiden Sätze in Stephen Hawkings Buch *A Brief History of Time* (Hawking 1988) zeigen, dass sich an dem Phänomen der *psychischen Inflation* seit Pythagoras nichts geändert hat: „*Then we shall all, philosophers, scientists, and just ordinary people, be able to take part in the discussion of the question of why it is that we and the universe exist. If we find the answer to that, it would be the ultimate triumph of human reason – for then we would know the mind of God.*" Erinnert das nicht an die Schlange im Paradies? Diese sagt (Gen. 3,5): „*Eritis sicut deus scientes bonum et malum.* Ihr werdet sein wie Gott, Wissende des Guten (Wahren) und Bösen (Falschen)." Eine Welt mit einem in der Sprache der Mathematik geschriebenen *Plan Gottes*, das ist die Welt des Pythagoras. In dieser Welt gibt es eine Wahrheit, die inneren Halt verleiht, ein sicheres Fundament, auf das seit der Aufklärung immer mehr Menschen ihre individuelle Eigenwelt gegründet haben und die heute auch als *objektive Realität* verstanden wird.

Seit dem Siegeszug von Naturwissenschaften und Technik wird der naive Realismus der *Laien* noch unterstützt durch die Autorität der jederzeit überprüfbaren Fakten, durch die *Macht des Faktischen*. Zum Beispiel wurde aufgrund der *theoretischen* Vorhersage einer Kettenreaktion in einem Uranisotop 1942 in den USA ein Milliardenprojekt gestartet, weil man glaubte, sicher erwarten zu können, dass die Atombombe explodieren werde. Derartige Erleb

nisse haben den Glauben an die *objektive Realität* der Naturwissenschaften immer wieder bekräftigt. Selbst unter
den Naturwissenschaftlern gibt es nur wenige, die darauf
hinweisen, dass es sich dabei um eine *hypothetische Realität*
handelt.

Der Gedanke, dass es sich bei der Annahme der Existenz
einer *objektiven Realität* um eine unbewiesene Hypothese
handelt, die aus pragmatischen Gründen unverzichtbar ist,
geht auf David Hume zurück und sie wurde in den Händen von Charles Sanders Peirce zu einem Argument für den
philosophischen Pragmatismus. In seinem Aufsatz *The Fixation of Belief* (Peirce 1877) behandelt er alle ihm bekannten Methoden, die der Befestigung einer vorgefassten Meinung dienen können, und er entscheidet sich für die in den
Naturwissenschaften so erfolgreiche Methode, die Realität
der Welt ohne Beweis anzunehmen, zumal auch das Gegenteil unbeweisbar ist. Er wird damit zum Begründer des
philosophischen Pragmatismus, der danach besonders von
William James weiterentwickelt und auf viele Bereiche des
Lebens angewandt wurde. Nach Peirce hat besonders Kon-
rad Lorenz (1973) einen *hypothetischen Realismus* vertreten.
Durch Anwendung des Darwin'schen Evolutionsprinzips
kam er zu einer *evolutionären Erkenntnistheorie*, die danach
besonders von Gerhard Vollmer (1975) weiterentwickelt
wurde. In dieser Theorie wird die von Menschen erlebte Realität als Ergebnis eines evolutionären Anpassungsprozesses
betrachtet. Man nimmt an, dass die *subjektiven Erkenntnis-
strukturen* des *Homo sapiens* auf die Welt passen, „weil sie
sich im Laufe der Evolution in Anpassung an diese reale
Welt herausgebildet haben"(Vollmer 1975). Die Hoffnung,
dass dieser *Homo sapiens* am Ende seiner Phylogenese ein

Bewusstsein der *wahren* Welt erlangt, ist hier deutlich sichtbar. Diese Erwartung, die naturwissenschaftliche Methode führe den „objektivierenden Naturforscher" am Ende von der *hypothetischen* zur *objektiven* Realität, wurde schon von Pierce und Lorenz vertreten.

Dazu gibt es aber in der Geschichte der Astronomie ein berühmtes Gegenbeispiel. Anderthalb Jahrtausende lang galt das Ptolemäische Weltbild als reale Beschreibung des Universums. Die astronomischen Beobachtungen und Berechnungen wurden in dieser Zeit zwar immer genauer, aber sie kamen der objektiven Realität nicht näher. Das neue heliozentrische Weltsystem stimmte sogar zunächst schlechter mit den Beobachtungen überein als das geozentrische des Ptolemäus, weil Kopernikus annahm, dass die Planeten sich auf Kreisbahnen um die Sonne bewegen. Erst die elliptischen Bahnen von Kepler und deren Erklärung durch das Newton'sche Gravitationsgesetz führten zur allgemeinen Anerkennung des kopernikanischen Systems, das auch im Rahmen des heutigen Standardmodells des Universums noch gültig ist. Aber wie weit dieses Standardmodell von einer *objektiven* Realität entfernt ist, kann niemand wissen (siehe Kap. 5).

Unter Mathematikern wird unverändert kontrovers die Frage diskutiert, ob die Mathematik *entdeckt* oder *erfunden* wird. Auf der einen Seite stehen die „Platonisten", die glauben, dass die Welt der Mathematik *entdeckt* wird wie die geographische Welt, in der es nur noch wenige weiße Flecken auf der Landkarte gibt. Danach gab es die Zahl $\pi = 3{,}141\ldots$ schon immer wie die platonische Idee des idealen Kreises. Doch die Mathematiker haben im Lauf der Geschichte *entdeckt*, dass sie wie die Zahl $e = 2{,}718\ldots$ zu den irrationalen und unter diesen zu den „transzendenten" Zahlen gehört und dass zwischen beiden die Beziehung $e^{i\pi} + 1 = 0$ besteht, in der noch die imaginäre Einheit $i = \sqrt{-1}$ vorkommt. Aber es gibt ein Buch (Lakoff und Nunez 2000), in dem genau diese Gleichung als Fallstudie dient, mit der gezeigt werden soll, wie die Mathematik von Menschen erfunden wird. Wer von den Kontrahenten am Ende recht hat, ist offen, vermutlich wird es nie eine endgültige Antwort geben. Doch die umfangreiche Literatur zu der Thematik ist in vieler Hinsicht interessant und aufschlussreich (Siehe: Changeux u. Connes (1992); Barrow (1992); Livio (2009); Penrose (1998)). Sie zeigt auch, wie sehr die verschiedenen Meinungen von den individuellen Biographien der Beteiligten geprägt sind. Sehr bedenkenswert ist die schon oben zitierte Meinung von Augustinus, nach der Gott die Welt in sechs Tagen geschaffen hat, *weil* 6 eine vollkommene Zahl ist. „Und sie würde vollkommen bleiben, selbst wenn das Werk der sechs Tage nicht existierte." (Singh 2000) Dem Glauben an die absolute Wahrheit der Mathematik steht die Einsicht entgegen, dass es für Menschen keine andere Wirklichkeit geben kann als die von C. S. Peirce behauptete *hypothetische Realität.* Daher beschließe ich dieses Kapitel mit dem berühmten Ausspruch von Leopold Kronecker: „Die ganzen Zahlen hat der liebe Gott gemacht, alles andere ist Menschenwerk." (Weber 1893)

3
Gibt es Selbste in der Welt? – Die Selbstmodell-Theorie von Thomas Metzinger

„Es gibt keine Selbste in der Welt", behauptet Thomas Metzinger, der an der Universität Mainz die Philosophie des Geistes vertritt. Was wir als unser Selbstbewusstsein erleben, ist ein „phänomenales Selbst", das uns nur so real erscheint, weil die Natur dies im Verlauf der Evolution so eingerichtet hat. Selbstbewusste Wesen, die noch dazu wissen, dass auch ihre Artgenossen selbstbewusst sind, haben einen offensichtlichen Überlebensvorteil. Sie können ihre Umgebung und alles, was dort geschieht, aus ihrer eigenen subjektiven Perspektive ordnen und bewerten, und sie können dabei einkalkulieren, dass auch ihre Freunde oder Gegner diese Fähigkeit besitzen: „Ich weiß, dass du weißt, dass ich weiß." Mit dieser Fähigkeit zum reflexiven Denken sind die Menschen allen Lebewesen dieser Erde himmelhoch überlegen.

Doch wo befindet sich das Zentrum der Subjektivität, wo sitzt mein Ego, das über Gott und die Welt aus der „Erste-Person-Perspektive" reflektiert und sich als identisches Subjekt erlebt? Descartes glaubte, dass die *res cogitans*, eine geistige Substanz, die es neben einer körperlichen *res extensa* geben sollte, Träger des Egos sei, an dessen Existenz er nicht zweifeln konnte. Sein berühmtes *„cogito ergo sum"* (ich denke, darum bin ich) ist als Äußerung dieses Geistes zu verstehen, von dem er annahm, dass er auf dem Weg über die Zirbeldrüse die Muskulatur der schreibenden Hand bewege. Obwohl der Substanzdualismus Descartes' längst auf dem Friedhof der Philosophiegeschichte gelandet ist, hält sich der Glaube an einen subjektiven Geist, der mit einer unsterblichen Seele verbunden ist, hartnäckig in der Bevölkerung zumindest der westlichen Welt. Philosophen wie Metzinger versuchen dagegen, die Fortschritte der Hirnforschung seit Descartes in ihre Theorien der Subjektivität einzubeziehen. Diese Theorien sind im wörtlichen Sinne *seelenlos*. So vermutet Metzinger, dass die Vorstellung von der Existenz einer Seele ihre Wurzeln in den Nahtoderlebnissen unserer Vorfahren hat. Für einen Menschen, der am Rande des Todes erlebte, wie er eine Zeitlang über seinem Körper schwebt und danach wieder in ihn zurückkehrt, war es sehr naheliegend, dieses Erlebnis als Ausflug seiner Seele zu deuten und zu glauben, dass die Seele bei seinem wirklichen Sterben endgültig den Körper verlässt und in ein Reich der Toten eintritt. Wer wie durch ein Wunder aus diesem Reich zurückkehrte, dem glaubte man damals, dass seine Seele einen Blick ins Jenseits werfen durfte. Auch heute glauben zwar noch viele Menschen mit Elisabeth Kübler-Ross dasselbe. Doch in der „seelenlosen" Wissenschaft werden Nahtoderlebnisse zu den „außerkörperlichen Erfahrungen" gerechnet, und eine aus dem Körper schlüpfende Seele ist lediglich ein Konstrukt des Gehirns, ähnlich einem Phantomglied, das ein Beinamputierter wie ein wirkliches Bein empfindet, obwohl er weiß, dass es realiter nicht existiert. Bei den „außerkörperlichen Erfahrungen" simuliert das Gehirn offenbar einen Astralleib, der über dem ruhenden

Körper schweben und diesen von oben betrachten kann. Interessanterweise verlegt das Gehirn das Zentrum des subjektiven Erlebens in diesen Astralleib. Nach der Rückkehr in seinen Körper wird er wieder zum wirklichen Leib, ohne jedoch seinen Modellcharakter zu verlieren. Denn in Metzingers Theorie ist ja schon unser ganz gewöhnlicher Leib, so wie wir ihn erleben, Teil eines Selbstmodells, das vom Gehirn „modelliert" wird.

Dass es keine Selbste in der Welt gibt, ist für Metzinger genauso selbstverständlich wie die Tatsache, dass es keine Farben in der Welt gibt. Wenn Licht einer bestimmten Wellenlänge auf die Netzhaut meines Auges fällt, schicken die Sehzellen Nervenimpulse ins Gehirn, das diese zum Beispiel als *grün* interpretiert. Das gleiche Grün kann auch durch eine Mischung von Licht verschiedener Wellenlängen erzeugt werden. Es wäre aber für das Gehirn viel zu aufwendig und zeitraubend, für jeden Bildpunkt auf der Netzhaut das vollständige optische Spektrum des einfallenden Lichts ins Bewusstsein zu rufen. Was wir als Farben wahrnehmen, sind also letztlich „Erfindungen" der Evolution, die damit unseren Vorfahren eine raschere Reaktion ermöglichten, wenn etwa hinter einem grünen Busch ein brauner Bär auftauchte. Wir sehen demnach keine optischen Spektren, sondern phänomenale Farben, die es in Wirklichkeit gar nicht gibt.

Der eigentliche Clou von Metzingers Selbstmodell-Theorie besteht nun darin, dass auch das die Farben beobachtende *Ich* in Wirklichkeit nicht existiert, sondern lediglich als phänomenales Selbst vom Gehirn modelliert wird. Es gibt also nur das Modell des Selbst, nicht aber irgendein originales Selbst, das Modell stehen könnte. Daher trägt sein

Hauptwerk über die Selbstmodell-Theorie der Subjektivität den Titel *Being No one* (Metzinger 2003). Am Ende dieses Buchs beschreibt er ein Dilemma: *Ich* kann nicht von dieser Theorie überzeugt werden, weil ich niemand bin. – Es fragt sich also, wer überhaupt existiert, wenn es keine Subjekte gibt. In der Philosophie gehören derartige Fragen zur Ontologie, der uralten Lehre vom Sein. Gibt es ein Sein ohne Selbstbewusstsein, oder existiert nur, was *ich* wissen kann? Gibt es Wissen ohne ein Subjekt dieses Wissens? Gibt es ein „Wissen der Menschheit"? *Gibt es* überhaupt eine Welt, in der es *keine* Selbste geben kann?

Fragen dieser Art lassen sich im Rahmen der zweiwertigen Logik nicht wirklich erschöpfend beantworten. Die Möglichkeit der Entscheidung zwischen wahr und falsch gehört jedoch zu den Grundvoraussetzungen jeder empirischen Wissenschaft und damit auch der neurologischen Hirnforschung.[1] Eine naturwissenschaftliche Theorie des menschlichen Gehirns wird aber vermutlich dem *circulus vitiosus* des in jeder ernsthaften *Selbst*referenz verborgenen Lügner-Paradoxons nicht entgehen können, das ja bekanntlich den Rahmen der zweiwertigen Logik sprengt. (,*Dieser Satz ist falsch*' erlaubt keine Alternative zwischen *wahr* und *falsch*.) Kann die Philosophie der empirischen Hirnforschung aus diesem Dilemma heraushelfen?

Entscheidend ist hier, dass die Selbstmodell-Theorie die Integration des phänomenalen Selbstmodells in ein *phänomenales Weltmodell* impliziert, das von dem Selbst als *reale*

---

[1] Auch die Versuche, gewisse Merkwürdigkeiten der Quantenphysik im Rahmen höherwertiger Quantenlogiken zu interpretieren, ändern daran nichts. Denn hier geht es ja nur um Interpretationen einer Theorie, deren mathematische Struktur von niemandem bestritten wird.

Welt erlebt wird. Auf der Basis dieses phänomenalen Modells können grundsätzlich auch alle kognitiven Aktivitäten repräsentiert werden. Wie Metzinger (2003) in seinem Buch *Being No One* im Einzelnen ausführt,[2] gehört zu derartigen kognitiven Aktivitäten auch die Gedankenarbeit eines Wissenschaftlers, der eine Theorie der Subjektivität erfindet, in der die kognitive Selbstbezugnahme von einem „Repräsentationssystem" ausgeführt wird, das keinerlei „Selbst" enthält. In einer derartigen Theorie gibt es demnach „keine Selbste in der Welt", obwohl sie auf einem phänomenalen Weltmodell basiert, in dem der Schöpfer dieser Theorie als phänomenales Selbstmodell repräsentiert ist. Das heißt, die *Welt*, in der keine Selbste existieren, ist eine „Repräsentation" und damit ein Konstrukt eines Gehirns.

In seinem jüngsten Buch, *Der Ego-Tunnel*, behandelt Metzinger (2009) ausführlich, wie das *phänomenale Weltmodell* im Verlauf der Evolution des Menschen entstanden ist und wie es als *Welt-Null-Hypothese* in die Selbstmodell-Theorie integriert wurde. Das Wort „Ego-Tunnel" kann als Abkürzung für die zwei Begriffe „phänomenales Selbstmodell (PSM)" und „phänomenales Modell der Intentionalitätsrelation (PMIR)" in seinen früheren Publikationen und damit als „Metapher für das bewusste Erleben" (S. 20)

---

[2] In seinem Buch werden „phänomenale Repräsentate" auf verschiedenen Ebenen (phänomenologisch, repräsentationalistisch, funktional, neurobiologisch) beschrieben, und es werden elf *constraints* als Kriterien zu ihrer Charakterisierung eingeführt. Dazu gehört die „phänomenale Transparenz", die verhindert, dass die phänomenal erlebte „reale" Welt als Repräsentat erkannt wird, während phänomenal opake mentale Zustände genau diese Einsicht kognitiv verfügbar machen, obwohl auch sie letztendlich Repräsentate in einem transparenten phänomenalen Modell sind. Man beachte, dass hinter Begriffen wie „phänomenal, phänomenologisch, repräsentational(istisch), funktional(istisch) etc." jeweils eine wechselvolle Geschichte ihres Gebrauchs in der Philosophie steht.

angesehen werden. Um Missverständnissen zu begegnen, betont Metzinger, dass der Ego-Tunnel die Selbstmodell-Theorie nicht auf einen reinen Subjektivismus beschränkt. Er schreibt dazu auf S. 25 seines Buchs: „Und es trifft auch nicht zu, dass wir den Tunnel niemals verlassen und nichts über die Außenwelt erfahren können: Erkenntnisgewinn und Wissen über die Außenwelt sind möglich, zum Beispiel durch die Kooperation und Kommunikation innerhalb großer Gruppen von Menschen – durch die Bildung wissenschaftlicher Gemeinschaften, die Theorien entwerfen und überprüfen, sich gegenseitig fortwährend kritisieren und ständig empirische Daten und neue Hypothesen austauschen." Auf S. 95 schreibt er, wie auf diesem Wege eines der gedachten möglichen phänomenalen Modelle als Referenzmodell, „Welt-Null", ausgezeichnet wird: „Transparenz löste das Problem, eine Vielzahl möglicher innerer Welten zu simulieren, ohne sich in ihnen zu verlieren, und das geschah, indem sie es biologischen Organismen gestattete, explizit die Tatsache darzustellen, dass eine dieser Welten die aktuelle, die echte Wirklichkeit ist. Ich nenne das die ‚Welt-Null-Hypothese'." *Transparenz* bedeutet in Metzingers Selbstmodell-Theorie, dass ein Modell sich nicht *als* Modell erkennen kann[2]. Die *Welt-Null* ist also die „reale Welt", die als Voraussetzung jeder empirischen Forschung wenigstens als *hypothetische* Realität angenommen werden muss. Und sie ist auch die *eine Welt*, auf die sich in der Kindheit die *vielen Welten* der Kinder hin entwickeln (siehe Kap. 1).

Im 8. Kapitel seines Buchs betrachtet Metzinger (2009), wie die „moderne Philosophie des Geistes" zusammen mit Ergebnissen der „kognitiven Neurowissenschaft des Be-

wusstseins" das Bild des Menschen verändert. So schreibt
er auf S. 293: „Wir haben die Philosophie hervorgebracht,
die Wissenschaft, eine eigene Ideengeschichte. Aber es gab
keine Absicht hinter diesem Gesamtvorgang – er ist das Ergebnis blinder, aufwärtsgerichteter Selbstorganisation. Es
stimmt: Wir haben das bewusste Erlebnis der Willensfrei-
heit, und jedes Mal, wenn wir uns mit Philosophie, Wissenschaft oder anderen kulturellen Aktivitäten beschäftigen,
erleben wir uns selbst als absichtlich Handelnde. Aber nun
scheint uns die kognitive Neurowissenschaft zu sagen, dass
genau dieses Engagement möglicherweise selbst das Pro-
dukt eines selbstlosen, Ich-freien *Bottom-up*-Vorgangs ist,
der in unseren Gehirnen seinen Anfang nimmt. Was all dies
am Ende wirklich bedeutet, ist derzeit noch offen."

Metzinger fragt darüber hinaus, wie sich dadurch das
Bild unseres *Universums* verändern kann (S. 302): „Dieses
Universum hat ein Potenzial nicht nur für die Selbstorganisation des Lebens und die Evolution starker Subjektivität, sondern auch für eine noch höhere Ebene von Komplexität. Ich werde bestimmt nicht so weit gehen zu sagen,
dass sich das physikalische Universum in uns seiner selbst
bewusst wird. Trotzdem ist es so, dass das Erscheinen von
kohärenten, bewussten Realitätsmodellen in biologischen
Nervensystemen innerhalb des physikalischen Universums
eine neue Form von Selbstähnlichkeit erzeugt hat. Die Welt
evolvierte Wesen mit Weltmodellen. Teile begannen, das
Ganze *als Ganzes* widerzuspiegeln. In gewisser Weise sind
Milliarden von bewussten Gehirnen wie Milliarden von
Augen, mit denen das Universum sich selbst als *gegenwärtig*
betrachten kann."

Hier drängen sich dem kritischen Leser Fragen auf, die Metzinger offen lässt. Wenn er „das physikalische Universum" anspricht, bleibt unklar, welches er meint. Wie in den Kap. 4 und 5 erläutert wird, gibt es in der Astrophysik ganz verschiedene Modelluniversen. Das „kosmologische Standardmodell" wird aus pragmatischen Gründen mehrheitlich bevorzugt, weil es einen Rahmen liefert, in den die experimentell arbeitenden Astronomen und Astrophysiker die Ergebnisse ihrer Beobachtungen eintragen. Wie weit dieses Modell aber von einer *objektiven Realität* entfernt ist, wird unter Physikern sehr verschieden bewertet. Unbestritten ist, dass recht verschiedene Modelluniversen mit gutem Recht als *physikalisches Universum* bezeichnet werden können, weil sie mit physikalischen Gesetzen mehr oder weniger kompatibel sind.

Eine zweite offene Frage betrifft das Problem der Selbstreferenz. Metzinger geht zwar nicht soweit, „zu sagen, dass sich das physikalische Universum in uns seiner selbst bewusst wird". Aber er kommt dem doch sehr nahe, wenn er sagt: „Die Welt evolvierte Wesen mit Weltmodellen. Teile begannen, das Ganze *als Ganzes* widerzuspiegeln." Hier unterstellt er, dass für die zeitliche Entwicklung des Universums ein Evolutionsprinzip gilt, das dem Darwin'schen Prinzip entlehnt ist, ohne dass man von einem *survival of the fittest* reden kann. Stattdessen nimmt er an, dass durch „Selbstorganisation" diese Evolution angetrieben wird, ohne den Kontext zu definieren, in dem dieser Begriff Sinn macht. Seine Betrachtungen erinnern an das *anthropische kosmologische Prinzip* (Barrow und Tipler 1986), das unter Physikern schon seit vielen Jahren kontrovers diskutiert wird. Es geht dabei um Folgendes: Im kosmologischen

Standardmodell sind die Werte von Naturkonstanten wie die Lichtgeschwindigkeit, die Gravitationskonstante, die Planck'sche Konstante, aber auch die Massen von Elektron, Proton etc. kontingent. Doch wenn man die in unserem Universum gültigen Zahlenwerte nur geringfügig verändert, erhält man Universen, in denen die Evolution von Leben und damit auch von Menschen unmöglich ist. Das heißt, nur wenn die Naturkonstanten genau die Zahlenwerte haben, die wir beobachten, können wir existieren. Die Anhänger des anthropischen Prinzips glauben nun, die Naturkonstanten haben ihre aktuellen Werte *damit* Menschen entstehen konnten. Damit stehen sie in der Tradition Isaac Newtons, der glaubte, dass Gott die Anfangsbedingungen des damaligen „Uhrwerk-Universums" festgelegt habe. Eine Alternative ist der „modale Realismus" von David Lewis (siehe Kap. 4), der annimmt, dass alle *möglichen Welten* gleichermaßen real sind. Und nur in der Welt, in der *zufällig* die Naturkonstanten ihre aktuellen Werte haben, konnten sich Menschen entwickeln, die darüber nachdenken können. Doch viele Physiker lehnen das anthropische Prinzip grundsätzlich ab, weil es sich weder beweisen noch widerlegen lässt. Es ist daher eine physikalisch inhaltslose Aussage. Wenn Metzinger sagt (siehe oben), Milliarden von bewussten Gehirnen seien wie Milliarden von Augen, mit denen das Universum sich selbst als *gegenwärtig* betrachten könne, so ist auch diese Aussage physikalisch inhaltsleer. Es ist daher zweifelhaft, ob Metzingers Selbstmodell-Theorie etwas gewinnt, wenn man annimmt, dass das „phänomenale Selbstmodell" und das damit verbundene „phänomenale Weltmodell" (die „Welt-Null") in einer Evolution des Universums durch Selbstorganisation entstanden sind.

Es sollte noch erwähnt werden, dass Metzingers Theorie im Zentrum eines Fragenkomplexes steht, der Gegenstand der „Philosophie des Geistes" ist, und in dem es um die Beziehung zwischen *Geist und Materie* geht (z. B. Beckermann 2000). Vielleicht hilft es interessierten Lesern, wenn sie sich im Internet via Google über einige der umstrittenen Ismen informieren: *Naturalismus, Physikalismus, Panpsychismus, Szientismus, Reduktionismus, Monismus, Dualismus.* Viele Vertreter eines *Naturalismus* glauben nicht nur, dass es nichts „Übernatürliches" gibt, sondern auch, dass das menschliche Bewusstsein „naturalisiert" und damit auf natürliche (physikalische) Sachverhalte zurückgeführt werden kann. Diese Rückführung kann durch physikalische *Reduktion* geschehen oder durch verschiedene Formen von *Emergenz* oder *Supervenienz.* Noch immer wird auch die Frage einer *Erklärungslücke* zwischen *mentalen Zuständen* und *Gehirnzuständen* diskutiert. Die meisten Hirnforscher glauben, dass weitere Fortschritte in der Physik, den Kognitionswissenschaften und der Hirnforschung dazu führen werden, dass diese *Erklärungslücke* geschlossen oder überhaupt gegenstandslos wird. Unter Philosophen hält sich dagegen die Überzeugung, dass das *Qualia*-Problem (z. B. die Frage nach der *Röte* von *rot*) nach wie vor ungelöst und vielleicht grundsätzlich unlösbar ist.

Ob es jenseits der von menschlichen Gehirnen simulierten, modellierten oder repräsentierten Weltmodellen eine *wahre Welt* gibt, in der es dann ja auch wahre Selbste oder aber eine ganz andere Wahrheit über das Selbst geben könnte, wird sich von Menschen möglicherweise nie beantworten lassen. Am Ende muss wohl jeder philosophisch denkende Mensch für sich selber entscheiden, ob er den alten *Homo-Mensura*-Satz des Protagoras akzeptieren will: „Der Mensch ist das Maß aller Dinge, der seienden, dass sie sind, der nicht seienden, dass sie nicht sind." Dass *alle* kognitiven Aktivitäten des Menschen in einem phänomenalen Weltmodell repräsentiert werden, scheint mir ganz gut zu diesem Satz zu passen. Schon damals hat jedoch Platon mit dem Satz „Gott ist das Maß aller Dinge" (in den *Nomoi*) dagegen gehalten. Er hatte ja auch gute Gründe für seine Ideenlehre, die zum Teil bis heute gültig sind. Zum Beispiel gibt es genau fünf platonische Körper, und man kann beweisen, dass es nicht weniger oder mehr gibt. Sollte dies etwa nach dem Aussterben der Menschheit nicht mehr gelten? Auch die Merkwürdigkeiten der Quantenphysik, die der menschlichen Intuition so radikal widersprechen, können als Hinweis auf eine von Menschen unabhängige Realität angesehen werden. Doch der Satz des Protagoras schließt ja die mögliche Existenz einer derartigen Realität keineswegs aus. Er behauptet lediglich, dass Menschen nicht *wissen* können, ob es sie (bzw. die Götter) gibt. Der *Homo-Mensura*-Satz kann sogar als Ausdruck der Bescheidenheit angesehen werden, als Satz, der die Grenzen menschlichen Wissens akzeptiert. Damit sind wir bei der Frage, ob sich *jenseits* dieser Grenze eine Welt des *Glaubens* öffnet, die dem Menschen ein Leben in einer religiösen Wirklichkeit ermöglicht. Diese Frage soll uns im 9. Kapitel „Wissen, Glauben, Wunder" weiter beschäftigen.

4
Mögliche Welten in Philosophie und Physik

Gottfried Wilhelm Leibniz (1646–1716) ist uns heute hauptsächlich als Philosoph und Mathematiker bekannt. Aber in seiner Zeit war er auch ein bedeutender Theologe, dessen Abhandlung über die *Theodizee* (Leibniz 1710) eine Antwort auf die Frage nach dem Ursprung des Bösen in der Welt geben sollte. Seine Behandlung dieses Problems ist die eines Mathematikers. Voraussetzungen sind die Allmacht und Allwissenheit sowie die unendliche Güte und Gerechtigkeit Gottes, die in der kirchlichen Dogmatik festgelegt sind. Aufgrund seiner Allwissenheit waren Gott schon vor aller Zeit alle *möglichen Welten* bekannt. Unter diesen hat er die *beste Welt* ausgesucht, die mit den Bedingungen seiner unendlichen Güte und Gerechtigkeit übereinstimmte, und diese „in das Sein übergeführt". *Die beste aller möglichen Welten* ist also als Lösung einer Optimierungsaufgabe entstanden. Sie kann unmöglich *vollkommen* sein, weil Gott das einzige Vollkommene ist, das existiert. Dass die „möglichen Welten" *logisch* möglich sind, war für Leibniz selbstverständlich. Die Vollkommenheit Gottes war mit einer logisch unmöglichen Welt nicht vereinbar. Für den Mathematiker Leibniz war ein Gott *jenseits* der menschlichen Logik völlig undenkbar.

Die Erfindung der *möglichen Welten* durch Leibniz hat bis heute immer wieder Philosophen angeregt, über dieses Thema nachzudenken. Sogar die strenge Disziplin der philosophischen Logik blieb davon nicht unberührt. Es gibt hier eine *modale Logik*, in der Aussagen nicht nur *wahr* oder *falsch* sein können, sondern auch *möglicherweise wahr* (oder *falsch*) bzw. *notwendigerweise wahr* (oder *falsch*). Demnach ist eine Aussage *notwendigerweise wahr*, wenn sie in allen möglichen Welten wahr ist, und *möglicherweise wahr*, wenn sie in mindestens einer möglichen Welt wahr ist. Weil die in der kirchlichen Dogmatik begründeten Voraussetzungen von Leibniz in der heutigen Philosophie nicht mehr akzeptiert werden, hat jede Theorie *möglicher Welten* ihre eigenen Prämissen, und es gibt zahllose Kontroversen, welche Voraussetzungen in welchem Kontext plausibel sind. Besonders radikal ist der „modale Realismus" von David Lewis (1986). Wenn man auf die göttliche Auswahl einer *realen Welt* aus allen *möglichen Welten* verzichten muss, dann sind notwendigerweise *alle* möglichen Welten gleichermaßen real, das heißt, sie existieren neben der *aktuellen* Welt, in der wir zu leben glauben. Die Kollegen von David Lewis hätten seine doch sehr seltsame Theorie sicherlich überhaupt nicht beachtet, wenn es nicht die *Many Worlds* der Quantenphysiker gäbe, um die es weiter unten gehen wird.

Vielleicht ist erwähnenswert, dass *Gott* aus der Mögliche-Welten-Debatte in der heutigen Philosophie keineswegs völlig verschwunden ist. Zum Beispiel hat man im Nachlass des Mathematikers Kurt Gödel eine modallogische Variante des *ontologischen* Gottesbeweises des Anselm von Canterbury gefunden, die unter Philosophen und Theologen lebhaft diskutiert wird. Allerdings ist der philosophische *Gott*, um den es hier geht, notwendigerweise an die Regeln der zweiwertigen Logik gebunden: *Gott* existiert oder er existiert nicht. Etwas Drittes gibt es nicht (*tertium non datur*). Ob der Gott, zu dem Gläubige in aller Welt beten, sich an diese Regeln hält, ist wohl eher zweifelhaft.

In der abendländischen Kultur war es für lange Zeit das Privileg der Kirche, Antworten auf *letzte Fragen* zu geben. In der Theologie und Philosophie der Scholastik verfestigte sich schließlich ein Weltbild, das bis zum Ende des Mittelalters als endgültige Wahrheit angesehen wurde. Doch mit Kopernikus, Galilei und Newton begann ein Zeitalter physikalischer Aufklärung, in der die Physik immer mehr als Leitwissenschaft anerkannt wurde. Dadurch wurde die alte hierarchische Reihenfolge von Theologie, Philosophie und Naturwissenschaften umgekehrt. In den Naturwissenschaften beansprucht die Physik und in dieser die *Astro-Teilchen-Physik* den Weg zur letztgültigen Lösung der Welträtsel aufzuzeigen. Seit 2009 läuft am CERN, dem europäischen Forschungszentrum in Genf, das teuerste Experiment der ganzen Physikgeschichte, in dem versucht wird, Bedingungen zu erzeugen, wie sie innerhalb eines Sekundenbruchteils nach dem *Urknall* in unserem Universum geherrscht haben. Die Milliarden-Investitionen für dieses Forschungsprojekt werden noch übertroffen von den Summen, die insgesamt für immer größere astronomische Observatorien auf der Erde und im Weltraum ausgegeben werden. Hinter diesen Unsummen von Steuergeldern steht die Erwartung, endlich doch noch herauszufinden, in welcher *Welt* wir leben und was diese *im Innersten zusammenhält.*

Die gegenwärtige Situation der *Astro-Teilchen-Physik* ist jedoch, gemessen an den hochfliegenden Erwartungen, keineswegs ermutigend. Die atemberaubenden Fortschritte in der Kosmologie der vergangenen Jahrzehnte haben zwar zu einem allgemein akzeptierten „kosmologischen Standardmodell" des Universums geführt. Dabei handelt es sich jedoch bestenfalls um einen Versuch zur Ordnung der bisherigen Himmelsbeobachtungen nach dem *gegenwärtigen* Stand der Physik. Niemand weiß, ob die „Dunkle Materie" und die „Dunkle Energie", die zusammen 95 % des Universums füllen, vielleicht eine ganz andere Physik erfordern. Es ist sogar denkbar, dass das Universum überhaupt nicht durch eine logisch kohärente mathematische Struktur zu erfassen ist. Tatsächlich sucht man seit Jahrzehnten, bisher vergeblich, nach einer Theorie der *Quantengravitation*, in der die *Allgemeine Relativitätstheorie* und die *Quantentheorie* als Grenzfälle für makroskopische (astronomische) und mikroskopische (atomare) Dimensionen enthalten sind. Denn die Quantentheorie ist inkompatibel mit der Allgemeinen Relativitätstheorie. Die Mängel der heutigen Quantentheorie sollen nachfolgend etwas ausführlicher geschildert werden. Denn sie zeigen besonders deutlich die Kluft zwischen dem hohen Anspruch und dem heutigen Dilemma der Physik.

Auf das eigentliche Kernproblem der Quantentheorie hat Albert Einstein bereits 1927 auf einer der berühmten Solvay-Konferenzen am Beispiel eines Gedankenexperiments hingewiesen. Wenn ein Elektron durch einen engen Spalt auf einen Flächendetektor zufliegt, erreicht es als

Welle alle Orte der Fläche gleichzeitig. Als *Teilchen* wird es jedoch nur an einer einzigen Stelle registriert. Dieses Paradoxon des „Welle-Teilchen-Dualismus" wird in der Quantenphysik auch als *Kollaps* der Wellenfunktion ψ bezeichnet. Er erfolgt nachweislich mit Überlichtgeschwindigkeit und beschäftigt die Interpreten der Quantentheorie bis auf den heutigen Tag. Die Born'sche Deutung, nach der die ψ-Funktion nur eine Wahrscheinlichkeitsamplitude darstellt, die unsere Kenntnis des Quantenzustands beschreibt, wurde von Einstein mit seinem berühmten „Gott würfelt nicht!" zurückgewiesen. Doch auch sein letztes Gedankenexperiment, das er 1935 gemeinsam mit seinen Mitarbeitern Podolsky und Rosen veröffentlichte und bei dem es um „spukhafte Fernwirkungen" geht, führte am Ende zu einer vollen Bestätigung der Quantentheorie. Heute ist die „Nichtlokalität" von Quantenzuständen experimentell gut bestätigt, aber deren Interpretation noch immer umstritten.

Leider können wir nicht wissen, was Einstein zu der 1957 veröffentlichten *Viele-Welten Interpretation* der Quantentheorie von *Hugh Everett* (DeWitt 1973) gesagt hätte. Denn hier gibt es keinen Gott, der würfelt, sondern einen, der pausenlos *neue* Welten erschafft. Worum handelt es sich bei dieser „Many-Worlds Interpretation" (MWI)? Im Kern geht es auch hier um die ψ-Funktion, die für jeden Quantenzustand einen wohl definierten Wert hat und die sich als Lösung einer mathematischen Gleichung (z. B. der Schrödinger-Gleichung) streng deterministisch mit der Zeit ändert. Die Probleme mit dem *Zufall* treten erst auf, wenn das Quantenobjekt (z. B., das oben betrachtete Elektron) mit einem Messinstrument in Wechselwirkung tritt. Denn es ist grundsätzlich nicht möglich, vorherzusagen, welcher von mehreren *möglichen* Messwerten tatsächlich beobachtet wird. Nur die *Wahrscheinlichkeit*, einen dieser möglichen Messwerte zu erhalten, lässt sich berechnen. Everett hatte nun die Idee, einfach zu behaupten, dass *jeder* der möglichen Werte tatsächlich in einer von *vielen Welten* gemessen wird. Das heißt, bei jeder Messung entsteht für jeden *möglichen* Messwert eine *Welt*, in der dieser *tatsächlich* gemessen wird. Es entsteht also für jeden möglichen Messwert auch ein eigener Physiker, der diesen Messwert beobachtet. Da jeder dieser Physiker in *seiner* eigenen Welt lebt und er grundsätzlich nichts von den *anderen* Welten (wo seine Kopien entstanden sind) erfährt, kann ihm auch niemand verbieten, die *Existenz* dieser *Many Worlds* anzunehmen. Er kann die Everett'sche Theorie sogar auf das ganze Universum anwenden und erhält damit ein *Multiversum* von unendlich vielen Universen, die alle gleichermaßen *real* sind.

Wenn viele Physiker die wahrlich kühne Behauptung von Everett attraktiv finden, so hat dies einen einfachen Grund. Seine Behauptung ist nämlich die *einzige* Annahme, die man machen muss, um die schöne streng deterministische Quantentheorie zu retten, den *Kollaps* der ψ-Funktion zu vermeiden und Gott das Würfeln zu ersparen. Ein Laie mag sich fragen, ob denn nun auch zwei neue Welten entstehen, wenn er einen Pfennig hochwirft, der nach dem Wurf mit gleicher Wahrscheinlichkeit Wappen oder Zahl zeigt. „Nein" ist die Antwort des Physikers. Denn *im Prinzip* kann man mithilfe der Newton'schen klassischen Physik exakt berechnen, auf welche Seite der Pfennig fällt. Dagegen kann man in der Quantenphysik nicht einmal im Prinzip berechnen, welcher von mehreren möglichen Messwerten erhalten wird.

Wenn man sich fragt, warum so viele prominente Physiker, die sich lebenslang mit Problemen der Quantenphysik beschäftigt haben, zu den *Many-Worlds*-Anhängern gehören, stellt man eigentlich keine philosophische Frage. Vielmehr handelt es sich hier um ein faszinierendes wissenschaftssoziologisches Phänomen. Ein Gefühl für die Brisanz der Thematik kann man durch einige im Internet zugängliche Aufsätze (Internetlink: Stichwort „Viele-Welten-Interpretation", Internetlink: Stichwort „Viele Welten", Internetlink: Stichwort „many worlds") erhalten, die einen guten Eindruck von der Ernsthaftigkeit der *Many-Worlds*-Problematik vermitteln. Hilfreich ist auch, was Carl Friedrich von Weizsäcker (1985) über die Everett'sche MWI schreibt: „Everetts Theorie macht von fast allen Überlegungen Gebrauch, die wir zur semantischen Konsistenz der Quantentheorie angestellt haben: dem Informationsgewinn des Beobachters, der Quantentheorie des Messapparats, der Irreversibilität der Messung und der Quantentheorie des Subjekts. Sie ist insofern eine vollständige, fehlerlose Quantentheorie. Sie kann durch eine einzige verbale Änderung auf unsere Deutung abgebildet werden: statt *mehrere Welten* muss man sagen *mehrere Möglichkeiten*." Von Weizsäckers *mehrere Möglichkeiten* erinnern an die weiter oben betrachteten *möglichen Welten*. Tatsächlich hat David Lewis zur Begründung seines *modalen Realismus*, in dem jede *mögliche* Welt auch *real* existiert, auf Everetts MWI hingewiesen. Dessen viele Quantenwelten bilden gewissermaßen eine Untermenge aller *logisch möglichen* Welten, die nach David Lewis ebenso real sein sollen.

Mein Exkurs in das Gebiet der heutigen Physik sollte auch dem Laien vor Augen führen, in welchem Dilemma sich die „Leitwissenschaft Physik" befindet. Zwar erwartet man schon in naher Zukunft grundlegende neue Entdeckungen und Einsichten. Doch wenn diese ausbleiben, oder die hochgespannten Erwartungen unerfüllt bleiben, könnte sich die Wissenschaftslandschaft tiefgreifend verändern. Tatsächlich glauben ja schon jetzt viele, dass die Zukunft den *Life Sciences* gehören wird. Vielleicht bescheren uns diese das Bild eines neuen Menschen in einer heute noch ganz unvorstellbaren *Welt*.

5

Die Welt der Astronomie
– Das kosmologische
Standardmodell

Am Anfang war der Urknall, jeder kennt ihn, und die meisten wissen auch, dass danach, innerhalb eines winzigen Bruchteils einer Sekunde, unser Universum so groß wurde wie ein Tennisball. In rasendem Tempo hat es sich dann weiter ausgedehnt, bis es die gewaltigen Dimensionen erreicht hat, an die wir heute gewohnt sind. Was vor dem Urknall war, darüber kann man bei einem Glas Wein lange diskutieren. Doch meist wird falsch verstanden, was mit dem Wort „Urknall" eigentlich gemeint ist. Nun, es gab keinen Knall, und es ist auch nichts explodiert. Wo sollte auch der „große schwarze Raum" herkommen, in den hinein das Universum explodiert ist? Tatsächlich wurde und wird bei der Expansion des Universums der „Raum" gratis mitgeliefert, vorher gab es ihn nicht. So jedenfalls behauptet es die Urknall-Hypothese.

Eine Hypothese ist es, weil niemand beweisen kann, dass es überhaupt einen Urknall gegeben hat. Aber fast alle Astronomen glauben, dass es sich dabei zumindest um eine sehr gute Modellvorstellung handelt. Die heutige Form des Urknall-Modells wird auch als *kosmologisches Standardmodell* bezeichnet. Es bietet als mehrheitlich akzeptierter Standard einen Rahmen, in den die vielen experimentell arbeitenden Astronomen und Astrophysiker die Ergebnisse ihrer Beobachtungen eintragen, um sie in geeigneter Weise zu ordnen. Tatsächlich passen ihre Messdaten so gut zu dem immer weiter verfeinerten quantitativ ausgearbeiteten Bild vom Urknall, dass dazu kaum noch plausible Alternativen denkbar sind.

Leider sind in der Öffentlichkeit viele falsche Vorstellungen über das Urknall-Modell entstanden, weil die zum Teil recht komplizierten Fakten in den Medien oft so drastisch vereinfacht werden, dass am Ende nicht nur Missverständnisse, sondern sogar grobe Fehler herauskommen. Hier sollte einiges zurechtgerückt werden, und genau das wird in den folgenden Abschnitten versucht, die man auch als „Anhang" zum vorhergehenden Kapitel verstehen kann, weil von den vielen in der Physik diskutierten „Welten" eine spezielle herausgegriffen wird, die als *kosmologisches Standardmodell* von besonderer Bedeutung ist. In den Fußnoten stehen Hinweise auf Internetseiten, in denen vieles weit ausführlicher und meist gut verständlich dargestellt wird. Empfehlenswert ist auch das Taschenbuch *Kosmologie: Basics* von Rudolf Kippenhahn (2011).

Das beobachtbare Universum

Zunächst wollen wir uns die Sache mit dem Universum als Tennisball etwas genauer ansehen. Dazu müssen wir verstehen, was gemeint ist, wenn man von *unserem* Universum spricht: Es handelt sich dabei um das *beobachtbare* Universum, das heißt, alles was sich *prinzipiell* von irdischen Astronomen beobachten lässt. Wenn Astronomen von *dem* Universum reden, meinen sie immer dieses *beobachtbare*

Universum (*observable universe*[1],[2]). Die Grenzen der Beobachtbarkeit ergeben sich aus der Größe der Lichtgeschwindigkeit (300.000 km pro Sekunde), dem Alter des Universums (13,8 Mrd. Jahre) und der Expansionsgeschwindigkeit. Wenn man diese Größen in die Gleichungen des derzeit gängigen Urknall-Modells einsetzt, erhält man als Rechenergebnis die Entfernung vom Beobachter auf der Erde bis zum Rand des *beobachtbaren* Universums, das wir als *unser* Universum ansehen können und das kurz nach dem Urknall die Größe eines Tennisballs hatte. Ob es jenseits dieser Grenze noch etwas gibt, können wir *prinzipiell* nicht wissen. Es geht uns dabei in etwa wie dem Mann, der mitten in der Nacht unter einer Laterne seinen verlorenen Hausschlüssel sucht. Wo er ihn denn verloren habe, wird er gefragt. Die Antwort: „Das weiß ich nicht."– „Warum suchst Du ihn dann unter der Laterne?" – „Weil ich nur hier etwas sehe." – Die Astronomen sagen als redliche Wissenschaftler, frei nach Ludwig Wittgenstein: „Was man nicht beobachten kann, darüber muss man schweigen." Doch manchmal verraten sie uns auch ihre höchst private Meinung: „Natürlich glauben wir, dass das Universum hinter der Beobachtungsgrenze ungefähr genauso aussieht wie davor, aber wir können es *prinzipiell* nicht wissen."

Von Fixsternen und Galaxien

Wenn wir der Frage nach der Expansion unseres Universums und der damit verbundenen *Entstehung* von Raum weiter auf den Grund gehen wollen, ist es ratsam, auf der

---

[1] Internetlink: Stichwort „Lineweaver Davis".
[2] Internetlink: Stichwort „Beobachtbares Universum".

Erde zu beginnen. Es ist noch gar nicht so lange her, dass Astronauten zum ersten Mal Fotos von unserem blauen Planeten aufnehmen konnten. Seither kann jeder mit eigenen Augen sehen, dass die Erde eine Kugel ist, die sich in 24 h einmal um sich selber und in jedem Jahr einmal um die Sonne dreht. Als mit Nikolaus Kopernikus und seinem heliozentrischen Weltsystem den Menschen dämmerte, dass die Sonne ein *Fixstern* sei und alle Fixsterne ferne Sonnen, die vielleicht auch von Planeten umkreist werden, war dies noch eine kühne Hypothese, die zu behaupten auf dem Scheiterhaufen enden konnte. Nach dem alten von Ptolemäus ausgearbeiteten Weltsystem war die Erde der Mittelpunkt des Universums und seine Grenze war das *Firmament*, an dem die Fixsterne „fixiert" waren. Dass auch die Milchstraße aus sehr vielen Fixsternen besteht, wurde zuerst 1609 von Galileo erkannt, als er sein Fernrohr auf dieses seltsame Phänomen richtete.

Die ersten Galaxien außerhalb der Milchstraße, unserer Heimatgalaxie, wurden bereits im 18. Jahrhundert beobachtet. Aber man konnte damals noch nicht wissen, dass es sich bei den schwach leuchtenden Scheibchen, die man als „Nebel" bezeichnete, tatsächlich oft um ferne Milchstraßen handelte. Heute wissen wir, dass es in „unserem" Universum etwa hundert Milliarden Galaxien gibt. Und in jeder Galaxie gibt es im Mittel etwa hundert Milliarden Fixsterne. Auf die Frage „Weißt du, wie viel Sternlein stehen an dem blauen Himmelszelt?" können wir also heute antworten: „Das ist eine eins mit 22 Nullen dahinter." Allerdings ist die genaue Zahl nicht bekannt; es kann auch eine Null mehr oder weniger hinter der eins stehen. Wir können also in dem schönen Kinderlied noch immer getrost mitsingen:

„Gott der Herr hat sie gezählt, dass ihm auch nicht eines fehlet an der ganzen großen Zahl."

Der astronomische Zollstock

Die Größe *unseres* Universums ist so gewaltig, dass Astronomen sie nicht in Kilometern angeben, sondern in „Lichtjahren". Ein *Lichtjahr* ist die Entfernung, die Licht in einem Jahr zurücklegt. Die Sonne ist nur 8 Lichtminuten von der Erde entfernt, das heißt, eine Eruption auf der Sonnenoberfläche, die zu einem Sonnenflecken führt, kann 8 min später auf der Erde beobachtet werden. Weil das Licht im Weltraum 300.000 km in einer Sekunde zurücklegt, muss man diese Zahl nur mit der Zahl der Sekunden in einem Jahr (31.500.000) multiplizieren, um die Länge von einem Lichtjahr in Kilometern zu erhalten. Man erhält eine Zahl mit 13 Ziffern.

Jetzt kann also die Vermessung unseres Universums in Lichtjahren beginnen. Der nächste Fixstern (Alpha Centauri) ist 4,36 Lichtjahre von uns entfernt, der hellste Fixstern (Sirius) hat eine Entfernung von 8,6 Lichtjahren. Die Sonne ist einer der vielen Fixsterne in unserer Milchstraße, und sie bewegt sich mit einer Geschwindigkeit von 13.000 km/h in einem Abstand von etwa 32.000 Lichtjahren um ihr Zentrum. Die Milchstraße gehört zu den sogenannten „Spiralgalaxien". Von außen betrachtet sähe sie aus wie eine flache Scheibe mit einem Durchmesser von etwa 100.000 Lichtjahren. Die nächste Spiralgalaxie außerhalb unserer Milchstraße ist der Andromeda-Nebel, der 2,5 Mio. Lichtjahre von uns entfernt ist.

Um zu verstehen, wie man überhaupt die riesigen Entfernungen im Universum messen kann, müsste man sich ausführlicher mit einigen Details der Astrophysik beschäftigen. Im Internet findet man dazu ausgezeichnete und gut verständliche Aufsätze.[3] Wir wollen hier einfach akzeptieren, dass alle Entfernungen bis an den Rand unseres Universums messbar sind, und uns die Ergebnisse etwas genauer ansehen.

Die Expansion von Rosinenkuchen-Hefeteig

Die Abstände zwischen den Galaxien in unserem Universum sind ziemlich ungleichmäßig verteilt. Aber wenn man nur an der Expansion interessiert ist, kann man einfach Abstände von etwa 50 Mio. Lichtjahren annehmen. Das ist jedenfalls sehr viel im Vergleich zu den Durchmessern der Galaxien von etwa 100.000 Lichtjahren. Wichtig ist es jetzt, sich klar zu machen, dass die Expansion des Universums, und damit die Entstehung von neuem Raum, nur in den riesigen Bereichen *zwischen* den Galaxien stattfinden. Innerhalb einer Galaxie sind Gravitationskräfte am Werk, die eine „Expansion" verhindern (siehe unten: „Dunkle Materie ").

Man vergleicht unser Universum gerne mit einem Hefekuchenteig, in dem die Rosinen als Galaxien posieren.[4] Nur der Teig zwischen den Rosinen dehnt sich aus, wenn

---

[3] Internetlink: Stichwort „astronomische Maßstäbe".
[4] Internetlink: Stichwort „kosmische Expansion".

Abb. 5.1   Expansion von „Rosinenkuchen-Hefeteig"

Hefe ihn zum „Gehen" und damit zur „Expansion" bringt. Wenn man sich jetzt in dem großen Teig auf eine Rosine setzt und die Geschwindigkeit der Rosinen in der Nachbarschaft betrachtet, macht man eine interessante Entdeckung. Je weiter entfernt eine Rosine von derjenigen Rosine ist, auf der ich sitze, desto schneller bewegt sie sich von mir weg.

Man kann sich das leicht an einem einfachen Bildchen (Abb. 5.1) klar machen, in dem die 3 Rosinen in der ersten Reihe den Abstand a voneinander haben. Nach einer Zeit t soll sich der Abstand verdoppelt haben, wie es in der unteren Reihe zu sehen ist. Wenn ich also auf der Rosine ganz links sitze, hat sich in dieser Zeit die benachbarte Rosine um die Strecke a weiterbewegt, der übernächste Nachbar dagegen um die Strecke $2a$. Das heißt, *relativ* zu mir hat der nächste Nachbar die Geschwindigkeit (= Weg/Zeit) a/t und der übernächste Nachbar die Geschwindigkeit $2a/t$. Er ist also doppelt so schnell wie der nächste Nachbar. Dabei ist es ganz gleich, auf welcher Rosine ich sitze. Von jeder Rosine aus betrachtet sieht der Rosinenkuchen-Hefeteig ungefähr gleich aus. – Mancher wird jetzt fragen: Wieso können sich zwei Rosinen verschieden schnell bewegen, obwohl sich doch der Teig überall gleich schnell ausdehnt? – Wer so fragt, ist schon nahe bei der Antwort. Er muss sich nur noch klar machen, was eine *Relativgeschwindigkeit* ist. Dazu legen wir den Teig auf ein glattes Brett und schauen zu, wie er sich ausdehnt. Rosinen ganz links und ganz rechts am Rand haben die maximal mögliche Geschwindigkeit *relativ* zueinander. Eine Rosine genau in der Mitte bewegt sich für den Beobachter von oben gar nicht, aber *relativ* zu einer Rosine am Rand bewegt sie sich mit der halben Maximalgeschwindigkeit.

Eigentlich sollte man sich den Rosinenkuchenteig unendlich groß vorstellen, wenn er für ein unendlich großes Universum stehen soll. Wir können zwar nicht wissen, ob das Universum unendlich groß ist. Aber ein unendlich großer Raum kann sich beliebig weit ausdehnen, ohne dass seine „Größe" jemals eine Grenze erreicht. Er bleibt nämlich immer *unendlich* groß. Es ist auch ohne Weiteres möglich, dass die Expansionsgeschwindigkeit zwischen zwei weit entfernten Galaxien größer ist als die Lichtgeschwindigkeit. Nach Einsteins Relativitätstheorie darf zwar *in* einem vorhandenen Raum kein Objekt eine Geschwindigkeit haben, die größer ist als 300.000 km/sec. Diese Grenze gilt jedoch *nicht* für die Entstehung von *neuem* Raum, wie dies bei der Expansion des Universums geschieht. Tatsächlich ist die erst 1927 entdeckte Expansion eines der erstaunlichsten Rätsel des Universums. Man kann sie zwar recht gut mit Einsteins Allgemeiner Relativitätstheorie beschreiben. Aber wirklich verstehen, *warum* der Weltraum expandiert, konnte auch Einstein nicht. Zunächst hatte er sogar eine im Rahmen seiner Theorie beliebige „kosmologische Konstante" Λ eingeführt, um ein *statisches* Universum zu beschreiben. Nach der Entdeckung der Expansion setzte man einfach $\Lambda = 0$, bis man vor etwa 20 Jahren eine *beschleunigte* Expansion des Universums entdeckte, die zu einer Wiedereinführung von Λ führte (siehe unten: „Dunkle Energie").

Thomas von Aquin kam in seinen philosophischen Überlegungen über Gott und die Welt auf den Gedanken einer „immerwährenden Schöpfung". Heute würde er dabei vielleicht an die „Schöpfung" von immer neuem Raum denken, die sich durch das Urknall-Modell im Rahmen der Allgemeinen Relativitätstheorie beschreiben lässt.

Natürlich entsteht in einem Rosinenkuchen-Hefeteig kein wirklich *neuer* Raum. Er dehnt sich aus, weil Hefebakterien in ihm Kohlendioxid produzieren, das den Teig auseinandertreibt. Tatsächlich gibt es aber die interessante Analogie, dass im Hefeteig mit zunehmender Ausdehnung die *Dichte* abnimmt, während im Universum mit zunehmender Ausdehnung die *Temperatur* abnimmt.

Die Raumzeit im Universum

Wie alt ist *unser* Universum und wie groß ist es *heute*? Diese Fragen lassen sich im Rahmen des Urknall-Modells beantworten. Dazu sollten wir uns zunächst klar machen, dass wir bei einem Blick in den Sternenhimmel nicht nur in den Welt*raum*, sondern auch in die Vergangenheit der Welt blicken. Wenn wir zum Beispiel den 8,6 Lichtjahre entfernten Sirius betrachten, sehen wir, wie es dort vor 8,6 Jahren ausgesehen hat. Der Andromeda-Nebel zeigt uns ein 2,5 Mio. Jahre altes Bild. Niemand kann beobachten, wie er vor 2,4 Mio. oder vor 2,6 Mio. Jahren aussah. Das „Licht", das Objekte im Universum in ihre Umgebung abstrahlen, bewegt sich immer mit konstanter Lichtgeschwindigkeit. Es zeigt uns einen ganz bestimmten *Zeit*punkt im Welt*raum*, einen *Raumzeitpunkt*.Doch aus all den Raumzeitpunkten, die Astronomen beobachten, ergibt sich ein erstaunlich detailreiches Bild einer Geschichte unseres Universums, die mit dem Urknall begonnen hat.

Wenn wir glauben wollen, dass Astronomen Entfernungen im Weltraum messen können[3], müssen wir uns klar machen, dass es sich dabei primär um Entfernungen zwischen *Raumzeitpunkten* in einem expandierenden Universum handelt. Dabei können Punkte, die am Himmel ganz nahe beieinander liegen, zu ganz verschiedenen Zeiten gehören. Häufig liegt ein „naher" Fixstern direkt neben einer „fernen" Galaxie, deren Licht vielleicht viele Milliarden Jahre unterwegs war, bevor es bei uns ankommt. Das heißt dann auch, dass diese Galaxie in der Frühzeit unseres Universums entstanden ist wie auch unsere eigene Galaxie, die Milchstraße.

Um besser zu verstehen, was Astronomen unter *Entfernung* verstehen, betrachten wir zwei Punkte im Universum, von denen einer der *Raum*punkt sein soll, auf dem sich heute unser Planet Erde befindet. 2009 wurde die sehr alte Galaxie UDFy-38135539 entdeckt, die (nach dem Urknall-Modell) vor 13,1 Mrd. Jahren entstanden ist. Demnach sei sie 13,1 Mrd. *Licht*jahre von uns entfernt, kann man gelegentlich in der Zeitung lesen. Dies kann gar nicht stimmen, weil sich ja das Universum in den 13,1 Mrd. Jahren um ein Vielfaches seiner Größe ausgedehnt hat. Tatsächlich kann man ausrechnen, dass die *Entfernung* zwischen der fernen Galaxie und dem Punkt, wo heute die Erde steht, in dieser Zeit von 3,3 Mrd. auf 30 Mrd. Lichtjahre angewachsen ist. Diese Zahlen sind Rechengrößen in einem wohldefinierten Urknall-Modell (ΛCDM-Modell[5],[6],[7]). Die *Entfernung* bis zur Grenze unseres *beobachtbaren* Universums liegt *heute* sogar bei 46 Mrd. Lichtjahren. Das heißt, unser Universum, das kurz nach dem Urknall noch die Größe eines Tennisballs hatte, besitzt *heute* einen Radius von 46 Mrd. Lichtjahren.

Nehmen wir einmal an, in der fernen Galaxie UDFy-38135539 existiere *heute* ebenfalls ein Planet mit intelligenten Lebewesen. Diese werden dann in ihrem *heute* feststellen, dass *ihr* Universum ebenfalls 13,8 Mrd. Jahre alt ist und dass ihre Galaxie vor 13,1 Mrd. Jahren entstanden ist – wenn sie das gleiche Urknall-Modell benutzen, wie unsere Astronomen.

Das Bild, das wir uns vom Alter und der Größe des Universums machen, kann sicherlich nicht besser sein als die Urknall-Hypothese und die in ihr enthaltenen Annahmen. Dennoch glauben die meisten Astronomen, dass es der Realität nahe kommt, einfach weil die astronomischen Messdaten so gut „ins Bild" passen, sogar *quantitativ* und für ganz verschiedene astronomische Beobachtungen.

Dunkle Materie und Dunkle Energie

Zu Anfang der Dreißigerjahre des vorigen Jahrhunderts haben Astrophysiker ausgerechnet, dass die Gravitationskräfte innerhalb von Galaxiengruppen und zwischen den Fixsternen innerhalb der Galaxien nicht groß genug sind,

---

[5] Internetlink: Stichwort „Lambda-CDM-Modell".
[6] Internetlink: Stichwort „cosmological parameters".
[7] Internetlink: Stichwort „Standardkosmologie".

um diese Gebilde über Hunderte von Millionen Jahre stabil zu halten. Weil die Galaxien sich um ihr Zentrum drehen, gibt es eine „Zentrifugalkraft", die größer ist als Massenanziehung der sichtbaren Fixsterne und des interstellaren „Staubes". Daher wurde vermutet, dass eine „dunkle" Materie existiert, die auf Grund *ihrer* Massenanziehung die Galaxien und Galaxiengruppen stabilisiert. Inzwischen haben viele weitere Beobachtungen (z. B., der „Gravitationslinseneffekt"[8]) diese Vermutung unterstützt, und die Mehrheit der Astronomen glaubt heute nicht nur, dass die „Dunkle Materie" real existiert, sondern sogar, dass sie etwa ein Viertel der Materie in unserem Universum ausmacht (siehe unten).

Noch rätselhafter als die Dunkle Materie ist die sogenannte „Dunkle Energie". Bis vor etwa 20 Jahren hat das damals aktuelle Urknall-Modell vorhergesagt, dass die Expansion des Universums in der Zeit seit dem Urknall durch Gravitationskräfte immer stärker abgebremst wird. Doch als in den Neunzigerjahren diese „Verlangsamung" genauer vermessen wurde, machten die beteiligten Forscher die überraschende Entdeckung, dass seit etwa 4 Mrd. Jahren die Expansion des Universums sich nicht mehr verlangsamt, sondern sogar zunehmend beschleunigt. Inzwischen ist diese Entdeckung durch weitere Beobachtungen so gut abgesichert, dass sich das Nobel-Komitee in Stockholm entschieden hat, den Physik-Nobelpreis 2011 an die drei Entdecker dieser beschleunigten Expansion zu verleihen. Vielleicht ist das überhaupt das erste Mal, dass ein Nobel-

---

[8] Internetlink: Stichwort „Gravitationslinseneffekt".

preis in den Naturwissenschaften für die Entdeckung eines völlig unverständlichen Phänomens verliehen wurde.

Tatsächlich bietet aber die Allgemeine Relativitätstheorie Einsteins eine Möglichkeit, die beschleunigte Expansion wenigstens zu beschreiben. In den Gleichungen, die Masse und Energie mit der Geometrie (Krümmung[9]) der Raumzeit verknüpfen, gibt es eine „kosmologische" Konstante Λ, für die man eine beliebige Zahl einsetzen kann, die dann eine zusätzliche „dunkle" Energie in das Urknall-Modell einführt. Nach diesem erweiterten Modell besteht unser Universum zu 4,9 % aus normaler Materie, zu 26,8 % aus „Dunkler Materie" und zu 68,3 % aus „Dunkler Energie".[7] Die Zahlen wurden aus astronomischen Beobachtungsdaten gewonnen, die überwiegend aus einer Analyse der sogenannten „kosmischen Hintergrundstrahlung"[10] stammen. Diese Strahlung ist bereits 380 Tausend Jahre nach dem Urknall entstanden. Sie bringt uns gleichsam die Botschaft von einem letzten Aufleuchten des Urknalls, als das Universum noch fast völlig homogen war und einen Durchmesser von „nur" 84 Mio. Lichtjahren hatte. Allerdings enthalten ganz winzige Fluktuationen dieser Strahlung eine Information über „Dichteschwankungen", aus der man im Rahmen des Urknall-Modells die Entstehungsgeschichte der später daraus entstandenen Galaxien *quantitativ* berechnen kann. Es ist sehr bemerkenswert, dass die aus der Hintergrundstrahlung berechneten Daten so gut mit direkten Beobachtungen der fernen Galaxien übereinstimmen. Wir können daraus schließen, dass die Struktur

---

[9] Internetlink: Stichwort „Raumkrümmung".
[10] Internetlink: Stichwort „Hintergrundstrahlung".

des Universums über den langen Zeitraum von 13,8 Mrd. Jahren durch die gleiche Allgemeine Relativitätstheorie beschrieben werden kann, die auch auf unserem Planeten gilt. Denn jeder Autofahrer, der sich auf die Satellitennavigation verlässt, benutzt zur genauen Ortsbestimmung Gleichungen der Allgemeinen Relativitätstheorie, deren Gültigkeit demnach täglich millionenfach bestätigt wird.

Schwarze Löcher und die Zukunft des Universums

Eine gute physikalische Theorie sollte auch Phänomene vorhersagen, die noch nicht entdeckt sind. Tatsächlich gibt es in der Allgemeinen Relativitätstheorie die Möglichkeit für einen „Gravitationskollaps", wenn die Masse eines Sterns eine Grenze überschreitet, die von Karl Schwarzschild schon 1916, wenige Monate nach Einsteins berühmter Publikation, berechnet wurde. Die jenseits dieser Grenze vorhergesagte *Singularität* bedeutet, dass die gesamte Masse des Sterns in einem Punkt unendlich hoher Dichte zusammenfällt. Innerhalb eines wohldefinierten Abstands von diesem Punkt (Schwarzschild-Radius[11]) werden nicht nur alle ankommenden Massen verschluckt, sondern auch jedes Licht, mit dem die Singularität beleuchtet wird. Nach der Relativitätstheorie handelt es sich um ein „Loch" in der Raumzeit, das „schwarz" ist, weil kein Lichtstrahl herauskommen kann.

---

[11] Internetlink: Stichwort „Schwarzschild-Radius".

Jahrzehntelang war die Schwarzschild'sche Singularität ein Kuriosum für Theoretiker, dessen tatsächliche Realität niemand für möglich hielt. Erst als im Universum immer exotischere Himmelsobjekte beobachtet wurden (z. B. Quasare und Pulsare[12]), begann man, die Möglichkeit der Existenz schwarzer Löcher im Universum ernsthaft zu untersuchen. 1967 hat John Wheeler den Namen „Schwarzes Loch"(*black hole*) erfunden, und danach hat besonders Stephen Hawking die Ähnlichkeit Schwarzer Löcher mit dem Urknall studiert, bei dem es sich ja ebenfalls um eine Singularität in der Raumzeit handelt.

Heute gehören Schwarze Löcher zu den selbstverständlichen Bestandteilen unseres Universums. Den vielleicht überzeugendsten Beweis lieferte die Vermessung der elliptischen Umlaufbahn des Fixsterns S2 um das schwarze Loch Sagittarius A* im Zentrum der Milchstraße.[13] Wie man aus Umlaufbahn und -geschwindigkeit eines Planeten um die Sonne die Massen beider Himmelskörper berechnen kann, ergaben sich hier 4,3 Mio. Sonnenmassen für die Masse des schwarzen Lochs und 15 Sonnenmassen für den Fixstern bei einer Umlaufzeit von 15,2 Jahren.

Bei den Schwarzen Löchern handelt es sich wie bei der Dunklen Materie und der Dunklen Energie um Phänomene, die nicht direkt mit Fernrohren zu beobachten sind. Dennoch glauben fast alle Astronomen an ihre Existenz, weil sich viele astronomische Beobachtungen im Rahmen des kosmologischen Standardmodells nicht anders erklären lassen. Weitaus spekulativer sind die Folgerungen, die sich

---

[12] Internetlink: Stichwort „astronews".
[13] Internetlink: Stichwort „Sagittarius".

aus diesem Modell für die *Zukunft* des Universums ergeben. Doch niemand kann Astrophysiker davon abhalten, die Folgerungen aus ihren physikalischen Modellen in die Zukunft zu extrapolieren.[14] Nach allem, was man über die physikalischen Eigenschaften von Fixsternen weiß, sollte unsere Sonne noch sehr lange mit praktisch unveränderter Intensität strahlen. Erst nach etwa 500 Mio. Jahren wird die Sonnenhitze auf Erden soweit angestiegen sein, dass alles Wasser zu kochen anfängt. Sollte es dann noch irgendwelche Nachfahren von Menschen geben, so müssten diese auf den Mars ausweichen, wo dann für Menschen angenehme Temperaturen herrschen werden. Doch auf die Dauer wird dies nicht ausreichen, wenn die Sonne sich nach weiteren 5 Mrd. Jahren zum „roten Riesen" aufblähen und später zu einem „weißen Zwerg" werden wird. Das Universum als Ganzes kann danach noch Billionen, Trillionen oder mehr Jahre existieren, sich dabei immer weiter ausdehnen und immer weiter abkühlen – theoretisch.

Wie real ist unser Universum?

In den beiden vorhergehenden Kapiteln haben wir schon betont, dass das *kosmologische Standardmodell* nur eines von vielen Modelluniversen beschreibt, die mehr oder weniger gut mit den physikalischen Gesetzen kompatibel sind, die auf Erden gelten. Überprüfen lässt sich die Übereinstimmung mit irdischer Physik jedoch nur für die Zeit nach der Entstehung der kosmischen Hintergrundstrahlung[10] etwa

---

[14] Internetlink: Stichwort „Weltraum".

380.000 Jahre nach dem Urknall. Auf die Physik im Universum vor dieser Zeit kann ein Vergleich mit der Teilchenphysik indirekt Auskunft geben; dies ist die Domäne der „Astro-Teilchenphysik". Zum Beispiel prallen im „Large Hadron Collider" am CERN Protonen mit so hoher Geschwindigkeit aufeinander, dass während des Zusammenstoßes Bedingungen herrschen, die denen im Universum kurz nach dem Urknall ähneln. Auf diesem Weg lassen sich auch Vorhersagen von Modelluniversen überprüfen, die eine Physik nicht nur *nach*, sondern auch *vor* dem Urknall beschreiben, wie zum Beispiel die Theorie von Bojowald (2009), der die Gültigkeit einer „Schleifen-Quantengravitationstheorie" voraussetzt. Es gibt auch Alternativen zum kosmologischen Standardmodell, die annehmen, dass die Gravitationskonstante in den Bereichen des Universums von dem irdischen Wert abweicht, die im Standardmodell eine zusätzliche Massenanziehung durch *Dunkle Materie* erfordern. In einer Theorie von Wetterich[15] wird ein zusätzliches Feld (Cosmon) als fünfte Kraft (Quintessenz) zusätzlich zu den vier bekannten Kräften (Schwerkraft, elektromagnetische Kraft, schwache und starke Kernkraft) angenommen. Dadurch können außer der Physik am Urknall auch Effekte der kosmischen „Inflation" und damit auch der „Dunklen Energie" quantitativ beschrieben werden. Wie *real* derartige Modelluniversen sind, wird in der Regel danach bewertet, wie weit sie sich durch astronomische Beobachtungen bestätigen lassen. Doch selbst eine gute Übereinstimmung mit der mehrheitlich anerkannten Physik führt nur zu der *hypothetischen* Realität, die den

---

[15] Internetlink: Stichwort „Christof Wetterich".

Naturwissenschaften zugrunde liegt. Einsteins Suche nach dem „Geheimnis des Alten" oder die von Stephen Hawking (2010) nach dem „Großen Entwurf" (*The Grand Design*) wird wohl immer vergeblich bleiben.

Wer über „unser" Universum nachdenkt, sollte sich bewusst machen, dass zwischen den Jahrtausenden der Menschheitsgeschichte und den Jahrmilliarden der Geschichte des Universums *sechs* Nullen stehen, ein Abgrund, der sensible Menschen mit einem gewissen Schauder erfüllt und der uns wenigstens etwas Bescheidenheit lehren sollte. Vielleicht ist es daher vernünftig, das Ende unseres Universums vom Ende unserer *Welt* zu unterscheiden. Bei Letzterem handelt es sich um den „Weltuntergang", vor dem sich die Menschen seit Jahrtausenden fürchten – und das zu jeder Zeit aus guten Gründen.

6

Seltsame Welten in veränderten Gehirnen – In welcher Wirklichkeit leben Geisteskranke?

Es ist bemerkenswert, dass Philosophen wie John Locke, David Hume und Immanuel Kant, die sich im 17. und 18. Jahrhundert mit der Natur des menschlichen Verstandes auseinandersetzten, praktisch nur normale erwachsene Menschen im Blick hatten. Erst im 19. Jahrhundert wurde einer breiteren Öffentlichkeit bewusst, dass abseits des Normalen keineswegs nur Irre dahinvegetieren, bis sie sterben. Mit der Entdeckung des *Genies* kam die Einsicht, dass Genie und Wahnsinn häufig nahe beieinander liegen. Seit in Napoleons Armeen gut ausgebildete Mediziner die Verwundeten versorgten, erkannte man anhand der Symptomatik nach Kopfschüssen, dass mit der Zerstörung bestimmter Hirnregionen bestimmte geistige Behinderungen oder Verhaltensanomalien korrelierten. Es entstand eine *Phrenologie* (Franz Joseph Gall, 1758–1828), in der regelrechte Gehirnlandkarten den Zusammenhang von geistigen Fähigkeiten und genau lokalisierten Hirnarealen auswiesen.

Als beispielhaft gilt der Fall von *Phineas Gage*, der 1848 bei einer Explosion einen Teil seines Frontalhirns (präfrontaler Cortex) verlor. Er galt nach zwei Monaten als völlig geheilt und, abgesehen von einem verlorenen linken Auge, war er im vollen Besitz seiner körperlichen und geistigen Fähigkeiten. Erschreckend war jedoch die Verwandlung seines Charakters. Während er vorher als gesitteter und erfolgreicher Bürger Neuenglands hohes Ansehen genoss, hörte man ihn jetzt in aller Öffentlichkeit fluchen, und seine Sprache war mit unflätigen Ausdrücken gespickt, die einem anständigen Menschen nicht über die Lippen kommen. Er verlor seine Stellung, seine Frau ließ sich scheiden. Als Gelegenheitsarbeiter an ständig wechselnden Orten schlug er sich durchs Leben, bis er 1861 im Alter von 38 Jahren verstarb.

In der weiteren Entwicklung der Hirnforschung geriet der Fall von Phineas Gage fast in Vergessenheit. Der Charakter eines Menschen gilt bis heute als eine Eigenschaft der Seele, die man nicht irgendeiner Gehirnregion zuordnen möchte. Erst in den letzten Jahrzehnten wurden ähnliche Fälle nach der Operation von Hirntumoren eingehend mit den Methoden der heutigen Neurologie untersucht. Besonders Antonio Damasio (1997, 2002, 2011) hat in seinen Büchern eingehend beschrieben, wie rationale Überlegungen erst durch die *emotionale* Bewertung zu *vernünftigen* Handlungsentscheidungen führen, die im jeweiligen sozialen Kontext akzeptiert werden. Doch in welcher *Welt* leben Menschen, die wie Phineas Gage diese Fähigkeit verlieren? Wie erleben sie selber den Verfall ihres Charakters, den Verlust ihrer mitfühlenden Seele? Tatsächlich können sie häufig mit bemerkenswerter analytischer Klarheit die Veränderung ihrer Lebenssituation erkennen und beschreiben. Doch sie können darüber keine Trauer empfinden, der Verlust lässt sie völlig kalt.

Während im Fall von Phineas Gage und ähnlich gelager-
ten Fällen der Defekt im Gehirn eindeutig lokalisierbar ist,
sind die Welten des *Autismus* wirklich seltsam und rätselhaft. Unzweifelhaft sind es Eigenheiten des Gehirns, De-
viationen (Abweichungen) vom normalen Funktionieren,
die zu den sonderbaren und vielfältigen Befunden führen.
Was die Versuche zur Behandlung erschwert, ist, dass kein
Fall dem anderen gleicht. Die milde Form des *Asperger-
Syndroms* zeigt sich sogar bei so genialen Menschen wie
Albert Einstein, von dem seine Schwiegertochter Frieda
sagte, eine „dünne Wand aus Luft" trenne ihn von seinen
nächsten Freunden. Er selber sprach in einem Reisetage-
buch von einer „Glasscheibe zwischen Subjekt und anderen Menschen". Eine befreundete Schriftstellerin schrieb
(Neffe 2005): „Er stand der Gesellschaft gegenüber, als sei
er auf einem anderen Planeten geboren". Die Vorstellung,
in einer fremden Welt zu leben, ist vielleicht das Einzige,
was alle Autisten gleichermaßen empfinden. Besonders eindrucksvoll ist die Titelgeschichte in einem Buch von Oliver
Sacks (1995): *Eine Anthropologin auf dem Mars*. Hier wird
das Leben von *Temple Grandin* beschrieben, einer Autistin,
die eine angesehene Dozentin für Tierwissenschaften an der
Colorado State University geworden ist, weil sie zu Kühen
und anderen Tieren emotionale Beziehungen aufbauen und
pflegen kann, die ihr bei Menschen verschlossen sind. Sie
kann Tiere verstehen, weil diese in Bildern denken wie sie
selber. Die menschliche Sprache hat sie mühsam erlernt,
um ihre Gedanken anderen Menschen mitteilen zu können. Sie hat keine wirklichen Freunde und kann überhaupt
nicht verstehen, was Menschen empfinden, die sich lieben.
„Temples tiefste Empfindungen gelten den Rindern. Ihre

Zärtlichkeit und ihr Mitgefühl für diese Tiere kommt der Liebe sehr nahe." (Sacks 1995)

Welche ungeahnten und für *normale* Menschen völlig unverständlichen Möglichkeiten das menschliche Gehirn besitzt, zeigt sich vielleicht am deutlichsten bei den sogenannten *Inselbegabungen* (*idiots savants*). In seinem Buch *Der Mann, der seine Frau mit einem Hut verwechselte* widmet Oliver Sacks (1990) ein Kapitel den Zwillingen John und Michael, die vor 50 Jahren im Fernsehen auftraten und für die vergangenen oder zukünftigen 40.000 Jahre zu jedem beliebigen Datum spontan den zugehörigen Wochentag nannten. Außerdem konnten sie zu jedem Datum seit ihrer Kindheit sagen, wie an diesem Tag das Wetter war und welche Ereignisse stattgefunden hatten. Diese Zwillinge hatten einen Intelligenzquotienten von 60 und sie lebten in der geschlossenen Anstalt, in der Oliver Sacks als Neurologe beschäftigt war. Daher konnte er sie über einen Zeitraum von mehreren Jahren beobachten. Eines Tages sah er, wie sie in einer Ecke saßen und sich gegenseitig sechsstellige Zahlen aufsagten: „Von weitem sahen sie aus wie zwei Connaisseurs bei einer Weinprobe, die sich an einem seltenen Geschmack, an erlesenen Genüssen ergötzen." (Sacks 1990) Nachdem sich Sacks überzeugt hatte, dass es sich bei den sechsstelligen Zahlen um Primzahlen handelte, setzte er sich bei dem nächsten „Spiel" mit sechsstelligen Primzahlen zu den Zwillingen und nannte eine achtstellige Primzahl. Die Zwillinge antworteten mit einer neunstelligen, die Sacks mit einer zehnstelligen Primzahl aus seinem Buch konterte[1] (Tammet

---

[1] Daniel Tammet, der selber zu den prominentesten Inselbegabungen zählt und alle Primzahlen unter 10.000 spontan erkennt, hat in seinem Buch *Wolkenspringer* den Bericht von Oliver Sacks kritisiert. Unter anderem zitiert er Ma-

2009). Niemand weiß, wie sie diese Zahlen erkannt haben. Offenbar sahen sie vor ihrem inneren Auge, vielleicht unbewusst, eine fast unendliche Zahlenlandschaft, in der die Primzahlen erkennbar herausragen. Vielleicht erleben wir hier die wahren Adepten des Pythagoras, der mit seinem Satz „Alles ist Zahl" die ganze Welt meinte. Die *Welt der Zahlen* ist für diese Savants genau die Welt, in der sie leben und in der sie sich fühlen können wie „Connaisseurs bei einer Weinprobe". Die Welt der *normalen* Menschen bleibt ihnen dagegen zeitlebens verschlossen.

Als krankhaft werden Störungen des Ich-Bewusstseins angesehen, die zu einer Spaltung des Bewusstseins führen, in der das *Ich* zwischen verschiedenen Identitäten hin und her wechselt, und die man daher als *Dissoziative Identitätsstörung* bezeichnet. Ein Klassiker dieser „Bewusstseinsspaltung" ist die Erzählung *Dr. Jekyll and Mr. Hyde* von Robert Louis Stevenson. Hier bewohnen zwei völlig verschiedene Persönlichkeiten denselben Körper. Zur wechselseitigen Verwandlung bemüht Stevenson eine Droge, vielleicht um im 19. Jahrhundert dem Arzt Dr. Jekyll die Schuld an den Untaten des Mr. Hyde zuweisen zu können. Heute sind zahlreiche Fälle dokumentiert, in denen Verwandlungsdrogen keine Rolle spielen. Häufig entsteht die Persönlichkeitsspaltung in früher Kindheit als Folge von sexuellem Missbrauch. Offenbar hilft hier die Ausbildung

---

koto Yamaguchi, der 2006 darauf hinwies, dass es mehr als 400 Mio. (bis zu) zehnstellige Primzahlen gibt, die unmöglich in ein einzelnes Buch passen. (Man bräuchte mindestens hundert dicke Folianten!) Offenbar schrieb Sacks seinen Bericht etliche Jahre nach den Erlebnissen aus dem Gedächtnis und hat sich in einigen Details gründlich vergaloppiert. Tammet schreibt auch, dass er Primzahlen an ihrer besonderen Form in seiner „Zahlenlandschaft" erkennt. Doch bei allen Inselbegabungen, von denen er gehört habe, liege die obere Grenze dieser Fähigkeit bei höchstens *fünf*stelligen Zahlen.

einer zweiten Identität (und danach oft weiterer Identitäten) bei der Verarbeitung traumatischer Erlebnisse. Dabei unterscheiden sich die verschiedenen Persönlichkeiten in einem Körper nicht nur in ihrem geistigen Bewusstsein. Es gibt Fälle, in denen das eine Selbst kurzsichtig ist oder auf andere Stoffe als das zweite Selbst allergisch reagiert (Ramachandran 1999). Die Frage, welches Selbst etwa für Straftaten zur Verantwortung gezogen werden soll, vermeidet man vor Gericht durch Einweisung der *natürlichen Person* in eine Klinik.

Neben der zu „multiplen Persönlichkeiten" führenden Bewusstseinsspaltung gibt es verschiedene andere Bewusstseins- bzw. Persönlichkeitsstörungen, die unter dem Sammelbegriff *Schizophrenie* zusammengefasst werden. Dazu gehören Wahnvorstellungen, Halluzinationen und Störungen der Ich-Identität, die häufig von dem Betroffenen nicht als krankhaft empfunden werden. Im Grenzbereich zur Schizophrenie findet man Genies, Heilige, Menschen mit ausgeprägtem religiösem oder politischem Sendungsbewusstsein, die sich als Medium eines Höheren empfinden, das sich durch sie hindurch der Menschheit zuwendet. Unter Umständen betrachten derartige Menschen ihre *Erste-Person-Perspektive* als Ausdruck des *Fleisches*, das von dem *Geist* in ihnen überwunden wird, der ihnen Zugang zu einem höheren kosmischen Bewusstsein gewährt.

Wenn man unter Schizophrenie ganz allgemein eine gestörte Beziehung zur Realität versteht, sollte man sich fragen, was in diesem Zusammenhang unter Realität zu verstehen ist. Jede Selbstbeobachtung impliziert ja schon eine Spaltung in ein Subjekt und ein Objekt der Beobachtung. Kann ich diesem Objekt eine Realität zusprechen? Das

Problem wird noch deutlicher bei der Erfahrung, dass *ich mich etwas sagen höre*, das nicht zu mir passt, meinem Verständnis der Identität mit mir selbst widerspricht. Das kann so weit gehen, dass einer sich nicht nur fragt, wer in ihm etwas gesagt hat, sondern wer etwas getan hat, wer etwa soeben jemanden vergewaltigt oder erwürgt hat. Solange dergleichen nur in Gedanken geschieht, in der Innenwelt des Betreffenden, muss noch kein Fall von Schizophrenie vorliegen. Die Grenze zwischen gedachter und tatsächlicher Realität kann jedoch auf dem Weg zur Krankheit immer verschwommener werden, bis sie sich völlig auflöst. Damit muss noch keine *Ich-Auflösung* verbunden sein. Doch das Ich verliert seinen Realitätsbezug, es kann nicht mehr unterscheiden zwischen gedachten und echten Erlebnissen und Handlungen, die oft einem *Es* zugeschrieben werden, das mit dem *Ich* nicht mehr identisch ist. Wo die Grenze zwischen krankhaft verfälschter und unverfälschter Realität liegt, entscheiden in einer psychiatrischen Klinik die Ärzte, im Zweifel der Chef. Eine gewisse Willkür ist dabei nicht zu vermeiden. Der Begriff einer *objektiven* Realität scheint hier völlig fehl am Platze, obwohl es in einfachen Fällen Möglichkeiten zu einer eindeutigen Entscheidung geben kann, ob eine bestimmte Wahrnehmungsstörung vorliegt oder nicht.

Das Phänomen der *Ich-Auflösung* lässt sich an Alzheimer-Patienten beobachten, und es wird seit Jahren mit allen der modernen Hirnforschung zur Verfügung stehenden Mitteln studiert. Man kann sich etwa einen Patienten Ronald Reagan vorstellen, der sich noch erkennbar freut, weil ihm eine Frau mit ihrer Hand liebevoll über seine noch immer nicht grauen Haare streicht. Aber er hat vergessen, dass dies seine Frau Nancy ist, die Jahrzehnte an seiner Seite verbracht hat. Er hat auch vergessen, dass er Präsident der Vereinigten Staaten war. Schließlich vergisst er alles, was früher seine Identität bestimmt und was er als Ich-Bewusstsein verstanden hat. Alles, was er erlebt und empfindet, vergisst er in wenigen Minuten. Zwar ist er noch immer für alle Besucher die unverwechselbare Persönlichkeit des Ronald Reagan. Doch ein Selbstbewusstsein hat er so wenig wie ein Säugling nach seiner Geburt. Die in seinen ersten Lebensjahren entstandene Eigenwelt hat sich aufgelöst. Ob sie in Form einer unsterblichen Seele weiterlebt und zu welchem Zeitpunkt diese seinen Körper verlässt, lässt sich mit keinem diagnostischen Verfahren der heutigen Medizin feststellen. Der Begriff der Seele wird uns im Teil II über die „religiöse Wirklichkeit" des Menschen noch weiter beschäftigen.

7
Selbstbezüglichkeit und Selbsttäuschungen – Ach arme Welt du trügest mich

Die eigentliche Sprache der Mathematik ist die Logik, deren Entwicklungsgeschichte parallel und eng verbunden mit der Geschichte der Mathematik verlaufen ist. Schon im Altertum wurden logische Paradoxa, Aporien und Antinomien entdeckt, die auch die scheinbar heile Welt der Mathematik bedroht haben. Die letzte Bastion der Mathematiker, in der Aussagen, die zu logischen Widersprüchen führen konnten, einfach verboten wurden, war das System der *Principia Mathematica* von Whitehead und Russell. Kurt Gödel konnte jedoch 1931 nachweisen, dass selbst dieses Bollwerk nicht sicher ist gegenüber dem Circulus vitiosus der *Selbstbezüglichkeit*. Dem „*ignorabimus*" von Emil Dubois-Reymond (1818–1896) hatte David Hilbert (1862–1943) ein trotziges „Wir müssen wissen, wir werden wissen!" entgegengehalten, das er sogar auf seinen Grabstein meißeln ließ. Doch der Glaube, dass es in der Mathematik absolut sicheres Wissen gibt, war jetzt an einer besonders empfindlichen Stelle getroffen worden. Man hatte nämlich die *Principia Mathematica* zu diesem sicheren Wissen gezählt und musste jetzt feststellen, dass man sich getäuscht hatte. Zu dem Problem der Selbstbezüglichkeit kam jetzt noch das der Selbsttäuschung, die weiter unten zur Sprache kommt.

Die Entdeckung der aus der Selbstbezüglichkeit resultierenden logischen Paradoxie wurde in der Antike dem Kreter Epimenides (6. Jahrh. v. Chr.) mit seinem Ausspruch „Kreter sind Lügner" zugeschrieben (Weizsäcker 1992).[1] Da er selber Kreter ist, hat er also gelogen, und das Gegenteil ist wahr, was aber der wahren Aussage widerspricht. Andere anschauliche Beispiele sind der Barbier von Sevilla, der alle Bürger von Sevilla rasiert, die sich nicht selbst rasieren, oder der Katalog aller Kataloge, die sich nicht selbst auflisten. Der logische Widerspruch besteht immer darin, dass eine Negation nicht sowohl wahr als auch falsch sein kann.

Im Kern der Überlegungen von Kurt Gödel steht die Übersetzung der Kreter-Paradoxie in das System der *Principia Mathematica*. Zum Beispiel werden hier innerhalb der Regeln der Arithmetik, die ja auf Zahlen anzuwenden sind, auch die Regeln selbst mit „Gödel'schen Zahlen" nummeriert. Diese spielen dann die Rolle des trojanischen Pferds, mit dem die Selbstbezüglichkeit hereinkommt. Daraus folgt am Ende ein Satz über die Existenz wahrer Sätze, die man nicht beweisen kann. Zum Beispiel kann der Satz „Diese Aussage kann nicht bewiesen werden" nicht bewiesen werden. Wäre die Aussage falsch, dann könnte sie bewiesen werden, was aber ihr selbst widerspricht. Gödels Unentscheidbarkeitssatz hatte dramatische Folgen für die Beweistheorie. Zum Beispiel wäre es ja möglich gewesen, dass der berühmte Fermat'sche Satz zu diesen wahren, aber

---

[1] C. F. von Weizsäcker kritisiert die Formulierung „alle Kreter sind Lügner", deren Verneinung auch „nicht alle Kreter sind Lügner" heißen kann, und schreibt: „Der Kreter: ‚Was ich soeben sage, ist falsch.'"

unbeweisbaren Sätzen gehört. Glücklicherweise gelang Andrew Wiles mehr als dreihundert Jahre nach Fermat 1994 doch noch der Beweis dieses Satzes. Bei anderen mathematischen Vermutungen wird aber vielleicht nie zu entscheiden sein, ob sie wahr oder falsch sind.

Der berühmte Satz „Ich weiß, dass ich nichts weiß" sieht vordergründig aus wie die Kreter-Paradoxie; denn ich weiß ja etwas, wenn ich nichts weiß, nämlich dass ich nichts weiß, was der Aussage des zweiten Halbsatzes widerspricht. Dies ist schon den Skeptizisten der Schule des Pyrrhon von Elis (um 360–240 v. Chr.), des Vaters der Agnostiker, aufgefallen. Der wahre Agnostiker weiß nämlich weder, ob er etwas weiß, noch, ob er nichts weiß. Der Satz „Ich weiß, dass ich nichts weiß" kann jedoch auch im Sinne von Goethes Faust gedeutet werden, wo im Eingangsmonolog steht: „Und sehe, dass wir nichts wissen können, das will mir schier das Herz verbrennen." Die erste Satzhälfte hat hier die Bedeutung einer Einsicht, während in der zweiten Hälfte ein „Wissen" im Sinn des Hilbert-Zitats gemeint sein kann. Man bezeichnet Begriffe, die sich auf sich selbst anwenden lassen, auch als Begriffe zweiter Ordnung. Zum Beispiel kann ich lernen zu lernen und habe Bewusstsein von meinem Bewusstsein. Oder ich verstehe, dass ich verstanden habe, z. B., dass hier das *tertium non datur* der zweiwertigen Logik nicht gilt, weil ich auch verstehen kann, dass ich etwas nicht verstanden habe.

Die Frage nach der *Welt*, in der wir leben, ist letztlich auch eine Frage nach der *Wahrheit*. Hat sich nicht immer wieder gezeigt, dass wir uns täuschen? Haben nicht Jahrtausende lang die Menschen geglaubt, dass Sonne, Mond und Sterne sich täglich über den Himmel bewegen, bis sie einsehen mussten, dass es *in Wahrheit* die Erde ist, die sich täglich einmal um ihre eigene Achse dreht? Wer kann uns davor bewahren, dass wir uns auch heute fortwährend über fast alles in der Welt und nicht zuletzt über uns selbst täuschen? Wir leben in einer Welt voller Täuschungen, und am wenigsten können wir den *Selbsttäuschungen* entrinnen, die uns jetzt etwas ausführlicher beschäftigen sollen.

Genau genommen enthält der Begriff *Selbsttäuschung* einen inneren Widerspruch. Wenn man das Wort *Täuschung* im üblichen Sinne versteht, gibt es immer ein bewusst täuschendes Subjekt und ein unwissendes Objekt der Täuschung. Daher kann ein bewusstes Selbst sich nicht täuschen, da es ja nicht zugleich wissend und unwissend sein kann. Spätestens seit Sigmund Freud ist jedoch allgemein bekannt, dass unser bewusstes Selbst ganz entscheidend durch unbewusste seelische Inhalte bestimmt wird. Selbsttäuschungen gehören also ihrem Wesen nach zur Welt des Unbewussten, in der das bewusste Selbst sehr wohl von einem unbewussten Selbst getäuscht werden kann. Derartige Selbsttäuschungen können sogar durchaus ihre positiven Seiten haben. Vielleicht haben im Verlauf der Evolution des *Homo sapiens* in gewissen Notsituationen nur diejenigen überlebt, die es verstanden, sich über ihre lebensbedrohliche Lage hinwegzutäuschen. Auch heute verdanken besonders lebenstüchtige Menschen ihren unverbesserlichen Optimismus der Kunst, gewisse Fakten einfach zu übersehen bzw. zu verdrängen. Hier von Selbst*betrug* zu sprechen, ist nicht gerechtfertigt. Denn ein *Betrug* impliziert eine böse Absicht, und diese ist ja bei einer echten Selbsttäuschung ausgeschlossen. Oft sind sogar Entscheidungen, die *aus dem Bauch* getroffen werden, bei denen sich der Entscheidende wesentlich intuitiv auf gefühlsmäßige, unbewusste Einschätzungen der Lage verlässt, richtiger als rein rational begründete bewusste Entscheidungen.

Dennoch sind Selbsttäuschungen beklagenswert für Menschen, die auf der Suche nach der Wahrheit sind. In allen menschlichen Kulturen wurde und wird daher immer wieder versucht, Wege zum *wahren* Selbst, zu echter unbezweifelbarer Selbsterkenntnis zu finden. Doch gerade Menschen, die besonders eifrig um diese Wahrheit bemüht sind, werden durch geradezu raffinierte Tricks ihres Unbewussten überlistet. Denn der unbewusste Wille zur Selbsterhaltung vereitelt alle bewussten Überlegungen und Handlungen, die einem stabilen Bild der eigenen Person in einer erträglichen Welt entgegenstehen. Besonders folgenreich ist der kollektive Selbstbetrug ganzer Völker. Die Ausrottung der Indianer in Amerika ist ja das Werk „guter Christen", die in ihren Gottesdiensten die Nächsten- und Feindesliebe beschworen, um danach ihre nächsten Feinde abzuknallen.

Wahrscheinlich ist es ein Zeichen besonderer Weisheit, das Phänomen unausweichlicher Selbsttäuschungen wenigstens grundsätzlich auch für sich selber zu akzeptieren. So gelingt es gelegentlich im Alter, einigen Selbsttäuschungen der eigenen Jugend auf die Spur zu kommen und zu verstehen, warum man damals keine Chance hatte, sie zu entdecken, obwohl man doch aufrichtig bemüht war um Ehrlichkeit gegen sich selber. Es ist auch verständlich, dass die Sonne des Lebensabends das Bild der eigenen Vergangenheit vergoldet. Aus der Lebenslandschaft ragen die strahlenden Höhepunkte als Gipfel heraus und Tiefpunkte verschwinden im Schatten der Täler. Das aus derartigen Einsichten resultierende Weltbild sollte uns vor Illusionen über die Natur der Wirklichkeit bewahren. Mehr als eine *menschliche Wirklichkeit*, die menschliche Selbsttäuschungen impliziert, ist nicht zu haben. Ob wir Anhänger der „exakten Wissenschaften" oder Gläubige in einer Religion oder beides sind, nie werden wir die Wahrheit *besitzen*, wir können sie allenfalls anstreben und erhoffen. Pilger können wir sein auf dem Weg zur Wahrheit, die Hoffnung kann uns auf diesem Weg begleiten und vor der letzten Verzweiflung bewahren.

Darum geht es in dem mittelalterlichen Gedicht *Ach arme Welt, du trügest mich* von Heinrich von Laufenberg (1390–1460), mit dem wir dieses Kapitel beschließen wollen. Johannes Brahms hat es in die Mitte seiner drei letzten Motetten (Op. 110) gerückt, eingerahmt von *Ich aber bin elend* und *Wenn wir in höchsten Nöten sein*. Es zeigt uns den alten Brahms und seine Haltung zu einer *Welt*, die aller Philosophie der Aufklärung und allem Fortschrittsglauben des 19. Jahrhunderts spottet. Das Gedicht sagt mehr über die eigentliche Welt der Menschen als viele gelehrte Abhandlungen. In Heinrich von Laufenbergs Gedicht stand ursprünglich in der ersten Strophe „arge Welt", in der zweiten „falsche Welt" und nur in der dritten „arme Welt". Und eigentlich ist nicht die Welt, sondern der betrogene Mensch der Arme, der in seiner Not Gott um Hilfe anfleht: „ … *des hilf mir, Herr, zum Frieden.*" – Diese Alternative bleibt dem Gläubigen. Für „religiös Unmusikalische" mag es andere Möglichkeiten geben, sich mit dem „Trug" dieser Welt zu arrangieren. Eine echte *Aufklärung*, die diesen Namen verdient, wird es nie geben können, weil am Ende immer der Mensch „das Maß aller Dinge" bleibt, wie Protagoras schon vor zweieinhalbtausend Jahren feststellte, und Menschen nie wissen können, ob sie nicht irren: *Errare humanum est.*

Ach, arme Welt, du trügest mich,
ja, das bekenn ich eigentlich,
und kann Dich doch nicht meiden.

Du falsche Welt, du bist nicht wahr,
Dein Schein vergeht, das weiß ich zwar,
mit Weh und großem Leiden.

Dein Ehr, Dein Gut, Du arme Welt,
im Tod, in rechten Nöten fehlt,
Dein Schatz ist eitel, falsches Geld,
des hilf mir, Herr, zum Frieden.

8

Was ist *ist*?

Im alten Rom gab es zur Zeit von Kaiser Nero eine verbotene Sekte, deren Anhänger an geheimen Orten zusammenkamen und dort Menschenfleisch aßen und Blut tranken. Aufrichtige Römer fanden es völlig in Ordnung, dass diese Kannibalen im Kolosseum den Löwen zum Fraße vorgeworfen wurden. Wenn man jedoch ein Sektenmitglied privat befragte, was es denn mit dieser Menschenfresserei auf sich habe, erfuhr man, eigentlich werde ja nur Brot gegessen und Wein getrunken. Aber diese werden in dem Mysterium der heiligen Wandlung, der Transsubstantion, in das Fleisch und Blut Jesu Christi verwandelt, sodass im Heiligen Abendmahl in der Tat Fleisch und Blut des Menschensohnes Jesus verzehrt werden.

Die *Transsubstantionslehre* hat in der Kirchengeschichte immer wieder eine zentrale Rolle gespielt. In der Reformationszeit sagte Calvin, man müsse die Heilige Wandlung als Symbol verstehen. Wenn also Jesus beim letzten Abendmahl sage: „dies ist mein Leib", so sei *ist* als *bedeutet* zu interpretieren. Luther bestand jedoch darauf, dass „ist" dastehe und demnach auch *ist* bedeute. Heute würde man sagen, dass Luther dieses *Ist* als „identitätsstiftende Relation" interpretierte. Dies hatte für die Menschen des 16. Jahrhunderts schlimme Folgen. Denn der Slogan „Und willst du nicht mein Bruder sein, so schlag ich dir den Schädel ein" war keineswegs nur eine metaphorische Redeweise. Niemand hat je nachgezählt, wie viele Menschenleben Luthers *Ist* gekostet hat.

Über die Bedeutung von *ist* wird zwar auch in der Philosophie seit Aristoteles gestritten. Doch Menschenleben sind bei einem akademischen Streit eher selten zu beklagen. Zunächst ist hier zu bedenken, dass es mindestens zwei verschiedene sprachliche Bedeutungen von *ist* gibt. Zum einen kann *ist* einfach zwei Satzteile verbinden. In Sätzen wie „Wein ist Blut", „Eva ist schön" oder „Alois ist Holzfäller" verhilft *ist* als Verbindung (Kopula) zwischen zwei Wörtern diesen beiden zu einer Aussage. Bekanntlich sind *haben*, *sein* und *werden* die Hilfsverben der deutschen Sprache. *Ist* bildet demnach zusammen mit mindestens einem weiteren Wort das Prädikat eines Satzes. Nur in speziellen Fällen („Wein ist Blut") wird eine Identität behauptet, und diese lässt sich nur aus dem Kontext heraus begründen. In der zweiten Bedeutung steht *ist* für *existiert*. Es gibt eben nicht nur *sein* als Hilfsverb, sondern auch das *Sein* als Grundbegriff der *Ontologie*, der Seinslehre, die alles behandelt, was *ist*. Genau hier beginnen die Probleme.

Ist etwas oder ist nichts? Existiert das Nichts? In der griechischen Philosophie hat sich Parmenides (540–480 v. Chr.) als Erster diese Frage gestellt, aber sogleich vor der Überzeugung gewarnt, dass es das Nichtsein notwendig geben müsse: „Denn das Nichtseiende kannst du weder erkennen noch aussprechen." Aristoteles (384–322 v. Chr.) behauptete sogar, es könne keinen leeren Raum geben. Der *Horror Vacui* hat danach bis in die Neuzeit hinein sein Unwesen getrieben. Demokrit (460–371 v. Chr.) und die Atomisten behaupteten jedoch, die Atome befänden sich im leeren Raum, der übrig bleibe, wenn man die Atome entfernt. Der Streit, ob leerer Raum möglich sei, wurde 1644 durch Evangelista Torricelli (vorläufig) entschieden. Er füllte ein langes, einseitig abgeschmolzenes Glasrohr mit Quecksilber, verschloss die offene Seite mit seinem Daumen und tauchte sie in ein mit Quecksilber gefülltes Gefäß. Wenn er jetzt den Daumen beiseiteschob, floss Quecksilber aus dem Rohr, und im oberen Teil entstand die „Torricelli'sche Leere". Die darunterstehende 760 mm hohe Quecksilbersäule diente bis in unsere Zeit als Barometer zur Messung des Luftdrucks. Dies ist heute verboten, weil Quecksilberdampf selbst in geringer Konzentration ein heimtückisches Gift ist. Der Quecksilberdampf erfüllt natürlich auch die „Torricelli'sche Leere". Außerdem gibt es dort Elektrosmog und andere elektromagnetische Wellen.

Selbst im „leeren" Weltraum *gibt es* keine wirkliche Leere, denn der Raum ist ja selber schon *etwas*. Nach Einsteins Relativitätstheorie sind Raum und Zeit zu einer „Raumzeit" verbunden, und die meisten heutigen Kosmologen glauben, dass diese vor 13,8 Mrd. Jahren in einem „Urknall" entstanden ist. Doch was war vor dem Urknall? Nichts? – In der Vergangenheit behaupteten viele Theologen, Gott habe die Welt aus dem Nichts erschaffen. In dieser Vorstellung existierten *nach* dem Schöpfungsakt Gott und die Welt, und *davor* existierten Gott und das Nichts. In derart guter Gesellschaft konnte sich das Nichts lange behaupten. Doch heute sind die meisten Theologen vorsichtiger: Gott hat die Welt geschaffen, amen. – Was darüber ist, ist vom Übel! – Gibt es also das Nichts? – Nichts da! Kein Nihilismus!

Die *Ontologie* als Wissenschaft wurde von Aristoteles begründet, auch wenn sie damals noch *Metaphysik* hieß. Im Gegensatz zur Physik, die bei Aristoteles alle einzelnen Naturwissenschaften umfasst, ist der Gegenstandsbereich der Metaphysik „das Seiende als Seiendes", *to on he on* (το ον η ον), von dem sich der lateinische Begriff *ontologia* ableitet, der seit dem 17. Jahrhundert in diesem Sinne verwendet wurde. Der *Horror Vacui* in der Antike hängt wohl wesentlich mit dem Widerspruch eines seienden Nichts zusammen. *Nichts* kann nicht existieren. Denn ein existierendes *Nichts* ist nicht mehr *nichts,* sondern *etwas* Existierendes. Die Unmöglichkeit des Nichts folgt auch aus der Logik, wie Aristoteles sie verstanden hat. Danach folgt alles, was ist (genauer: jedes einzelne, das ist), aus etwas, das auch ist. Aus nichts kann nichts folgen, also kann es nicht existieren. In den Worten von Aristoteles heißt das: „Zu sagen, dass das, was ist, nicht ist, oder das, was nicht ist, ist, ist falsch; hingegen (zu sagen), dass das, was ist, ist, oder das, was nicht ist, nicht ist, ist wahr." (Aristoteles, *Metaphysik* IV, 7, 1011b 26 f.)

Doch wer für sich entschieden hat, dass das *Nichts* nicht existieren kann, steht vor der Frage, *was* existiert. Diese „ontologische Grundfrage" ist bis heute ungelöst. Denn sie hängt mit dem Existenzproblem zusammen. Was heißt eigentlich *existieren*? Das muss ich doch mindestens wissen, wenn ich die Frage beantworten will, *was* existieren kann. Doch was kann ich *wissen*? – Sokrates sagte angeblich (nicht tatsächlich): „Ich weiß, dass ich nichts weiß." Die wahren Agnostiker haben jedoch schon bald bemerkt, dass ich ja etwas weiß, wenn ich weiß, dass ich nichts weiß, nämlich *dass* ich nichts weiß. Diese Pyrrhonisten, die Schüler des Pyrrhon von Elis (360–270 v. Chr.), sahen ein, dass sie nicht einmal wissen können, ob sie etwas wissen oder nichts wissen. Doch was *ist* eigentlich wissen? Pyrrhons Lehre führt zur *Ataraxie*. Das ist der unerschütterliche Gleichmut, der den Menschen von den Leiden des unaufhörlichen Wissenwollens heilt. Der Buddha hat in Indien Ähnliches gelehrt. Im Christentum steht der *Glaube* über dem Wissen und erinnert an das allererste Gebot Gottes: „Du sollst nicht essen vom Baum der Erkenntnis…".

Ist noch was? – *Ist* noch *etwas*? – „*Etwas ist* faul im Staate Dänemark." – „Sein oder Nichtsein, das ist die Frage." – „Der Rest ist Schweigen." (Hamlets letzte Worte)

Teil II

Religion – Die Wirklichkeit religiöser Erfahrung

Obwohl es im zweiten Teil meines Buchs um religiöse Erfahrungen geht, richten sich diese „Gedankenspiele eines alten Mannes" auch an Menschen, die sich als „religiös unmusikalisch" verstehen. Sie mögen sich versuchsweise als „Anthropologen vom Mars" sehen, die verstehen möchten, was „religiöse Erfahrung" für die „Gläubigen" bedeutet. Dass der Autor dieses Buchs sich als „hartgesottener Agnostiker" versteht und *zugleich* als „gläubiger Christ", darüber mögen sich einige Leser *wundern* – und damit sind sie schon mitten in der *wunder*samen Welt des Religiösen. Näheres dazu steht im 12. Kapitel: „Credo – warum ich es trotzdem mitspreche".

9

Wissen, Glauben, Wunder

„Alle wissen, dass sie sterben müssen, aber keiner glaubt daran." Dieser altbekannte Aphorismus scheint die Rangordnung von Wissen und Glauben auf den Kopf zu stellen. „Ich glaube, dass ich gestern Herrn Meier gesehen habe, aber ich weiß es nicht genau." So bewerten wir normalerweise Glauben und Wissen, oder aber: „Ich glaube, dass ich in den Himmel komme, wenigstens hoffe ich darauf, natürlich kann ich es nicht wissen." Wenn ein gläubiger Islamist sich auf ein Selbstmordattentat vorbereitet, glaubt er, dass er ganz gewiss in den Himmel kommen wird. Doch dies ist eine Glaubensgewissheit, mit beweisbarem Wissen hat das nichts zu tun.

Von Schopenhauer erfahren wir, warum niemand an seinen eigenen Tod glauben kann. Nach seiner Philosophie ist nämlich der Wille die Quelle alles Denkens und Handelns. Demnach ist es also der Wille zum Leben, der das Wissen um den eigenen Tod vor uns verbirgt, und aus dem Glauben an das Leben wächst die Kraft zum Überleben. Auch wenn es der aufgeklärte Mensch nicht wahrhaben will: er lebt, weil er *glaubt* – nur allzu oft wider besseres Wissen. Menschen, die nicht glauben konnten, sind längst ausgestorben. Nach Darwins *survival of the fittest* waren sie nicht fit fürs Überleben.

Das Wissen, dass alle Menschen sterben müssen, ist vielleicht das einzige wirklich verlässliche Wissen. Selbst Menschen, die an ein Weiterleben nach dem Tod glauben, können nicht bezweifeln, dass davor ihr Tod kommt. Doch seit Platons Definition von Wissen als „wahre und gerechtfertigte Meinung" gibt es skeptische Philosophen, die bezweifeln, dass jemand, der glaubt, seine Meinung über etwas sei „wahr und gerechtfertigt", damit tatsächlich etwas weiß. René Descartes meinte zum Beispiel, ein betrügerischer Dämon könnte uns ständig falsche Meinungen über die Außenwelt eingeben, und nur der gütige und allwissende Gott könne uns davor bewahren. Immanuel Kant, der ja alle Beweise für eine Existenz Gottes widerlegt hat, schrieb in der Vorrede zu seiner *Kritik der reinen Vernunft*: „..., so bleibt es immer ein Skandal der Philosophie und allgemeinen Menschenvernunft, das Dasein der Dinge außer uns (…) bloß auf Glauben annehmen zu müssen und, wenn es jemandem einfällt, es zu bezweifeln, ihm keinen genugtuenden Beweis entgegenstellen zu können." Dessen ungeachtet gibt es einen breiten Konsens in unserer Gesellschaft, dass in der *Wissenschaft* neues Wissen geschaffen und damit das „Wissen der Menschheit" (Karl Popper) vermehrt wird.

Dabei geht es auch um die Macht. Francis Bacon hat mit seiner Devise „Wissen ist Macht" die Aufspaltung der sieben freien Künste (*artes liberales*) in Naturwissenschaften (*hard sciences*) und Geisteswissenschaften (*soft sciences*) begründet. Der Streit darüber, ob es eine zweckfreie Naturwissenschaft geben kann, beruht eigentlich auf dem irrigen Glauben, man könne wissenschaftliche Neugier von dem

Willen zur Macht trennen. Dass Neugier im wörtlichen Sinne Gier nach Neuem bedeutet und dass der Faszination, die Naturwissenschaftler beseelt und antreibt, etwas Magisches innewohnt, wird von Vertretern der zweckfreien Forschung gerne verschwiegen oder verdrängt. Am Ende geht es jedoch um die harten Fakten und um den Nutzen, den das Wissen über die Geheimnisse der Natur verspricht. Welche Rolle dabei die Macht des Glaubens spielt, lässt sich gut am Beispiel des Manhattan-Projekts demonstrieren. Mitten im 2. Weltkrieg hat die amerikanische Regierung sich von einigen theoretischen Physikern, darunter Albert Einstein, bewegen lassen, mehrere Milliarden Dollar für die Entwicklung einer Atombombe auszugeben, deren Möglichkeit aus einem neu erworbenen Wissen über die Kernspaltung vorhergesagt wurde. Ausschlaggebend für die Entscheidung war jedoch ganz offensichtlich nicht das *Wissen*, sondern der *Glaube* an die Realisierbarkeit des Projekts. Die makabre Frucht dieses Glaubens hat einmal mehr bewiesen, dass man sich auf die aus *Wissen* resultierenden Vorhersagen der Naturwissenschaftler verlassen kann, dass man ihnen *glauben* kann.

Warum ist der religiöse Glaube, der einmal Berge versetzen und Religionskriege auslösen konnte, heute vielerorts so schwach geworden, dass er in der Auffassung der meisten Menschen unter „ferner liefen" weit hinter dem von Naturwissenschaftlern und Technikern vertretenen Wissen rangiert? Vielleicht liegt dies an Bacons Irrtum: Nicht *Wissen* ist Macht, sondern der *Glaube* an die Nützlichkeit des Wissens verleiht Macht. Auf den ersten Blick sieht dies aus wie eine spitzfindige Wortklauberei. Doch man stelle sich einmal vor, wie die Welt des Geistes heute aussähe, wenn man in der Zeit der Aufklärung erkannt hätte, dass nicht Glaube (Aberglaube) durch Wissen ersetzt wurde, sondern ein alter Glaube durch einen neuen Glauben. Kopernikus glaubte, dass seine Erklärung der Planetenbahnen besser sei als diejenige des Ptolemäus. Kolumbus glaubte, dass der Seeweg nach Indien auch in Richtung Westen möglich sei. Er riskierte sein Leben für diesen Glauben. Immer ging es um den Glauben und die Macht des Glaubens. Wissen allein bewirkt nichts, es bleibt totes Wissen, solange, bis es vom Glauben zum Leben erweckt wird. Das haben immer wieder Forscher erfahren, die „ihrer Zeit voraus" waren. Sie hatten das Wissen, aber niemand glaubte daran.

Ein anderes Beispiel ist die schon erwähnte Evolutionstheorie. Charles Darwin hat als Ergebnis ausführlicher Beobachtungen eine zunächst ganz vorsichtig formulierte Hypothese aufgestellt: Bei der Vererbung entstehen keine exakten Kopien, sondern genetisch veränderte Nachkommen, die diese zufälligen Veränderungen (Mutationen) wieder an ihre Nachkommen weitervererben. Von den Nachkommen haben diejenigen die besten Überlebenschancen, die am besten an die jeweilige Umgebung angepasst sind. Dass dieses Prinzip (*survival of the fittest*) der Entwicklung der Arten vom Einzeller bis zum Homo sapiens zugrunde liegt, wird heute kaum noch bezweifelt. Auch in den Gesellschaftswissenschaften bis in die hintersten Winkel der Philosophie und Theologie glauben fast alle an die Richtigkeit des Darwin'schen Prinzips. Dies ist umso merkwürdiger, als dieses Prinzip weder eine *notwendige* noch eine *hinreichende* Bedingung für die Entstehung von Neuem in der Lebenswelt darstellt. Es ist nicht *notwendig*, da man auch andere plausible Prinzipien zur Erklärung der Evolution aufstellen kann, zum Beispiel teleologische Prinzipien, die von einem Plan der Natur (oder Gottes) ausgehen. Ebenso wenig ist beweisbar, dass Darwins Prinzip *hinreichend* ist. Möglicherweise werden nur relativ einfache, quasikontinuierliche Veränderungen durch das Darwin'sche Prinzip erklärt, während „Evolutionssprünge", etwa die Entstehung von Insektenflügeln, zusätzliche Faktoren, vielleicht heute noch unbekannte Prinzipien, erfordern. Auch die atemberaubenden Fortschritte der molekularen Genetik beweisen nicht, dass das Darwin'sche Prinzip allein die Evolution höherer Lebewesen erklären kann. Wenn man sich bewusst macht, wie weitgehend überall in den Natur- und Geisteswissenschaften das Darwin'sche Prinzip als *ultima ratio* akzeptiert wird und wie wenig über mögliche Alternativen in der ernst zu nehmenden wissenschaftlichen Literatur zu finden ist, bleibt eigentlich nur der Schluss, dass es sich hier um ein *Glaubens*prinzip handelt. Der von Thomas Kuhn eingeführte Name „Paradigma" sagt im Grunde nichts anderes, auch wenn er den Begriff auf das Gebiet der Wissenschaften einschränkt und damit von religiösen Glaubensprinzipien unterscheidet.

Schließlich sollten wir die Kontextabhängigkeit von Glauben und Wissen betrachten. Im Kontext einer bestimmten Philosophie des Geistes *weiß* ich, dass es „keine Selbste in der Welt gibt" und die Seele ein Konstrukt des Gehirns ist. Möglicherweise ist sie im Zusammenhang mit „außerkörperlichen Erfahrungen" bei Nahtoderlebnissen frühgeschichtlicher Menschen entstanden. In einem religiösen Kontext gilt dagegen die uralte biblische Weisheit: „Was hülfe es dem Menschen, so er die ganze Welt gewönne und nähme doch Schaden an seiner Seele." (Matth. 16,

26) Natürlich *gibt es* meine Seele, um die ich besorgt bin, besonders wenn ich befürchte, der Torheit zu verfallen, die Wissenschaft zu meiner Religion zu machen, wie man das gerade bei Naturwissenschaftlern immer wieder beobachten kann. In diesem Kontext *gibt es* auch mich selber, und es ist völlig gleichgültig, ob es sich dabei nur um ein „phänomenales Selbstmodell" (Th. Metzinger) handelt, weil es hier um meine personale Identität geht. Dieses Ich schämt sich auch nicht seines schwachen und gebrechlichen persönlichen Glaubens, weil dieser der Urgrund und die Quelle seines Lebens ist. Zu allen Zeiten gab es Menschen, die dergleichen aussprachen, etwa der Apostel Paulus, wenn er den Propheten Habakuk zitiert: „Der Gerechte wird seines Glaubens leben."

„Das Wunder ist des Glaubens liebstes Kind." – Dieser Satz in Goethes Faust erscheint zunächst aus der ironischen Distanz des Ungläubigen. Doch im weiteren Kontext leuchten Facetten ganz anderer Bedeutungen auf. Da geht es am Ostermorgen um die Wunder der Auferstehung, des Lebens und auch des Überlebens eines Menschen, der „jenen braunen Saft nicht ausgetrunken" hat. Doch Goethes Verständnis des Wunders unterscheidet sich wesentlich von dem der Kirche, in der ja gerade die Auferstehung Jesu seit jeher das Wunder *par excellence* ist. Seit der Geschichte vom ungläubigen Thomas hat sich daran im Grunde wenig geändert. Zwar sagen uns die modernen Theologen, diese alten Geschichten müssten in ihrem historischen Kontext nach dem damaligen Verständnis interpretiert werden, und zudem stehe die Thomas-Geschichte im Johannes-Evangelium, das als primäre historische Quelle ohnehin nicht in Frage komme. Aber am Ende findet sich der aufgeklärte

Mensch haargenau in der Rolle des ungläubigen Thomas – mit dem Unterschied, dass ihm kein Auferstandener erscheint und ihm seine Nägelmale zeigt.

Die Frage nach Wundern von heute führt zur Problematik der sogenannten „paranormalen" Ereignisse, deren Realität seit langem in der Öffentlichkeit kontrovers diskutiert wird. Dazu gehören Telepathie (Gedankenübertragung), Hellsehen (zum Beispiel, das Vorausahnen zukünftiger Ereignisse), außerkörperliche Erfahrungen und „alternative" Heilverfahren wie Homöopathie und Akupunktur. Zum Beispiel wird die Wirksamkeit von homöopathischen Medikamenten behauptet, in denen statistisch nur ein „wirksames" Molekül in 100 m^3 Flüssigkeit vorhanden ist. Dies sei möglich, weil bei den Verdünnungsprozeduren nach Hahnemann der Struktur des Lösungsmittels eine heilende „Information" eingeprägt wird, die mit den Mitteln heutiger Wissenschaft nicht nachweisbar ist. Noch spektakulärer sind Untersuchungen, die zu belegen vorgeben, dass ein Mensch wochen- oder sogar jahrelang ohne Nahrungsaufnahme leben kann. Jedem Biologen müssen sich bei der Vorstellung die Haare sträuben, dass all die biochemischen Vorgänge, die einen Menschen selbst im Ruhezustand der Homöostase am Leben erhalten und die mit einer Leistungsaufnahme von etwa 50 W verbunden sind, einfach durch ein geheimnisvolles Etwas zu ersetzen sind.

Wissenschaftliche Untersuchungen, die heute unter dem Begriff „Anomalienforschung" zusammengefasst werden, gibt es seit dem Beginn der Aufklärung. Vielleicht ist sogar die 1588 von Papst Sixtus gegründete Ritenkongregation die erste Expertenkommission, die im Rahmen von Heiligsprechungsverfahren ernsthaft prüfen sollte, ob die den Anwärtern zugeschriebenen Wunder tatsächlich glaubwürdig sind. Heute gibt es ein ganzes Spektrum verschiedener wissenschaftlicher Verfahren und Meinungen zur „Anomalienforschung". Auf der einen Seite gibt es die Haltung: „Was ich nicht verstehen kann, gibt es nicht." Deren prominentester Vertreter ist James Randi, der in den 1970er-Jahren die Gabelverbiegungen von Uri Geller als Zaubertrick entlarvt hat und dessen 1996 gegründete „James Randi Educational Foundation" ein Preisgeld von einer Million Dollar für die erfolgreiche Demonstration übernatürlicher Fähigkeiten unter „wissenschaftlichen" Testbedingungen ausgesetzt (und bisher nicht vergeben) hat. Tatsächlich ist noch immer heftig umstritten, was man überhaupt unter „wissenschaftlich" verstehen soll. Ein gutes Beispiel sind hier die „außerkörperlichen Erfahrungen", zu denen auch „Nahtoderlebnisse" gehören, die häufig als „Beweis" für die Unsterblichkeit der Seele angesehen werden. So glauben angesehene Mediziner wie Pim van Lommel, die Existenz eines „endlosen Bewusstseins" mit „wissenschaftlichen" Untersuchungen belegen zu können, während andere (zum Beispiel Gerald Woerlee) behaupten, dass *alle* außerkörperlichen Erfahrungen als neurologisch beschreibbare Hirnprozesse „wissenschaftlich" erklärt werden können. Ich selbst vertrete eine eher agnostische Haltung, die grundsätzlich offen ist für Berichte von derzeit unverständlichen Erlebnissen, und ich möchte mir die Sehnsucht nach dem Erlebnis von Wundern bewahren. Es ist einfach so: „Das Wunder ist des Glaubens liebstes Kind."

Doch es gibt noch eine andere Kategorie des Wunderns und der Wunder. Nach dem Abwurf der Atombomben auf Hiroshima und Nagasaki haben viele damit gerechnet, dass es in Zukunft weitere Atomkriege mit immer größeren Zerstörungen geben würde. Die Entwicklung der Wasserstoffbombe hat selbst unter den prominentesten und kenntnisreichsten Experten zu der Überzeugung geführt, dass ein Krieg mit dieser Waffe das Ende der ganzen Menschheit bedeuten könne. Ein Beispiel ist das 1955 veröffentlichte Russell-Einstein-Manifest, in dem 11 Nobelpreisträger die Regierungen dieser Welt beschwören, öffentlich anzuerkennen, dass ihre politischen Absichten nicht durch einen Weltkrieg erreicht werden können. Tatsächlich stand in den mehr als fünfzig Jahren danach die Welt wiederholt am Rande des nuklearen Abgrunds. Und heute teilen *alle* Experten die Auffassung, dass nach dem Ende des Kalten Krieges die Gefahr eines Einsatzes von Atomwaffen nicht abgenommen hat, sondern gewachsen ist und täglich weiter anwächst. Nicht erst seit dem 11. September 2001 wird jeder amerikanische Präsident von dem Alptraum geplagt, dass in einem der Häfen von New York eine harmlos aussehende Kiste entladen wird, die eine Atombombe aus Nordkorea, Pakistan oder sonst irgendwoher enthält. Dass es dazu bis heute nicht gekommen ist, grenzt nicht nur an ein Wunder, es ist ein Wunder! Denn auf diesem Planeten gibt es noch immer mindestens 20.000 nukleare Sprengköpfe, die von Menschen bewacht werden, von Menschen mit all ihren menschlichen Schwächen, von Menschen, die in bester Absicht genau das Falsche tun, aber auch Menschen, die aus Fanatismus oder schierer Verzweiflung von grenzenloser Zerstörungswut besessen sind. Angesichts dieser völlig unberechenbaren Bedrohungen müssen auch die besten Sicherheitsexperten, nachdem sie alles Menschenmögliche versucht haben, zu dem Schluss kommen: Hier hilft nur noch Beten – um ein weiteres Wunder.

10

Denn bei Gott ist kein Ding unmöglich? – Eine Betrachtung über biblische Wunder

Anlass für die nachfolgende Betrachtung über biblische Wunder sind Äußerungen von Papst Benedikt XVI. in seinem Buch *Jesus von Nazareth*, dessen dritter Band 2012 erschienen ist (Ratzinger 2012). In diesem Buch bezeichnet er Jungfrauengeburt und Auferstehung als „Prüfsteine des Glaubens". Er schreibt dazu: „…Aber gerade darum geht es, dass Gott Gott ist und sich nicht nur in den Ideen bewegt." Weiterhin schreibt er: Wenn „Gott nicht auch Macht über die Materie hat, dann ist er eben nicht Gott."[1] Offenbar ist die Zeugung Jesu durch den Heiligen Geist für den Papst ein unverzichtbarer Teil seines Glaubens. Doch wie soll man sich diese „Zeugung" biologisch vorstellen? Meint der Papst mit Gottes „Macht über die Materie", dass er aus seinem „Jenseits" göttliche Chromosomen oder gar einen vollständigen Embryo in die Gebärmutter von Maria eingepflanzt hat? – Christen, die sich der Auffassung des Papstes anschließen, können darauf hinweisen, dass nach dem Text im Lukas-Evangelium schon damals die Zeugung Jesu durch den Heiligen Geist als unbegreifliches Wunder

---

[1] Zitiert aus einer Rezension des Buchs von Jörg Bremer in der Frankfurter Allgemeinen Zeitung vom 24. 11. 2012.

verstanden wurde. Zum Beispiel heißt es bei Lukas: „Da sprach Maria zu dem Engel: Wie soll das zugehen, sintemal ich von keinem Manne weiß? Der Engel antwortete und sprach zu ihr: ‚Der heilige Geist wird über dich kommen, und die Kraft des Höchsten wird dich überschatten; darum wird auch das Heilige, das von dir geboren wird, Gottes Sohn genannt werden.'" (Luk. 1, 34–36) Und danach sagt er: „Denn bei Gott ist kein Ding unmöglich." (Luk. 1, 37) Benedikt XVI. versteht dies offenbar so, wie es dasteht. Allerdings vertritt er damit eine Position, die von der Mehrheit seiner Kollegen aus der katholischen und evangelischen Theologie abgelehnt wird. Von „modernen" Theologen wird ihm vorgeworfen, er wolle seine Kirche zurück ins Mittelalter führen, und man sucht nach alternativen Erklärungen der Jungfrauengeburt, die für den aufgeklärten Menschen des 21. Jahrhunderts akzeptabel und zukunftsfähig sind.

Im Folgenden möchte ich aus der Perspektive eines Naturwissenschaftlers den Problemen nachgehen, die mit einer Deutung der Zeugung Jesu als biologisches Wunder verbunden sind. Dazu werden einige weitere biblische Wunder zum Vergleich herangezogen.

In der Wissenschaftsgeschichte wurde immer wieder versucht, die Problematik biblischer Wunder zu umgehen, um Widersprüche zu den Dogmen der Kirche zu vermeiden. Als im 11. und 12. Jahrhundert in Bologna (1088), Paris (1150) und Oxford (1167) die ersten europäischen Universitäten gegründet wurden, gab es schon bald heftige Auseinandersetzungen um Widersprüche zwischen Aussagen von

Aristoteles und denen in der Bibel. Zum Beispiel wurde die Ursachenlehre von Aristoteles kritisiert, weil sie keinen Raum für göttliche Interventionen und Wunder zuließ. Die Naturphilosophie von Aristoteles, in der ein ewiges Universum ohne Anfang behauptet wird, steht in deutlichem Widerspruch zur Schöpfungsgeschichte der Bibel, die als göttliche Wahrheit sakrosankt war. Als Ausweg wurde eine „Zwei-Wahrheiten-Lehre" vorgeschlagen, der zufolge einer „niederen", logischen Wahrheit, die in der Naturbeschreibung gilt, eine „höhere", nicht notwendig logische Wahrheit der kirchlichen Dogmen übergeordnet ist. Diese Lehre wurde allerdings schon an der Universität von Paris als Häresie verboten und auf dem 5. Laterankonzil von 1513 endgültig verworfen (Internetlink: Stichwort „Zwei-Wahrheiten-Lehre"). Der berühmte Ausspruch von Galileo Galilei, nach dem Gott in zwei Büchern zu den Menschen gesprochen habe, der Heiligen Schrift und dem Buch der Natur, das mit mathematischen Symbolen geschrieben ist, wurde von der Kirche ebenfalls abgelehnt. Gegen das kopernikanische Weltsystem wurde eingewandt, dass es der biblischen Wahrheit widerspricht. Denn dort wird berichtet, dass der Prophet Josua in einer Schlacht Israels gegen die Amoriter mit seinem „Sonne, stehe still zu Gibeon, und Mond im Tal Ajalon!" (Josua 10, 12) die Sonne zum Stehen brachte: „Und also stand die Sonne mitten am Himmel und verzog unterzugehen beinahe einen ganzen Tag." (Josua 10, 13) Dass ein Anhalten der Erdrotation ebenfalls zu einem scheinbaren Stillstand der Sonne geführt hätte, wurde von niemandem in Erwägung gezogen. In der Bibel steht, dass Gott die Bewegung der Sonne anhielt. Also muss normalerweise die Sonne sich bewegen und nicht die Erde. Dem

wagte auch Andreas Osiander, der Herausgeber des Haupt-
werks von Kopernikus, *De Revolutionibus Orbium Coeles-
tium* (1543), nicht zu widersprechen. In seinem Vorwort
schreibt er, das Buch diene lediglich mathematischen Berechnungen und sei nicht als reale Beschreibung der Natur
zu verstehen.

Die im 17. Jahrhundert entstandenen naturwissenschaftlichen Gesellschaften (Royal Society, Académie Française
etc.) beschränkten ihre Tätigkeit und die Veröffentlichun-
gen in ihren Publikationsorganen streng auf experimentelle
Ergebnisse, die sich jederzeit im Labor überprüfen lassen.
Damit waren Berichte über „Wunder" schon von der Me-
thodik her ausgeschlossen. Allerdings entfallen damit auch
Berichte über die Entstehungsgeschichte neuer Ideen. Die
Wurzeln der Kreativität, aus denen die „Einfälle" gewachsen sind, die zu den publizierten Ergebnissen geführt haben, bleiben verborgen. Sie werden ebenso als persönliche
Privatangelegenheit des Forschers betrachtet wie seine Re-
ligion. Zum Beispiel verstand sich Einstein als religiöser
Mensch, und er wollte hinter „das Geheimnis des Alten"[2]
kommen, von dem er zu wissen glaubte, „dass der nicht
würfelt". Aber „Gott" kommt weder in physikalischen
Gleichungen noch in reproduzierbaren Experimenten vor.

Diese „Religionsfreiheit" der Naturwissenschaften war
eine der wesentlichen Voraussetzungen ihres internationalen Erfolgs. Menschen aus völlig verschiedenen Kultur-
kreisen können gemeinsam in wissenschaftlichen Projekten
zusammenarbeiten, solange die beteiligten Forscher die

---

[2] „Die Theorie liefert viel, aber dem Geheimnis des Alten bringt sie uns kaum
näher. Jedenfalls bin ich überzeugt, dass der nicht würfelt." (1926, in einem
Brief Einsteins an Max Born)

unterschiedlichen religiösen und politischen Ansichten der Kollegen respektieren. Dies schließt auch die jeweiligen Weltbilder oder Weltanschauungen der verschiedenen Wissenschaftler ein. Wenn jedoch Physiker von *dem* Weltbild der Physik sprechen, meinen sie nicht ihre persönlichen Ansichten, sondern eine Gesamtheit von Ergebnissen, die sich jederzeit empirisch überprüfen lassen. Darüber hinausgehende Überlegungen über Sinn und Bedeutung gelten als „außerhalb der Physik". Es wird ihnen allenfalls ein möglicher „heuristischer" Nutzen bei der Suche nach neuen empirisch überprüfbaren Ergebnissen zugesprochen.

Als Folge der Aufklärung entwickelten sich in den christlichen Kirchen Bestrebungen, biblische Wunder, die offenbar naturwissenschaftlichen Gesetzmäßigkeiten widersprechen, aus ihrem historischen Kontext heraus „natürlich" zu interpretieren. Im 19. Jahrhundert gehörten Friedrich Schleiermacher und David Friedrich Strauß zu den prominentesten Vertretern dieser neuen theologischen Richtung. Besonders ein 1835 erschienenes Buch, *Das Leben Jesu, kritisch bearbeitet*, von Strauß (1836) erregte großes Aufsehen und kann als Beginn der historisch-kritischen Bibelforschung angesehen werden, in der die biblischen Schriften im Kontext anderer historischer Quellen mit den heutigen historischen Forschungsmethoden untersucht werden. Zum Beispiel wird die „Jungfrauengeburt" Jesu mit anderen Jungfrauengeburten in antiken Schriften verglichen, die nicht als reales Geschehen im modernen naturwissenschaftlichen Sinne verstanden werden.

Parallel zu den Versuchen, die biblischen Wunder aus ihrem historischen Kontext heraus neu zu verstehen und zu interpretieren, wurde im 19. Jahrhundert von „konservativen" Theologen der Kanon verbindlicher Dogmen weiter ausgebaut. Ein Beispiel ist die „unbefleckte Empfängnis" der Jungfrau Maria, die in der katholischen Kirche am 8. Dezember gefeiert wird und die von Papst Pius IX. zum Dogma erhoben wurde. In der päpstlichen Bulle „*Ineffabilis Deus*" vom 8. Dezember 1854 heißt es: „Die Lehre, dass die seligste Jungfrau Maria im ersten Augenblick ihrer Empfängnis durch einzigartiges Gnadengeschenk und Vorrecht des allmächtigen Gottes, im Hinblick auf die Verdienste Christi Jesu, des Erlösers des Menschengeschlechts, von jedem Fehl der Erbsünde rein bewahrt blieb, ist von Gott geoffenbart und deshalb von allen Gläubigen fest und standhaft zu glauben." Die Vorstellung, dass die „Mutter Gottes" frei von Erbsünde sein müsse, da sie diese ja sonst an Jesus weitervererbt hätte, geht bis ins Mittelalter zurück und wurde von vielen bedeutenden katholischen Theologen kontrovers diskutiert (Internetlink: Stichwort „unbefleckte Empfängnis"). In der evangelischen Kirche spielte diese Lehre keine Rolle, weil sie nicht durch einen biblischen Text begründet wird. Dagegen werden die Wunder der Jungfrauengeburt, der Auferstehung und der Himmelfahrt Jesu auch von vielen evangelischen Christen als reales Geschehen verstanden.

Christliche Naturwissenschaftler, die mit den „konservativen" Theologen biblische Wunder als wirkliches Geschehen verstehen möchten, müssen sich entscheiden, wie weit sie die oben betrachtete „Religionsfreiheit" der Naturwissenschaften in Bezug auf biblische Wunder aufrechterhalten wollen. Sie vertrauen zwar in ihrem beruflichen Alltag darauf, dass „Naturgesetze" ohne Ausnahme gültig sind. Doch das eigentlich Wunderbare an den biblischen Wundern ist ja gerade, dass sie dem normalen Naturgeschehen widersprechen. Bei vielen Wundern galt dies auch schon zur Zeit ihrer Aufnahme in die Heilige Schrift. In der Antike glaubte man zum Beispiel, dass im Mutterleib ein Mensch heranwächst, der bei der Empfängnis durch den „Samen" des Mannes eingepflanzt wird. Jesus war also nicht der natürliche Sohn Josephs und damit „Sohn Davids", wie die Schrift sagt, sondern er wurde dies erst durch den Willen Gottes, der seinen Sohn im Leib der Maria auf wunderbare Weise entstehen ließ. Wenn man aus heutiger Sicht fragt, wie dies molekularbiologisch aussieht und welche göttlichen Gene bei der Empfängnis durch den Heiligen Geist in die biologisch reale Welt gekommen sind, ist ein Konflikt mit der „Religionsfreiheit" der Naturwissenschaften unvermeidlich. Als „konservativer" Christ muss man sich letztlich mit dem Wort des Engels an Maria begnügen: „Denn bei Gott ist kein Ding unmöglich." Dies gilt auch für die Wunder der Auferstehung und der Himmelfahrt Jesu, die ganz offensichtlich allgemein anerkannten „Naturgesetzen" widersprechen und die ja auch schon zur Zeit ihrer Niederschrift angezweifelt wurden; man denke an den „ungläubigen Thomas".

Es hat dennoch immer wieder Versuche gegeben, biblische Wunder mit den „Naturgesetzen" (bzw. den vom „Mainstream" der Naturwissenschaftler allgemein anerkannten Gesetzmäßigkeiten) in Einklang zu bringen. Besonders kreativ sind in dieser Hinsicht „Kreationisten", die an die wörtliche Realität der biblischen Texte glauben. Zum Beispiel behauptet Barry Setterfield, Messungen der Lichtgeschwindigkeit ergäben, dass diese mit zunehmender Zeit abnimmt und kurz nach dem Urknall so groß war, dass die Zeit millionenfach schneller verging als bei der Annahme konstanter Lichtgeschwindigkeit. Daraus ergibt sich für ihn eine *orbital time*, die sich aus der in der Astrophysik gebräuchlichen *atomic time* berechnen lässt und dazu führt, dass die *orbital time* mit der biblischen Zeit übereinstimmt, nach der die sechs Schöpfungstage im Jahre 5810 v. Chr. lagen. Eine völlige Umgestaltung von Astrophysik und Geologie führt danach zu einer Übereinstimmung mit allen biblischen Berichten, nach denen zum Beispiel die Sintflut im Jahre 3554 v. Chr. stattfand, was auf der *atomic time*-Skala einem Zeitraum von 730 Mio. Jahren vor unserer Zeit entspricht (Internetlink: Stichwort „Plasmamodell"). Auch der oben erwähnte Stillstand der Sonne wird von bibelgläubigen Christen als reales Geschehen betrachtet, das im Jahre 1420 v. Chr. stattfand. Allerdings wird es heute mit einem Stillstand der Erdrotation „erklärt" (Internetlink: Stichwort „time"), während im 16. Jahrhundert das von Josua bewirkte Wunder von den Vertretern der Kirche gerade als Beweis für die Unbeweglichkeit der Erde im Zentrum des ptolemäischen Universums angesehen wurde.

Im Gegensatz zu bibelgläubigen Kreationisten gibt es international angesehene Naturwissenschaftler, die keineswegs an eine im Sinne der „Verbalinspiration" irrtumslose Bibel glauben, aber dennoch eine naturwissenschaftliche Erklärung biblischer Wunder für möglich halten (Drossel

2013, Kümmel 2005, 2015). Wenn man die Meinung vertritt, dass „Naturwissenschaft indifferent gegenüber Religion" sein kann, darf allerdings ein Wunder *nicht empirisch verifizierbar* sein. Man kann zwar argumentieren, dass Gott als Schöpfer auch seiner „Naturgesetze" diese jederzeit außer Kraft setzen kann, um ein „Wunder" zu bewirken. Es dürfen jedoch keine Spuren zurückbleiben, die eine empirische Bestätigung ermöglichen. Was das bedeutet, soll an einem Beispiel aus unserer Zeit erläutert werden. Dieses wird in einem Buch von Corrie ten Boom (1960) beschrieben, einer Uhrmacherin, die während des 2. Weltkriegs in ihrem Haus in Haarlem Juden versteckte und deswegen ins KZ musste. Nach dem Krieg reiste sie durch alle Welt, um in Vorträgen in Gemeinden zu erzählen, wie sie während der schrecklichen Zeit im Lager auf wunderbare Weise bewahrt wurde. In einem Kapitel mit der Überschrift „Das Vitaminwunder" schreibt sie, dass sie in das Lager eine Flasche mit Vitamintropfen mitnehmen durfte, die sie freigiebig an ihre Mitgefangenen verteilte. Nach einiger Zeit wunderten sich alle, dass die Flasche nicht leer wurde. Die Flasche wurde zum Ölkrug der Witwe von Zarpath (1. Könige 17, 8–16), in dem durch ein Wunder des Propheten Elia das Öl nicht abnahm, „bis auf den Tag, da der Herr regnen ließ im Lande." Tatsächlich gab auch Corrie ten Booms Flasche „keinen einzigen Tropfen mehr her", als eine große Sendung Vitamintabletten für die Gefangenen eintraf. Um dieses Wunder empirisch zu verifizieren, hätte in dem KZ ein „Naturwissenschaftler" nachzählen müssen, wie viele Tropfen an wie viele KZ-Insassen an wie vielen Tagen ausgegeben wurden. Doch wenn tatsächlich „Naturwissenschaft indifferent gegenüber Religion" ist, hätte ein derartiger „Test" das „Wunder" nicht bestätigt. Dennoch sollten wir akzeptieren, dass die KZ-Häftlinge damals tatsächlich ein Wunder *erlebt* haben und dass es zu allen Zeiten Menschen gegeben hat, die Wunder *erlebten*, ohne dass dies *empirisch verifizierbar* ist.

Man sollte dabei jedoch bedenken, dass es keine eindeutige Definition von *empirisch verifizierbar* gibt. Zum Beispiel hat die 1996 gegründete „James Randi Educational Foundation" wie oben schon erwähnt ein Preisgeld von einer Million Dollar für die erfolgreiche Demonstration übernatürlicher Fähigkeiten unter *wissenschaftlichen Testbedingungen* ausgesetzt – und bisher nicht vergeben. Doch es ist ziemlich offensichtlich, dass diese Testbedingungen jeweils so eingerichtet werden, dass die untersuchten Phänomene als „nicht übernatürlich" herauskommen. Denn James Randi will ja gerade demonstrieren, dass es keine übernatürlichen Phänomene gibt. Dagegen geht es in der katholischen Kirche vor einer Heiligsprechung darum, zu bestätigen, dass behauptete Wunder tatsächlich geschehen sind. Dazu wurde 1588 von Papst Sixtus eine Ritenkongregation gegründet, in der von Experten nach einem speziellen Verfahren überprüft wird, ob die den Anwärtern zugeschriebenen Wunder tatsächlich geschehen sind. Ausschlaggebend ist dabei nicht irgendeine besonders definierte „Wissenschaftlichkeit", sondern die Glaubwürdigkeit von Zeugenaussagen. Diese auch vor weltlichen Gerichten bewährte Methode wurde schon in der Bibel zur Bekräftigung der Wahrheit von Wundern angewandt (siehe z. B.: 1. Kor. 15, 4–8).

*

Es ist nicht leicht, aus der Vielfalt der aufgezählten Argumentationen eine Schlussfolgerung zu ziehen. Doch gerade die Meinungsvielfalt sollte als gutes Zeichen genereller Religionsfreiheit angesehen werden. Auch wenn mir die „Erklärungen" biblischer Wunder durch einen bibelgläubigen Kreationisten absurd erscheinen, verdienen sie als persönliche Lebensansicht genauso meinen Respekt wie die Ansichten eines strengen Szientisten, der nur glaubt, was er selber physikalisch verstehen kann. Ein Physiker, der die Jungfrauengeburt als biologisches Wunder versteht und dennoch glaubt, dass der Erfahrungsbereich der Naturwissenschaften „indifferent" gegenüber dem Erfahrungsbereich der Religion sei, vertritt damit seine persönliche Meinung im Rahmen dieser Religionsfreiheit. Ich selbst glaube nicht, dass sich innerhalb der menschlichen Erfahrungen ein „Erfahrungsbereich der Naturwissenschaften" eindeutig abgrenzen lässt, der nicht von „religiösen" Grundannahmen beeinflusst ist. Auch Versuche, diesen Bereich durch spezielle „naturwissenschaftliche Forschungsmethoden" zu definieren, sind bisher immer wieder gescheitert. Es müsste dazu ja einen Grundkonsens der beteiligten Forscher geben, der selbst in der Physik nur mit Einschränkungen gegeben ist.

Meine persönliche Meinung zum Wunder der Jungfrauengeburt Jesu lässt sich sehr gut durch ein Zitat aus einem Buch von Hans Küng (1992) charakterisieren, das auch die Haltung „moderner" Theologen im Gegensatz zu „konservativen" Theologen wie Benedikt XVI. widerspiegelt: „Nachdem ich im ersten Glaubensartikel über Gott, den Vater, versucht habe, dreihundert Jahre experimenteller Naturforschung ernst zu nehmen, werde ich nun bezüglich des Glaubensartikels an Jesus Christus, den Sohn, auch die über zweihundert Jahre historisch-kritischer Bibelforschung nicht weniger ernst nehmen müssen. Fürwahr, selbst wenn ich wollte, könnte ich mich über die hier offensichtlichen *historischen Probleme* nicht hinwegmogeln. Denn auch der einfache Bibelleser … kann sehr leicht feststellen, dass es in den Kindheitsgeschichten ganz anders als dann im öffentlichen Leben Jesu zugeht: Allzuviel geschieht in Träumen, und Engel gehen ständig ein und aus. Soll das historisch sein? Darüber hinaus gibt es zwischen den beiden Kindheitserzählungen *nichtharmonisierbare Widersprüche*: Während Matthäus nichts von Nazareth als dem Aufenthaltsort der Mutter Jesu zu wissen scheint, so umgekehrt Lukas nichts von den (in profanen Quellen unerwähnten) öffentlichen Geschehnissen des Magierbesuches, des Kindermordes in Bethlehem und der Flucht nach Ägypten …" Und speziell zur Jungfrauengeburt: „Es ist unübersehbar: Etwas exklusiv Christliches ist gerade die Jungfrauengeburt aus sich selbst heraus nicht! Der Topos Jungfrauengeburt wird denn auch nach Auffassung heutiger Exegese von den beiden Evangelisten als *„ätiologische" Legende oder Sage* benützt, welche im nachhinein eine „Begründung" (griech. „Aitia") für die Gottessohnschaft liefern soll." – Ist also Jesus nur ein besonders genialer Mensch, ein „Menschensohn", wie er sich selber nannte? Nein, aber für mich wird er zum „Christus" nicht durch ein biologisches Wunder, sondern durch das, was er gesagt und getan hat (siehe auch Kap. 14). Die von diesem Wanderprediger aus Nazareth überlieferten Worte sind bis heute gültig und richtungsweisend. Und sie waren schon damals schockierend und befremdlich. „Das ist eine harte Rede; wer kann sie hören?", heißt es im Johannes-Evangelium (Kap. 6, 60). Und weiter: „Von dem an gingen seiner Jünger viele hinter sich und wandelten hinfort nicht mehr mit ihm. Da sprach Jesus zu den Zwölfen: Wollt ihr auch weggehen? Da antwortete ihm Simon Petrus: Herr, wohin sollen wir gehen? Du hast Worte des ewigen Lebens; und wir haben geglaubt und erkannt, dass du bist Christus, der Sohn des lebendigen Gottes." (Joh. 6, 66–69) – Vielleicht wurden diese Worte erst siebzig Jahre nach Jesu Tod aufgeschrieben, und sie geben das Verständnis eines Christen dieser Zeit wieder. Aber auch für heutige Christen können sie „Gottes Wort" bedeuten. Und wer sich beim Aufsagen des apostolischen Glaubensbekenntnisses im Gottesdienst fragt, was denn nach „über zweihundert Jahren historisch-kritischer Bibelforschung" von seinem alten Credo noch übriggeblieben ist, kann sich diese Worte zu Herzen nehmen. Und er kann dem guten Rat von Paul Gerhardt folgen:

Befiehl du deine Wege und was dein Herze kränkt
Der allertreusten Pflege des, der den Himmel lenkt.
Der Wolken, Luft und Winden gibt Wege Lauf und Bahn,
Der wird auch Wege finden, da dein Fuß gehen kann.

11
Vom Haus auf dem Felsen zum Floß der Hoffnung

Individuelles Leben, Bewusstsein, Sinn, die Grundfragen des Menschen sind zu allen Zeiten in Bilder und Vorstellungen gefasst worden, die zwar nur eine Seite der Wahrheit darstellen, aber dieser Wahrheit oft näher kommen als Worte. Das biblische Bild vom Menschen, der sein Haus auf einen Felsen baute, weckt heute Assoziationen zum Fundamentalismus. Doch das Bild kann viel allgemeiner verstanden werden. Es beschreibt den Menschen, der in seiner Jugend eine Existenz aufbaut und darin seine Identität findet, ein Fundament, das ein Leben lang halten wird. Dieses Grundvertrauen ist Gläubigkeit, auch wenn kein fundamentalistischer Dogmenglaube damit verbunden ist. Der Verlust dieses Glaubens ist ein Erlebnis des erwachsenen, autonomen Menschen. Für viele ehemals Gläubige beschreibt das Bild vom Tode Gottes diese Erfahrung. Doch der Glaube an die Tragfähigkeit eines Lebensfundaments ist nicht für jeden ein Gottesglaube.

Wenn ein Fels wankt, glaubt man zunächst an ein Erdbeben. Ein Wanken jedoch, das nicht aufhören will, sondern nach und nach alles erfasst, auf das man sich verlassen hat, das Haus mit allem was darinnen ist: Diese Erfahrung erschüttert den Betroffenen bis ins Innerste. Denn am Ende muss er akzeptieren, dass er nicht auf Fels gebaut hat, auch nicht auf Sand, sondern auf – Eis; sein Haus steht auf der Spitze eines Eisbergs. Das Bild vom Eisberg hat es in sich, es enthält viele Seiten der Wahrheit, ja es enthält ein ganzes Bilderbuch voller Wahrheiten. Da ist das Bild von dem Bürger, der es geschafft hat. Er sitzt vor seinem gepflegten Haus im Kreise seiner Familie und blickt unter strahlend blauem Himmel auf das unendliche Meer. Gewiss, alle müssen einmal sterben, aber noch ist der Eisberg groß genug, und er treibt ja nach Süden, wo es noch wärmer und schöner wird. Ein anderes Bild zeigt den Schlaflosen, der das Schwanken nicht mehr ertragen kann, das Knacken im Eis, jedes Mal ein Zeichen, dass wieder eine Scholle abbrechen wird. Zuletzt stürzt er freiwillig ins Meer in der Nacht der Verzweiflung. Das Bild des Ignoranten, der einfach alle innere Einsicht ignoriert und weiterschafft, als wäre nichts geschehen, trifft sicher viele Workaholics unsrer Tage. Von dem „dennoch Gläubigen" hat C. F. von Weizsäcker (1977) einmal gesagt: „Er klammerte sich an den Felsblock seines Glaubens, und da konnte er nicht in den Abgrund sehen, um nicht schwindlig zu werden." – Man kann auch auf dem Eisberg meditieren, in mystischer Entrückung einen Frieden erfahren, der höher ist als alle Vernunft. Besonders quälend ist das Bild dessen, der in zunehmende Lähmung verfällt. Da ist der Grübler, der vielleicht noch eine Weile mühsam das Rad des Lebens weiterdreht, weil ihm nichts Besseres einfällt, aber schließlich erlahmt und im Vorgefühl des sicheren Todes vor seiner Zeit stirbt.

Schließlich gibt es noch ein Kapitel in diesem Bilderbuch vom Eisberg, das so recht zum Menschen passt und vielleicht viele bis ins hohe Alter begleitet. Das Holz, aus dem ich in meiner Jugend mein Haus gebaut habe, daraus kann man doch ein Floß zimmern, eine Arche, ein Schiff des Lebens! Unter der Flagge der „Hoffnung" soll es in See stechen. Die Hoffnung der Väter Israels, die Jahrtausende überdauert hat, soll das Floß in die Zukunft geleiten. Die Lähmung des Grüblers ist wie durch ein Wunder verschwunden. Jetzt werden Segel gesetzt, am Steuer des eigenen Schiffes fährt er dahin, kämpft mit den Stürmen und Strudeln des Meeres. Ein Ziel wird er sicher erreichen; denn Schiffe fahren, um anzukommen. Gewiss, auch in diesem letzten Kapitel gibt es Schiffbruch, Depressionen in der Flaute, stumpfsinnigen Aktionismus bis zum bitteren Ende. Es ist halt „des Menschen Herz ein trotzig und verzagt Ding, wer kann es ergründen?" Das wusste schon Jeremia, der aber trotz seiner Klagelieder ein Prophet der Hoffnung war, der Hoffnung auf einen Gott, der die „Quelle lebendigen Wassers" ist. Es gehört zu den uralten Merkwürdigkeiten des menschlichen Lebens, dass die Hoffnung gerade die Alten am Leben erhält, die Armen und Elenden, die nach menschlichem Ermessen nichts mehr zu erhoffen noch zu erwarten haben. Manchen bleibt ihre Hoffnung bis ans Ende, und sie sterben in Frieden. Es gibt hier das Geheimnis einer Gnade, die vielleicht allen menschlichen Kulturen gemeinsam angehört.

12

Credo – warum ich es trotzdem mitspreche

Das Glaubensbekenntnis ist eine durchaus öffentliche Angelegenheit. In jedem Gottesdienst sagt jeder laut und deutlich, was er glaubt, und zwar ganz persönlich. Denn es heißt nicht „wir glauben…", sondern „ich glaube…" und was dann kommt, sind in der Regel faustdicke Lügen. Als erwachsener Mensch von 31 Jahren wollte ich diese Heuchelei nicht länger mitmachen. Daher habe ich damals für mich selber beschlossen, bei meinen selten gewordenen Gottesdienstbesuchen zu schweigen, wenn die anderen ihren Glauben bekannten. 30 Jahre später habe ich zum ersten Mal das Glaubensbekenntnis wieder mitgesprochen – warum, das steht im letzten Absatz dieser Betrachtung.

„Ich glaube an Gott, den Vater, den Allmächtigen, den Schöpfer des Himmels und der Erde." An einen Schöpfergott zu glauben, fällt den meisten Menschen nicht schwer, mir auch nicht. Dass wir zu diesem Gott „Papa" (die Juden sagen „Abba") sagen dürfen, verdanken wir einem Jesus von Nazareth, der sich selber fast immer als „Menschensohn" bezeichnet hat. Dass jemand, der zu Gott „Papa" sagt, sich selber als Kind Gottes betrachtet, ist nur logisch. Was Jesus in seiner Bergpredigt gesagt hat, war und ist so weltbewegend, dass mir die Bezeichnung „Sohn Gottes" durchaus berechtigt erscheint. Was ich dagegen in meinem Glaubensbekenntnis über Gottes „eingeborenen Sohn" bekenne, ist mir eher peinlich: „... empfangen durch den Heiligen Geist, geboren von der Jungfrau Maria, gelitten unter Pontius Pilatus,..." Dass ich auch noch an Pontius Pilatus glauben soll, ist besonders ärgerlich. Zu allen Zeiten wäre es für die Christen besser gewesen, wenn sie bekannt hätten: „... gelitten unter seinen Landsleuten, gekreuzigt, gestorben und begraben..." Dann wäre jeden Sonntag allen Christen in Erinnerung gerufen worden, dass Jesus ein Jude gewesen ist, einer von denen, die sie in Gettos gepfercht, gequält und ermordet haben. Der Abstieg in das Reich des Todes und die Himmelfahrt sind wohl Vorstellungen aus der Zeit des Doppeldecker-Weltbilds des Altertums mit der Erde als Scheibe zwischen Himmel und Hölle. Dass in dem Bild vom Thron Gottes außer Jesus auch dessen Mutter Maria ihren Platz findet, würde ich als Beitrag zur Ökumene den Katholiken gerne zugestehen.

„... von dort wird er kommen zu richten die Lebenden und die Toten." Die Angst, im Jüngsten Gericht zur Hölle verdammt zu werden, „in das ewige Feuer, da ihr Wurm nicht stirbt und ihr Feuer nicht verlöscht," wie im Markus-Evangelium nachzulesen ist, diese Angst hat die Christenheit jahrhundertelang gepeinigt und unendlich viel Leid über die Menschen gebracht. Man denke nur an die vielen Frauen, die als Hexen verbrannt wurden, auch um deren Seelen vor dem „ewigen Feuer" zu bewahren. Wenn wir heute von dieser Angst weitgehend befreit sind, so verdanken wir dies weniger der frohen Botschaft des christlichen Evangeliums als dem Licht der Aufklärung. Dies ist eine historisch belegte Tatsache, über die wir in der Kirche intensiver nachdenken sollten. Doch auch wenn das Gericht Gottes uns heute nicht mehr schreckt, irgendwie unbewusst haben wir alle eine Ahnung, dass es eine letzte Instanz geben muss, wo alle Ungerechtigkeit der Menschen offenbar wird. Vielleicht sollten wir an dieser Stelle unseres Glaubensbekenntnisses nach dem letzten Grund unseres Gewissens fragen und auf eine Antwort hoffen, die uns zu einem gerechten und liebevollen Umgang mit unseren Mitmenschen verhilft.

Ja, „ich glaube an den Heiligen Geist, die heilige christliche Kirche, Gemeinschaft der Heiligen, Vergebung der Sünden", zumindest will ich daran glauben; das ist mir vielleicht das Wichtigste im ganzen Glaubensbekenntnis, das aufzusagen mir so schwer fällt. Die gegenseitige Sündenvergebung, gemeinsam unter dem Segen Gottes, daraus könnte schon ein Gemeindeleben erwachsen, das den Namen „christlich" verdient. „Auferstehung der Toten und das ewige Leben", auch daran möchte ich gerne wieder glauben, und wenn ich es bekenne, hoffe ich darauf, dass mir dieser Glaube geschenkt werde – aus Gnade.

Wenn ich gefragt werde, warum ich mich als gläubigen Christen bezeichne, obwohl ich fast alles, was ich im Glaubensbekenntnis „bekenne", gar nicht glaube, zitiere ich gerne Worte Jesu, die im Credo mit keinem Wort erwähnt werden. Zum Beispiel sagt Jesus in der Bergpredigt: „Ich aber sage euch: Liebet eure Feinde; segnet, die euch fluchen; tut wohl denen, die euch hassen; bittet für die, die euch beleidigen und verfolgen…" (Matth. 5, 44). Und zu denen, die ihn ans Kreuz schlagen, sagt er: „Vater, vergib ihnen; denn sie wissen nicht, was sie tun!" (Luk. 23, 34) Hier spricht für mich „Gottes Wort" (siehe Kap. 14), ganz gleich, wer dieser Jesus von Nazareth gewesen ist. Diese Worte sind für mich Ausdruck christlicher Nächstenliebe wie das Gleichnis vom barmherzigen Samariter, das uns ja auch noch darauf hinweist, dass die Christen keinen „Alleinvertretungsanspruch" auf *christliche* Nächstenliebe haben; denn der Samariter war ja kein Christ, noch nicht einmal ein frommer Jude.

1997 sind mein Sohn und mein Enkel bei einem Verkehrsunfall ums Leben gekommen. In all dem schrecklichen Erleben ist mir klargeworden, dass ich zur christlichen Gemeinde gehören möchte. Längst habe ich gelernt, dass die Logik, mit der ich als Naturwissenschaftler rechne, im menschlichen Alltag keine allzu große Rolle spielt. Nicht nur Gott ist jenseits aller menschlichen Logik, wir sind es auch selber. Vielleicht ist es ein Stück Altersweisheit, wenn ich das jetzt deutlicher sehe als früher. Daher habe ich auch keine so großen Probleme mehr, gemeinsam mit allen Christen etwas zu bekennen, was ich gar nicht glaube. Denn ehrlicherweise bin ich ein hartgesottener Agnostiker. Wenn ich mich trotzdem als Christ verstehe, hat das auch mit dem Gleichnis vom Pharisäer und Zöllner zu tun, wo berichtet wird, dass irgendwo ganz hinten im Tempel ein Zöllner steht und kaum wagt, seine Augen zum Himmel aufzuheben. Es heißt dort: „… sondern schlug an seine Brust und sprach: Gott sei mir Sünder gnädig". Dass Jesus diesen Zöllner dem selbstgerechten Pharisäer gegenüber bevorzugt, das macht ihn für mich zu dem Christus, an den ich glauben will.

13
Persönliches über die Existenz eines persönlichen Gottes

Dietrich Bonhoeffer hat in meinem Leben eine eigentümliche Rolle gespielt. Als ich mit *Widerstand und Ergebung* (Bonhoeffer 1951) seine Briefe aus dem Gefängnis zum ersten Mal las, war ich tief betroffen von seinem Schicksal wie viele andere, die das Buch gelesen hatten. Ganz anders ging es mir mit seinen Gedanken zu einer neuen Theologie, die er in einigen dieser Briefe ansatzweise entwickelte. Mit seinem Entwurf eines „religionslosen Christentums" hat er wesentlich dazu beigetragen, dass ich den pietistisch geprägten Glauben meiner Jugend verlor. In einem Brief, den ich am Jahresende 1966 an meinen Freund Wilfried geschrieben habe, kann ich heute noch nachlesen, was damals in mir vorgegangen ist:

> Wenn ich Bonhoeffer recht verstehe, so ist er weniger an der Person Jesu interessiert als an dem ‚Für-andere-da-sein‘, das er gelebt hat. Indem der Christ für andere da ist, hat er Teil am Sein Jesu. Dieses ‚Für-andere-da-sein‘ tritt praktisch an die Stelle des Heiligen Geistes, der die Christen zum Salz der Erde macht. Damit ist aber das Christentum wieder eine Religion. Alles ist zur Hintertür wieder hereingekommen. Denn gibt man zu, dass auch ein Samariter

oder ein Chinese außerhalb des Christentums diese Liebe leben kann, dann bleibt von dem Besonderen des christlichen Glaubens nichts übrig.… Was Jesus für die ersten Christen zum Messias gemacht hat, war nicht in erster Linie das Für-andere-da-sein bis zum Tod, sondern seine Auferstehung und sein nahes Wiederkommen am Ende der Welt. Der Tod am Kreuz war wenigstens für Paulus und die spätere Kirche das Opfer, in dem Gott sich selber zum Opferlamm macht, um die Menschen vom Fluch des Gesetzes zu erlösen. Jedenfalls sind Kreuz, Auferstehung und Wiederkunft Jesu die Säulen, auf denen das Christentum ruht. Wenn diese Säulen einstürzen, bleibt nichts mehr übrig, was man mit dem Wort christlich sinnvoll beschreiben kann.

Danach habe ich 30 Jahre lang geschwiegen, wenn bei meinen seltenen Gottesdienstbesuchen das Glaubensbekenntnis aufgesagt wurde. Ich wollte nicht etwas bekennen, was ich nicht mehr glauben konnte. Dabei kam ich mir vor „… wie eine Waise, die ihren Vater verloren hat und nun einsam in einer nach wie vor unverständlichen und bedrohlichen Welt steht." So jedenfalls steht es in dem Brief an meinen Freund. Als Jugendlicher hatte ich den „Vater im Himmel" als meinen *persönlichen Gott* erlebt. Er hatte mir in vielem den leiblichen Vater ersetzt, den ich im Krieg verloren hatte. Doch nun erlebte ich mich als vaterlos und gottlos – aber auch als erwachsen, als autonomer Mensch des 20. Jahrhunderts, als einer, der aufhört, sich an den „Fels des Glaubens" zu klammern, einer, der mit beiden Beinen auf dieser Erde steht. Allerdings war ich kein Atheist, eher ein Agnostiker, der nicht weiß, was er glaubt und unsicher ist, ob er überhaupt etwas glaubt. In mancher Beziehung ähnelte meine Religiosität der von Albert Einstein, der 1929 auf die Frage „Glauben Sie an Gott?" an Herbert S. Goldstein (New York) telegrafierte: „Ich glaube an Spinozas Gott, der sich in der gesetzlichen Harmonie des Seienden offenbart, nicht an einen Gott, der sich mit dem Schicksal und den Handlungen der Menschen abgibt." (Neffe 2005)

Einstein wurde nach dem Bekanntwerden dieses Telegramms immer wieder über seine Einstellung zur Religion befragt, und er hat einige Antworten gegeben, die bis heute diskutiert werden (Jammer 1999). Besonders seine Ablehnung eines persönlichen Gottes hat unter den frommen Amerikanern heftigen Widerspruch ausgelöst. Er begründete seine Auffassung unter anderem mit dem Problem der Theodizee: „Wenn nämlich dieses Wesen allmächtig ist, so ist jedes Geschehen, also auch jede menschliche Handlung, jeder menschliche Gedanke und jedes menschliche Gefühl und Streben, sein Werk. Wie kann man denken, dass vor einem solchen allmächtigen Wesen der Mensch für sein Tun und Trachten verantwortlich sei? In seinem Belohnen und Bestrafen würde er gewissermaßen sich selbst richten. Wie ist dies mit der ihm zugeschriebenen Gerechtigkeit und Güte vereinbar?" (Einstein 1940, S. 44) Hat Einstein wirklich nicht gewusst, dass seit biblischen Zeiten fast alle jüdischen und christlichen Theologen (und Philosophen) nach Lösungen des Theodizee-Problems gesucht haben? In der Auseinandersetzung mit dem uralten Einwand, den Einstein noch einmal umständlich formuliert hat, ist Gott in den Herzen der Juden und Christen zu dem rätselhaften, unergründlichen und ehrfurchtgebietenden Herrn geworden, den sie anbeten und der „höher ist als alle Vernunft". Obwohl mein persönlicher Glaube an Gott den Vater zerbrochen war, an einen Gott „höher als alle Vernunft" glaubte ich noch immer. In dieser Hinsicht hat mir damals Paul Tillich aus dem Herzen gesprochen, wenn er Gott als Symbol für das Unbedingte (*ultimate concern*) bezeichnete. Was immer einen Menschen „unbedingt angeht", ist sein Gott. Die Frage nach der „Existenz" Gottes ist daneben bedeutungslos; denn der Begriff „Existenz" gehört zur Welt der menschlichen Vernunft. Doch das Universum war schon vor dem Menschen da, und es ist höchst unvernünftig anzunehmen, dass es sich innerhalb der Grenzen menschlichen Denkens und Erlebens begreifen lässt.

Wenn man sich fragt, warum Einstein sich so naiv über das Theodizee-Problem äußert, stößt man unvermeidlich auf „Spinozas Gott", eine aus sich selbst erschaffende und erschaffene Natur, deren Vollkommenheit eine totale Determiniertheit alles Geschehens erfordert: „In der Natur gibt es kein Zufälliges, sondern alles ist vermöge der Notwendigkeit der göttlichen Natur bestimmt, auf gewisse Weise zu existieren und zu wirken." (Spinoza 1677) Spinozas Gott „würfelt nicht", wie Einstein immer wieder im Zusammenhang mit der Quantentheorie betont hat[1], er erlaubt dem Menschen keinen freien Willen, und er ist erst recht nicht

---

[1] Dagegen hatte Einstein keine Probleme mit dem Zufall in der statistischen Thermodynamik, und Ähnliches gilt für den freien Willen. Schon Spinoza hatte behauptet, dass der Mensch nur glaubt, frei zu entscheiden, weil er die hohe Komplexität der zugrundeliegenden natürlichen Vorgänge nicht durchschauen kann. Auch der Thermodynamik oder dem Darwin'schen Prinzip der natürlichen Auslese liegen komplexe Naturvorgänge, die Molekülbewegungen, zugrunde, die für Einstein letztendlich deterministischen Gesetzen folgen.

in der Lage, aufgrund eines menschlichen Gebets den Ablauf des natürlichen Geschehens zu verändern. Das heißt, die göttliche Natur hält sich streng an die aus ihr selber hervorgegangenen Naturgesetze.

Doch in Einsteins lebenslangem Bemühen, hinter das Geheimnis dieser Gesetze zu schauen, zeigt sich seine Religiosität. In seinem „Glaubensbekenntnis" von 1930 bekennt er am Ende: „Zu empfinden, dass hinter dem Erlebbaren ein für unseren Geist Unerreichbares verborgen sei, dessen Schönheit und Erhabenheit uns nur mittelbar und in schwachem Widerschein erreicht, das ist Religiosität. In diesem Sinne bin ich religiös. Es ist mir genug, diese Geheimnisse staunend zu ahnen und zu versuchen, von der erhabenen Struktur des Seienden in Demut ein mattes Abbild geistig zu erfassen."[2]

Paul Tillich, der sich ausführlich mit Einsteins Ablehnung eines persönlichen Gottes befasst hat (Jammer 1999, S. 108–114), findet hinter Einsteins Religiosität die Erfahrung des Numinosen, das sich jeder begrifflichen Objektivierung entzieht und nur in Symbolen erfasst werden kann. Er schreibt: „*One of these symbols is the ‚Personal God.' It is the common opinion of classical theology, practically in all periods of Church history, that the predicate ‚personal' can be said of the Divine only symbolically or by analogy …*"[3](Siehe S. 111 in Jammer 1999). Der Begriff des Symbolischen

---

[2] Albert Einstein, Mein Glaubensbekenntnis, Berlin, 10. November 1930. Schallplattenaufnahme für die Deutsche Liga für Menschenrechte, veröffentlicht im Herbst 1932.
[3] „Eines dieser Symbole ist der ‚persönliche Gott'. Es ist die generelle Meinung der klassischen Theologie, praktisch in allen Perioden der Kirchengeschichte, dass man für das Göttliche das Prädikat ‚persönlich' nur *symbolisch oder als Analogie* ausdrücken kann…."

spielt in der Theologie Tillichs eine tragende Rolle. Anders als das *Zeichen*, das nur auf etwas Reales hinweist und durch andere Zeichen ersetzt werden kann, ist das *Symbol* ein Teil der Realität, die es symbolisiert. Über den *persönlichen Gott* schreibt er: „... *The depth of being cannot be symbolized by objects taken from a realm which is lower than the personal, from the realm of things or subpersonal living beings. The suprapersonal is not an „It," or more exactly, it is a „He" as much as it is an „It", and it is above both of them. ... This is the reason that the symbol of the personal God is indispensable for living religion. It is a symbol, not an object, and it never should be interpreted as an object.*" [4](Siehe S. 111 in Jammer 1999). In diesen Worten können wir auch eine Bewertung der Ablehnung eines persönlichen Gottes finden, die Einstein unter anderem wie folgt begründet hat: „... Der Gottesbegriff der gegenwärtig gelehrten Religionen ist eine Sublimierung jener alten Götter-Vorstellung. Seine anthropomorphe Natur zeigt sich zum Beispiel darin, dass die Menschen das göttliche Wesen im Gebet anrufen und es um die Erfüllung von Wünschen anflehen." (Einstein 1940, S. 43) Für Tillich ist Gott keine menschliche Phantasievorstellung, sondern das Symbol für eine Wirklichkeit, an der er *nur* in Symbolen teilhaben kann. Das schließt die Existenzberechtigung von Kirchen, Synagogen

---

[4] „Die Tiefe des Seins kann nicht durch Objekte symbolisiert werden, die aus einem Bereich genommen werden, der unterhalb des Persönlichen (Personalen) liegt, dem Bereich der Dinge oder der subpersonalen Lebewesen. Das Überpersönliche (Suprapersonale) ist kein „Es", oder genauer, es ist ebenso ein „Er" wie ein „Es" und es ist über beiden von ihnen.... Dies ist der Grund, warum das Symbol des persönlichen Gottes für eine lebendige Religion unverzichtbar ist. Es ist ein Symbol, nicht ein Objekt und es sollte niemals als Objekt interpretiert werden."

und Moscheen ein, in denen Gott angerufen wird – und zwar jeweils in den Symbolen, die in der jeweiligen Religion lebendig sind. Natürlich musste Tillich akzeptieren, dass Einstein nicht als Betender in einer Synagoge zu finden war. Aber sein lebenslanges beharrliches Suchen nach einer einheitlichen Theorie der Welt, sein Bemühen, „von der erhabenen Struktur des Seienden in Demut ein mattes Abbild geistig zu erfassen", das er ja selber als „Religiosität" bezeichnete, das alles konnte Tillich als Einsteins persönliche Form des Gottesdienstes und vielleicht sogar des Gebets deuten. Jedenfalls habe ich selber Einsteins Religiosität in dieser Weise verstanden, vielleicht weil ich darin so etwas wie religiöse Seelenverwandtschaft zu spüren meinte.

Es ist sehr merkwürdig, dass Albert Einstein, der an keinen persönlichen Gott glaubte und sich von Gott „kein Bildnis" machen wollte, wie es im 2. Gebot der Bibel gefordert wird, dennoch gefangen war in der Vorstellung, die Natur, und damit Gott, müsse streng deterministischen Naturgesetzen gehorchen. Vielleicht hat ihn der Erfolg seiner Relativitätstheorie und deren wunderbare Übereinstimmung mit dem Weltbild Spinozas verführt, diese Welt als absolute Wahrheit zu sehen. Es ist nicht ungewöhnlich, dass Forscher, die eine tiefe neue Einsicht in die Struktur der Welt erfahren, diese als „Stein der Weisen" ansehen und sich gegen alles sträuben, was darüber hinausführt. Für Pythagoras hatte sich die Harmonie der Welt in der Schönheit der natürlichen ganzen Zahlen erschöpft. Der Legende nach hat er einen Schüler mit dem Tode bestraft, weil dieser ihm die Existenz irrationaler Zahlen beweisen wollte. Einstein hat die Quantentheorie als „unvollständig" abgelehnt, weil sie nicht in sein deterministisches Weltbild passte.

Heute ist Einsteins Bild von einer deterministischen Realität durch die neueren Entwicklungen in der Quantenphysik (z. B. der Quantenoptik) endgültig überholt. Dagegen glauben viele Neurologen, dass den mentalen Zuständen und Prozessen, die für das menschliche Bewusstsein verantwortlich sind, deterministische physikalisch chemische Vorgänge im neuronalen Netzwerk des Gehirns zugrunde liegen. Daraus auf die Unfreiheit des menschlichen Willens zu schließen, ist nicht gerechtfertigt; aber die Tendenz zu vorschnellen Schlüssen über die Natur des Geistes oder gar der menschlichen Seele und Religiosität ist heute überall zu spüren. Die Einsicht in die grundsätzliche Begrenztheit des menschlichen Erkenntnishorizonts, der Glaube an einen Gott, der „höher ist als alle Vernunft", kann uns hier vor den Untugenden maßloser Hybris bewahren.

1997 habe ich Bonhoeffers *Widerstand und Ergebung* noch einmal von vorne bis hinten durchgelesen. Mir wurde dabei bewusst, dass nicht nur ich selbst ein anderer geworden bin. Auch der „Zeitgeist" hat sich verändert. Bonhoeffers „religionsloses Christentum" war zu seiner Zeit revolutionär. Heute erlebt der fundamentalistische Glaube, den Bonhoeffer überwinden wollte, in vielen Religionen eine Renaissance. In der katholischen Kirche finden die im alten Sinne „gläubigen Christen" einen mächtigen Verbündeten in Papst Benedikt XVI. Zwar ist dieser selbst professioneller Theologe; aber den „Relativismus" einer Theologie, wie sie von Bonhoeffer, Tillich und anderen vertreten wurde und wird, bekämpft er mit allen ihm zur Verfügung stehenden

Mitteln. Die Vertreter der Aufklärung, die seit Jahrhunderten das Aussterben der Reste religiösen Aberglaubens verkündet haben, müssen heute zur Kenntnis nehmen, dass der „Aberglaube" als religiöser Fundamentalismus und Fanatismus überall in der Welt zunimmt. Es gibt viele Anzeichen für das Ausbrechen neuer „Kulturkämpfe" zwischen Menschen, die ihren jeweiligen Glauben für die absolute Wahrheit halten. Wer zu den „Relativisten" gezählt wird, muss sich auf Zeiten mit viel Gegenwind einstellen. „Liberale" Christen werden in diesen Zeiten immer wieder betonen, dass kein Mensch die Wahrheit *besitzen* kann. Sie werden auf das Johannes-Evangelium verweisen, wo steht: „Wenn aber jener, der Geist der Wahrheit, kommen wird, der wird euch *in alle Wahrheit* leiten" (Joh. 16, 13). Wir sind *unterwegs* zur Wahrheit, und wer meint, sie schon zu *besitzen*, ist auf dem falschen Weg.

Was ich 1967 als „Säulen, auf denen das Christentum ruht" ansah, die Dogmen von Kreuz, Auferstehung und Wiederkunft Christi, betrachte ich heute als „Wahrheit", die ich zu *besitzen* meinte. Insofern bin ich dankbar, dass diese Säulen für mich selber eingestürzt sind. Dagegen ist Dietrich Bonhoeffer, der ja heute von vielen als der protestantische Heilige des 20. Jahrhunderts angesehen wird, auch mein persönlicher Heiliger geworden. Gerade von den Worten, die mir damals so befremdlich und unakzeptabel vorkamen, glaube ich heute, einiges viel besser verstanden zu haben: „Und wir können nicht redlich sein, ohne zu erkennen, dass wir in der Welt leben müssen – ‚*etsi deus non daretur*' (als ob es keinen Gott gäbe). Und eben dies erkennen wir – vor Gott! Gott selbst zwingt uns zu dieser Erkenntnis. So führt uns unser Mündigwerden zu einer wahrhaftigen Erkenntnis unserer Lage vor Gott. Gott gibt uns zu wissen, dass wir leben müssen, als solche, die mit dem Leben ohne Gott fertig werden. Der Gott, der mit uns ist, ist der Gott, der uns verlässt (Markus 15, 34[5])! Der Gott, der uns in der Welt leben lässt ohne die Arbeitshypothese Gott, ist der Gott, vor dem wir dauernd stehen. Vor und mit Gott leben wir ohne Gott. Gott lässt sich aus der Welt herausdrängen ans Kreuz, Gott ist ohnmächtig und schwach in der Welt und gerade und nur so ist er bei uns und hilft uns. Es ist Matth. 8, 17[6] ganz deutlich, dass Christus nicht hilft kraft seiner Allmacht, sondern kraft seiner Schwachheit, seines Leidens!" (Brief vom 16. 7. 1944 in Bonhoeffer 1951) In diesen Worten begegnet uns Bonhoeffers *persönlicher Gott*; aber das ist nur die eine Seite dieses Gottes. Die andere Seite finden wir in dem Lied, das Bonhoeffer einige Monate später, zu Weihnachten 1944, an seine Verlobte und seine Eltern geschickt hat und das heute im evangelischen Gesangbuch vielleicht überhaupt das bedeutendste im 20. Jahrhundert entstandene Kirchenlied ist. „Von guten Mächten wunderbar geborgen…", das ist die „Geborgenheit" eines Menschen an der Grenze äußerster existenzieller Bedrohung.

Wir sollten dieses Lied auch als *Gebet* verstehen. Es ist sehr bemerkenswert, dass heute viele Menschen, die von sich sagen, dass sie nicht mehr beten können, mit tiefer Ergriffenheit das Bonhoeffer-Lied singen. Ganz ähnlich steht es mit einem anderen „Lieblingslied", dem Abendlied von Matthias Claudius, *Der Mond ist aufgegangen.* In beiden

---

[5] „Mein Gott, mein Gott, warum hast du mich verlassen?"
[6] „Er hat unsere Schwachheiten auf sich genommen,…."

Liedern wird um das *Heil* gebetet: „Gott, lass uns dein Heil schauen, auf nichts Vergänglichs trauen, …" heißt es bei Claudius, und mit Bonhoeffer singen wir: „Ach Herr, gib unsern aufgeschreckten Seelen das Heil, für das du uns geschaffen hast." Menschen, die *unterwegs* sind zur Wahrheit, die unter ihrem Unglauben leiden, aber die Hoffnung nicht aufgeben, solche Menschen beten, obwohl sie nicht beten können. Für solche Menschen *existiert* ein *persönlicher Gott*, auch wenn sie nur seine Abwesenheit spüren. Man bittet ja um etwas, das man nicht *besitzt,* sondern erhofft. Das dürfen wir auch von den großen Betern der Kirchengeschichte sagen, zu denen Matthias Claudius und Dietrich Bonhoeffer gehört haben.

14
Gottes Wort – nicht nur in der Bibel

Hermann Hartmann, mein akademischer Lehrer an der Universität Frankfurt, war ein echter Humanist, der die große Literatur der Antike liebte und seine Schüler immer wieder mit langen, auf Griechisch oder Lateinisch rezitierten Texten überraschte, wobei er noch unterstellte, dass natürlich jeder alles verstünde. Als gleichsam langjährigster Schüler von Hartmann wurde ich ausersehen zum Festkolloquium an seinem 65. Geburtstag die Laudatio zu halten. Nach der ausführlichen Würdigung seiner wissenschaftlichen Verdienste kam ich auch auf seine Liebe zur klassischen Literatur zu sprechen, konnte mir aber nicht verkneifen zu erwähnen, dass ich von ihm nie ein Bibelzitat vernommen hätte. Nach meinem Vortrag stand er auf, bedankte sich höflich und meinte dann, das mit dem Bibelzitat könne er ja noch nachholen. Danach begann er, einen langen griechischen Text aufzusagen, in dem immer wieder das Wort *agape* vorkam, das einzige Wort, das ich verstand. Tatsächlich rezitierte er das 13. Kapitel aus dem Brief von Paulus an die Korinther, den großen Lobpreis der Liebe. Wahrscheinlich waren er und ich die einzigen im Saal, die sicher wussten, dass er dieses Kapitel nicht extra für diese Gelegenheit auswendig gelernt hatte, sondern dass dieser

Text tatsächlich so tief in seinem Gedächtnis eingeprägt war, dass er ihn *jederzeit* auswendig aufsagen konnte.

Einige Jahre früher sagte ich zu ihm während eines längeren Gesprächs, in meiner Jugend habe ich in keinem Buch so viel gelesen wie in der Bibel, die für mich *Gottes Wort* gewesen sei. Nach meiner Beschäftigung mit der historisch kritischen Analyse biblischer Texte könne ich das jetzt leider nicht mehr sagen. Nie werde ich vergessen, was danach geschah. Hartmann blickte mich mit großen Augen an und sagte: „Aber Herr Sillescu, wenn mich ein Wort zutiefst in meinem Innersten erschüttert, dann frage ich doch nicht danach, wo es steht und wer es geschrieben hat, dann *ist* es für mich *Gottes Wort!*"

Nach diesem Gespräch habe ich wieder zur Bibel zurückgefunden. Und immer wieder begegnet mir beim Lesen in der Bibel *Gottes Wort*. Dafür könnte ich viele Beispiele aufzählen. Aber jeder muss seine eigenen Worte Gottes finden. Die Bibel ist hier zweifellos noch immer eine wahre Fundgrube. Ein Beispiel ist das oben erwähnte *Gottes Wort*, das nicht nur im griechischen Urtext, sondern auch in echtem Luther-Deutsch zu uns sprechen kann:

1. Wenn ich mit Menschen- und mit Engelszungen redete, und hätte der Liebe nicht, so wäre ich ein tönend Erz oder eine klingende Schelle.

2. Und wenn ich weissagen könnte und wüsste alle Geheimnisse und alle Erkenntnis und hätte allen Glauben, also dass ich Berge versetzte, und hätte der Liebe nicht, so wäre ich nichts.

3. Und wenn ich alle meine Habe den Armen gäbe und ließe meinen Leib brennen, und hätte der Liebe nicht, so wäre mir's nichts nütze.

4. Die Liebe ist langmütig und freundlich, die Liebe eifert nicht, die Liebe treibt nicht Mutwillen, sie blähet sich nicht,

5. sie stellet sich nicht ungebärdig, sie suchet nicht das Ihre, sie läßt sich nicht erbittern, sie rechnet das Böse nicht zu,

6. sie freut sich nicht der Ungerechtigkeit, sie freut sich aber der Wahrheit;

7. sie verträgt alles, sie glaubet alles, sie hoffet alles, sie duldet alles.

8. Die Liebe höret nimmer auf, so doch die Weissagungen aufhören werden und die Sprachen aufhören werden und die Erkenntnis aufhören wird.

9. Denn unser Wissen ist Stückwerk, und unser Weissagen ist Stückwerk.

10. Wenn aber kommen wird das Vollkommene, so wird das Stückwerk aufhören.

11. Da ich ein Kind war, da redete ich wie ein Kind und war klug wie ein Kind und hatte kindische Anschläge; da ich aber ein Mann ward, tat ich ab, was kindisch war.

12. Wir sehen jetzt durch einen Spiegel in einem dunkeln Wort; dann aber von Angesicht zu Angesicht. Jetzt erkenne ich's stückweise; dann aber werde ich erkennen, gleichwie ich erkannt bin.

13. Nun aber bleibt Glaube, Hoffnung, Liebe, diese drei; aber die Liebe ist die größte unter ihnen.

(1. Kor. 13, Luther-Bibel von 1912)

15

Ein ewiges Paradies ohne Leben nach dem Tod?

Wenn Kinder fragen, wie lange die Ewigkeit dauert, erzählt man ihnen manchmal die Geschichte vom Diamantberg. Alle tausend Jahre kommt ein kleines Vögelein und wetzt an ihm seinen Schnabel. Und wenn es den Diamantberg vollständig abgewetzt hat, ist eine Sekunde der Ewigkeit vergangen. Diese nicht enden wollende Zeit passt besonders gut zu den menschlichen Vorstellungen der Hölle, „das ewige Feuer, da ihr Wurm nicht stirbt und ihr Feuer nicht verlöscht" (Markus-Evangelium, Kap. 9, 43–44). Die Erfahrung unerträglicher Qualen, in denen die Zeit unendlich langsam vergeht, haben Menschen in ihrem Jammertal des Lebens immer wieder erlebt. Jeder kann sich vorstellen, wie es in einer Hölle sein wird, wo das alles noch schlimmer kommt und überhaupt nicht mehr aufhört. Die Höllenangst hat besonders im Mittelalter viele Menschen dazu bewogen, alle erdenklichen Strafen bis zum Scheiterhaufen willig auf sich zu nehmen, um den unendlichen Höllenqualen zu entgehen.

Doch wie ist es mit dem unendlichen Paradies? Natürlich haben die Menschen zu allen Zeiten ihrer Phantasie freien Lauf gelassen und die irdischen Freuden ins Gigantische und Unendliche eines ewigen Lustgartens projiziert.

Doch wenn man ernsthaft versucht, sich vorzustellen, wie es sein könnte, nachdem man tausend Jahre lang im Engelchor Halleluja gesungen und noch ein unendliches Hosianna vor sich hat, kann man ins Grübeln kommen. Auch die Wiedervereinigung mit all den verstorbenen Verwandten und Freunden kann man sich schlecht als Jahrtausende langes Freudenfest vorstellen. Irgendwann wird man sich nichts mehr zu sagen haben. Natürlich sind Fragen dieser Art nicht neu und die Antwort kirchlicher Autoritäten wohlbekannt: Wir sind ja nach der Auferstehung keine irdischen Menschen mehr, die sich langweilen könnten. Sondern wir werden sein wie die Engel, die ja mit dem unendlichen Singen von Halleluja und Hosianna keinerlei Probleme haben. Platons Lehre von der Unsterblichkeit der Seele war den frühen christlichen Theologen in dieser Hinsicht sehr willkommen. Während unser Körper im Grab ganz irdisch vermodert, kann man der Seele all die himmlischen Eigenschaften zuweisen, die sie benötigt, um ein unendliches Paradies auf angemessene Weise zu erleben. Sehr präzise braucht man hier nicht zu werden, wir können es uns sowieso nicht vorstellen, wie es sein wird. Dagegen hatte die Kirche gegen die menschlichen Phantasien zur unendlichen Höllenqual nichts einzuwenden. Die Höllenangst war ja ihr wirksamster Missionar; in fundamentalistischen Bekehrungsstrategien ist sie es noch heute.

Im Zuge der Aufklärung ist im 18. Jahrhundert ein heute weit verbreitetes Menschenbild entstanden, das die Existenz jedes Einzelnen durch Geburt und Tod zeitlich begrenzt sieht. Jede Vorstellung von einem Leben nach dem Tod wird als Aberglaube abgelehnt. Der Gedanke einer endlichen Lebenszeit des Menschen wurde schon in der

Antike kontrovers diskutiert. Zum Beispiel beschreibt Cicero in seiner Schrift über das Greisenalter (*DE SENECTUTE*) nicht nur Platons Seelenlehre, sondern er bemerkt auch zum Schluss, wenn wirklich die „unbedeutenden Philosophen" (z. B. die Epikureer) recht hätten und es keine Unsterblichkeit gäbe, so könnten diese ihn ja wegen seines Irrtums nicht verspotten, weil sie dann ebenfalls tot seien. Über den Tod schreibt Cicero: „Denn entweder braucht man ihn gar nicht zu beachten, wenn er den Geist völlig auslöscht, oder man muss ihn sogar wünschen, wenn er ihn (den Geist) irgendwohin führt, wo er ewig leben soll; und ein Drittes kann sicher nicht gefunden werden."(Cicero 1965) Als echter Stoiker lehrt er die Todesverachtung; der Gedanke an eine Hölle danach ist ihm offenbar fremd.

In Goethes Faust geht es ganz wesentlich um Fausts Rettung. Vom Prolog im Himmel bis zur letzten Zeile des Dramas kann man erkennen, wie Goethe als erster Autor in der Literaturgeschichte den bösen Dr. Faust *nicht* in die Hölle fahren lässt. Nachdem die Engel „Faustens Unsterbliches" aus dem Machtbereich Mephistos entführt haben, blickt der Zuschauer in eine Geisterwelt zwischen Erde und Himmel, und er hört noch einmal, warum Faust gerettet wurde: „Wer immer strebend sich bemüht, den können wir erlösen…" Doch der „Doctor Marianus", der am Ende in die höheren Sphären entschwebt („Das Ewig-Weibliche zieht uns hinan.") hat nur noch wenig Ähnlichkeit mit dem Faust, dessen Tod im „großen Vorhof des Palasts" so ausführlich geschildert wird. Das irdische Drama endet in diesem Vorhof, und es endet mit Worten, die, aus der Perspektive des aufgeklärten Menschen unserer Tage betrachtet, einen völlig anderen Schluss ergeben:

MEPHISTOPHELES:…
Die Zeit wird Herr, der Greis liegt hier im Sand.
Die Uhr steht still –
CHOR: Steht still! sie schweigt wie Mitternacht.
Der Zeiger fällt –
MEPHISTOPHELES: Er fällt! Es ist vollbracht.
CHOR: Es ist vorbei.

Für Mephisto und für den „Chor" der aufgeklärten Zuschauer ist Fausts Uhr stehen geblieben, der Zeiger gefallen, sein Lebensdrama am Ende. Es ist vorbei. Aber was erlebt Faust?

Im Schlussmonolog entwirft Faust die Vision einer Zukunft, die sich aus seiner letzten großen Tat, dem gigantischen Deichbau, ergibt: „Eröffn ich Räume vielen Millionen, nicht sicher zwar, doch tätig frei zu wohnen." Er gerät in zunehmend euphorische Stimmung und sieht am Ende vor sich den offenen Himmel seines ganz persönlichen Paradieses:

Solch ein Gewimmel möchte ich sehn,
Auf freiem Grund mit freiem Volke stehn!
Zum Augenblicke dürft ich sagen:
Verweile doch, du bist so schön!
Es kann die Spur von meinen Erdentagen
Nicht in Äonen untergehn. –
Im Vorgefühl von solchem hohen Glück
Genieß ich jetzt den höchsten Augenblick.

Danach folgt Goethes Regieanweisung: *„Faust sinkt zurück, die Lemuren fassen ihn auf und legen ihn auf den Boden"*. Fausts höchster Augenblick ist also auch der letzte

Augenblick in seinem irdischen Leben. Wenn wir aber ernst nehmen, dass dieser „höchste Augenblick" wirklich Fausts *letzter* Augenblick ist, müssen wir zur Kenntnis nehmen, dass er zu genau diesem Zeitpunkt tatsächlich in *sein* Paradies eingeht. Weil nämlich das *Jetzt* seines letzten Augenblicks auch sein letztes *Erlebnis* ist, gibt es für ihn kein Danach! Es geschieht, was wir heute den „Hirntod" nennen. Danach fehlt für subjektive Erlebnisse Fausts jegliche materielle Basis. Der Zeiger fällt also nur für die Hinterbliebenen, Faust selber sieht ihn nicht fallen. Denn sähe er ihn fallen, würde er selber erleben, dass „alles vorbei" ist, dann wäre sein „höchster Augenblick" ja gerade nicht sein *letzter* Augenblick. Faust ist subjektiv sogar in ein *ewiges* Paradies eingegangen; denn was kein Ende hat, das ist ewig. Faust kann auch nicht mehr darüber nachdenken, ob sein Erlebnis des Paradieses vielleicht nur eine Illusion ist. In seinem *Jetzt* erlebt er eine subjektive Wirklichkeit, die für ihn nicht mehr hintergehbar ist. Zwar können die Zuschauer des Dramas mit Mephisto (und dem alten Goethe) Fausts Vision als Hirngespinst durchschauen („… die Elemente sind mit uns verschworen, und auf Vernichtung läuft's hinaus."). Aber Fausts *erlebtes* Paradies können sie ihm dennoch nicht nehmen. Es ist für ihn die reine *letzte* Wahrheit.

Können wir den Gedanken eines erlebten ewigen Paradieses im letzten bewussten Augenblick des Lebens verallgemeinern? Ist Fausts irdisches Ende ein literarisches Beispiel für das erlebte Ende jedes Menschen? Grundsätzlich gibt es auf diese Frage keine Antwort. Denn sein *letztes* bewusstes Erlebnis nimmt jeder Mensch mit ins Grab; er kann es niemandem mehr mitteilen. Es gibt jedoch *vorletzte* Erlebnisse von Menschen, die an der Schwelle des Todes standen,

„klinisch tot" waren und doch wieder ins Reich der Lebenden zurückkehrten. Nach einem „Nahtod-Erlebnis" glaubt fast jeder Mensch an ein Leben nach dem Tod. Er hat es ja selber erlebt, mit eigenen Augen gesehen. Was nach dem Tod auf uns zukommt, ist für ihn reale erlebte Wirklichkeit, die er nicht im Ernst hinterfragen kann. In den Büchern von Elisabeth Kübler-Ross kann man nachlesen, dass es an der Realität eines Lebens nach dem Tod gar keinen Zweifel geben kann, dass alles wissenschaftlich bewiesen ist.

Es gibt jedoch viele skeptische Wissenschaftler, die sich von diesen Beweisen nicht überzeugen lassen. Mit welchen Augen *sieht* ein Patient, der in der Intensivstation auf dem Operationstisch liegt und hinterher erzählt, er habe den Ärzten von oben bei der Operation zugeschaut? Was bedeutet es also, wenn er *nach* seiner Wiedergenesung behauptet, er habe das alles *mit eigenen Augen* gesehen? Er kann ja nur aus der Erinnerung über seine Erlebnisse berichten. Woher wissen wir, dass er nicht einer Selbsttäuschung erliegt? Zum Beweis werden *Fakten* angeführt, z. B. das Kfz-Kennzeichen des Autos, dessen Fahrer Unfallflucht beging und aufgrund der „Zeugenaussage" des Patienten ermittelt wurde, der bei dem Unfall sofort sein Bewusstsein verlor. In der wissenschaftlichen Literatur über Nahtod-Erlebnisse und außerkörperliche Erfahrungen spielen derartige „Beweise" überhaupt keine Rolle. Vorsichtige Wissenschaftler sagen, sie halten grundsätzlich alles für möglich: Telepathie, Hellsehen, Wünschelruten, Homöopathie. Doch solange es keine jederzeit im Labor reproduzierbare empirische Untersuchungen mit positivem Befund gibt, gelten all diese Phänomene als „unverstanden", und Wissenschaftler vermeiden es, sie in wissenschaftlichen Untersuchungen zu erwähnen.

Wissenschaftlich lässt sich also über den letzten erlebten Augenblick eines Verstorbenen so wenig sagen wie über den letzten bewussten Gedanken vor dem Einschlafen. Ich kann mich eine schlaflose Nacht lang voller quälender Gedanken im Bett herumwälzen. Wenn mich dann am frühen Morgen endlich der Schlaf überkommt, kann ich nach dem Aufwachen dennoch nicht sagen, welches der *letzte* Gedanke vor dem Einschlafen gewesen ist. Habe ich ihn nur *vergessen* oder gibt es einen geheimnisvollen Übergang vom Bewussten ins Unbewusste, der dem Bewusstsein verborgen bleibt? Gibt es den Tod, den sich so viele wünschen, und der „des Schlafes Bruder" ist, weil man vom Sterben so wenig merkt wie vom Einschlafen? Wo existiert der „letzte Augenblick" von Alzheimer-Kranken bei fortschreitender Demenz? Auf all diese Fragen gibt es keine sichere Antwort.

Dennoch kann man auch nicht ausschließen, dass der *letzte* bewusst erlebte Augenblick wie in Goethes Faust zugleich der Eingang in die *erlebte* Ewigkeit ist. Gerade weil kein Mensch jemals über diesen letzten Augenblick berichten konnte, ist er uns so schwer vorstellbar. Es ist also durchaus möglich, dass ein Sterbender vor dem Tod Nahtod-Erlebnisse hat, die denen ähneln, von denen wir zahlreiche Berichte haben. Aber das letzte Erlebnis, nach dem Schritt über die Schwelle, ist uns verborgen. Und in diesem *letzten* Erlebnis steht die Zeit still.

Wer sich gründlich mit dem Unterschied zwischen der physikalisch messbaren Zeit und der subjektiv erlebten Zeit beschäftigt, findet in philosophischen Betrachtungen spätestens seit Augustinus Gedanken, die es wert sind, bedacht zu werden. Wie lange dauert der „Zeitpunkt", den wir als Gegenwart bezeichnen; *gibt* es ihn überhaupt? Was war *vor* dem Anfang der Welt? Was wird *nach* dem Ende der Welt sein, was nach dem Ende *meiner* Welt, die ich subjektiv erlebe? Was bedeutet die zeitliche Entgrenzung, die in mystischer Erleuchtung erlebt werden kann, wenn in einem einzigen Augenblick die *ganze Welt* als gegenwärtig erlebt wird? Zu diesen Fragen ohne Antwort gehört auch die Frage nach dem letzten Augenblick, in dem die erlebte Zeit still steht, in dem sie aufhört zu existieren. Die Ewigkeit, die sich hier auftut, ist sicherlich fundamental verschieden von der Ewigkeit, die in der Geschichte vom Diamantberg gemeint ist. Doch ein unendlich kurzer Zeitraum ist philosophisch genau so rätselhaft wie ein unendlich langer. Denn wenn die Zeit *wirklich* still steht, wird sie zur Ewigkeit.

In der Ende 2007 veröffentlichten Enzyklika von Papst Benedikt XVI. über die christliche Hoffnung stehen einige Sätze, die im Kontext der obigen Betrachtung sehr bemerkenswert sind. In seinen Überlegungen zur Hoffnung auf ein ewiges Leben fragt er, was eigentlich „Ewigkeit" bedeute, und er antwortet: „Wir können nur versuchen, aus der Zeitlichkeit, in der wir gefangen sind, herauszudenken und zu ahnen, dass Ewigkeit nicht eine immer weitergehende Abfolge von Kalendertagen ist, sondern etwas wie der erfüllte Augenblick, in dem uns das Ganze umfängt und wir das Ganze umfangen. Es wäre der Augenblick des Eintauchens in den Ozean der unendlichen Liebe, in dem es keine Zeit, kein Vor- und Nachher mehr gibt. Wir können nur versuchen zu denken, dass dieser Augenblick das Leben im vollen Sinn ist, immer neues Eintauchen in die Weite des Seins, indem wir einfach von der Freude überwältigt werden." Hier ist also von einem „Augenblick" die Rede, den man sich auch als den letzten *erlebten* Augenblick eines endgültig Sterbenden vorstellen könnte. Im weiteren Text der Enzyklika wird freilich das „große Credo der Kirche" innerhalb der traditionellen Dogmatik auf eine Weise abgearbeitet, die jeden Gedanken, der Papst könne etwa selber nicht mehr an ein „Weiterleben nach dem Tod" glauben, weit von sich weist. Dennoch durchweht die Enzyklika ein Geist interpretatorischer Weite, der auch gänzlich widersprüchliche Ebenen kirchlichen Glaubensverständnisses tolerierbar macht und das liebevolle Verständnis eines großen alterserfahrenen Menschen erkennen lässt.

16
Die Endlichkeit des Lebens

Als ich in weißem Krankenzimmer der Charité
aufwachte gegen Morgen zu
und die Amsel hörte, wusste ich
es besser. Schon seit geraumer Zeit
hatte ich keine Todesfurcht mehr. Da ja nichts
mir je fehlen kann, vorausgesetzt
ich selber fehle. Jetzt
gelang es mir, mich zu freuen
alles Amselgesanges nach mir auch.
Bertolt Brecht (1956)

In seinem Buch „Der EGO Tunnel" (Metzinger 2009, S. 294) hat der Mainzer Philosophieprofessor Thomas Metzinger das Problem der Endlichkeit des Lebens sehr klar ausgesprochen: „Für Wesen wie uns ist Sterblichkeit nicht einfach nur eine objektive Tatsache, sondern ein subjektiver Abgrund, eine offene Wunde in unserem phänomenalen Selbstmodell. Wir haben einen tiefen, in uns selbst eingebauten existentiellen Konflikt, und wir scheinen die ersten Lebewesen auf diesem Planeten zu sein, die diese Tatsache bewusst erleben." Metzinger glaubt, dass das menschliche „Selbst" ein vom Gehirn erzeugtes „phänomenales Selbstmodell" ist. Aber dies ist genau unser *Selbst*, das wir täglich bis an unser Ende erleben. Dieses *Selbst* kann sich mit dem Gedanken an seine Endlichkeit nur schwer abfinden. „Alle wissen, dass sie sterben müssen, aber keiner glaubt daran", sagt ein altbekannter Aphorismus, der das Problem auf den Punkt bringt.

Meine eigenen Gedanken über die Endlichkeit des Lebens wurden ganz wesentlich durch einen „Semesterbericht" beeinflusst, den ich 1995 von einer Stipendiatin der Studienstiftung des Deutschen Volkes erhalten habe. Als Vertrauensdozent in dieser Einrichtung betreute ich eine Gruppe von etwa zehn Stipendiaten, zu denen diese Medizinstudentin gehörte. Sie schilderte in dem Bericht Erlebnisse aus ihrem dritten Studiensemester, in dem traditionell im „anatomischen Praktikum" eine menschliche Leiche seziert wird. Sie schrieb, durch die regelmäßige Arbeit an einem Toten sei sie erstmalig mit dem Thema Tod direkt in Berührung gekommen. Als eine Einsicht nach dem anatomischen Praktikum schrieb sie, „dem biblischen Paradies als Metapher" komme man eventuell mit der Vorstellung vom Tod als „Zustand absoluter Bewusstlosigkeit" am nächsten. Der Tod solle daher nicht als etwas Negatives betrachtet werden, sondern „als ein weiterer Abschnitt, in den das Leben übergeht, und letztendlich auch als die Chance, nicht ewig leben zu müssen, wofür der Mensch sehr dankbar sein sollte." Auf Nachfrage sagte die Studentin, sie denke bei einem „Zustand absoluter Bewusstlosigkeit" keineswegs an ein buddhistisches Nirwana, sondern, wie sie ja geschrieben habe, an das „biblische Paradies". Auch meine Vermutung, dass sie ihr Leben anscheinend als quälendes Muss empfinde, wies sie zurück. Die „Chance, nicht ewig leben zu müssen", beziehe sich allein auf das *ewige* Leben nach dem Tod.

Sie könne sich ein Leben, das ewig andauert, nicht als Paradies vorstellen. Tatsächlich ist ein noch so paradiesisches Leben unendlicher Dauer schwer vorstellbar. Vertreter der christlichen Kirchen haben daher immer betont, dass nach der Auferstehung ja *alles* anders sei und dass man das „ewige Leben" daher nicht als Zustand ewiger Dauer, sondern als Zustand *jenseits* aller Zeit verstehen müsse.

Philosophisches

Dass ein „Zustand absoluter Bewusstlosigkeit" mit dem biblischen Paradies in Verbindung gebracht wird, ist in der Tat sehr ungewöhnlich. Seit Jahrhunderten ist der auf Aristoteles zurückgehende Begriff des *„Horror Vacui"* mit dem Schrecken vor der absoluten Leere des Nichts assoziiert. Die Anglikanische Kirche hat sogar in ihrer Schrift *The Mystery of Salvation* (Doctrine Commission 1995) die Hölle als *total non-being* (totale Nicht-Existenz) bezeichnet. Nach Aristoteles kann ein Ort, „an dem nichts ist", nicht existieren; daher bestreitet er die Existenz eines leeren Raums (Vakuum). Damit lehnt er auch die Atomtheorie von Demokrit ab, dessen Atome sich in einem leeren Raum bewegen sollen. Nach dessen Lehre besteht auch die Seele eines Menschen aus Atomen, und nach dem Tod zerfällt der Mensch in seine materiellen Atome und die Seelenatome, die sich dann zu anderen Lebewesen zusammenfinden können. Epikur übernahm die Atomlehre des Demokrit in seine Lebensphilosophie, in deren Zentrum eine völlig diesseitige Lebensfreude steht, die es zu gewinnen und zu genießen gilt. Nach Epikurs Auffassung ist der Tod „für uns ein Nichts: Solange wir da sind, ist er nicht da, und wenn er da ist, sind wir nicht mehr. Folglich betrifft er weder die Lebenden noch die Gestorbenen, denn wo jene sind, ist er nicht, und diese sind ja überhaupt nicht mehr da." (Zitiert aus einem Brief an Menoikeus)

Im Gegensatz zu den Epikureern lehrten die Stoiker (wie Platon) die Unsterblichkeit der Seele. Cicero versieht am Ende seiner Schrift über das Greisenalter sein Bekenntnis zu diesem Glauben noch mit einer ironischen Pointe: „Wenn ich aber darin irre, dass ich an die Unsterblichkeit der menschlichen Seele glaube, so irre ich gern, und ich werde mir diesen Irrtum, der mir Freude schenkt, zeit meines Lebens nicht entreißen lassen. Sollte ich aber nach meinem Tod, wie gewisse unbedeutende Philosophen meinen, kein Bewusstsein mehr haben, so brauche ich nicht zu fürchten, dass die toten Philosophen diesen meinen Irrtum verspotten." (Cicero 1965)

Was die Bibel sagt

Im Alten Testament ist der Tod des Menschen als Folge der Vertreibung aus dem Paradies das Ende seines Lebens. Davon künden viele Psalmen, die Gott um mehr Leben *vor* dem Tod anflehen. So heißt es in Ps. 115, 17: „Die Toten werden dich, Herr, nicht loben, noch die hinunterfahren in die Stille." Die „Stille", das ist der „Scheol", das Totenreich des ewigen Schweigens, aus dem kein Mensch zurückkehrt. Daher ist der schönste Segen, der einem Menschen widerfahren kann, ein langes und erfülltes Leben in der Gnade Gottes, ein Leben, aus dem er gerne scheidet, wenn er „alt und lebenssatt" ist. Nach seinem Tod wird er „zu seinen Vätern versammelt", die vor ihm gestorben sind. Damit sind die Verstorbenen auch in Gott geborgen. Unsere heutigen Begriffe von einem Zustand „totaler Nichtexistenz" bzw. „absoluter Bewusstlosigkeit" sind meiner Ansicht nach nicht wirklich mit dem „Scheol" des Alten Testaments zu vergleichen.

Im Neuen Testament werden zwei verschiedene Todesauffassungen beschrieben, über die es heftigen Streit zwischen den Sadduzäern und den Pharisäern gab. Während die Pharisäer an eine Auferstehung der Toten glaubten, wurde diese von den eher traditionell eingestellten Sadduzäern bestritten. Im Markus-Evangelium (Mark. 12, 18–27) wird berichtet, dass Sadduzäer zu Jesus kamen und sagten, sieben Brüder seien nacheinander mit derselben Frau verheiratet gewesen, weil nach dem Tod eines Mannes, der ohne Nachkommen stirbt, jeweils der nächste Bruder die Frau heiraten musste, und alle kinderlos starben, bevor auch die Frau starb. „Nun, in der Auferstehung, *wenn* sie auferstehen, wes Weib wird sie sein unter ihnen, denn sieben haben sie zum Weibe gehabt?" So fragten sie Jesus, um den Unsinn des Auferstehungsglaubens der Pharisäer zu demonstrieren. Doch Jesus antwortete: „Ist's nicht also? Ihr irret darum, dass ihr nichts wisset von der Schrift noch von der Kraft Gottes. Wenn sie von den Toten auferstehen werden, so werden sie nicht freien noch sich freien lassen, sondern sie sind wie die Engel im Himmel. Aber von den Toten, dass sie auferstehen werden, habt ihr nicht gelesen im Buch Mose's bei dem Busch, wie Gott zu ihm sagte und sprach: ‚Ich bin der Gott Abrahams und der Gott Isaaks und der Gott Jakobs'? Gott ist aber nicht der Toten sondern der Lebendigen Gott. Darum irret ihr sehr." – Jesus teilt demnach die Ansicht der Pharisäer über die Auferstehung und das Leben nach dem Tod. Nach der oben aus dem 115. Psalm zitierten Ansicht wären Abraham, Isaak und Jakob Tote im „Scheol" wie alle Toten. Wenn wir also fragen, „was die Bibel sagt", müssen wir feststellen, dass es zu verschiedenen Zeiten verschiedene Ansichten gab, die in ihrem jeweiligen historischen Kontext betrachtet werden müssen.

Dies gilt auch für Tod und Auferstehung Jesu. Zunächst durchleidet Jesus von Nazareth die gleiche Todesfurcht wie alle Menschen. Im Garten von Gethsemane ist er „betrübt bis an den Tod" und betet: „Mein Vater, ist's möglich, so gehe dieser Kelch von mir; doch nicht wie ich will, sondern wie du willst." (Matth. 26, 39) Und in den Evangelien des Matthäus wie des Markus heißt es am Ende: „Aber Jesus schrie laut und verschied." (Mark. 15, 37) – Doch alles ändert sich durch seine Auferstehung. Für die ersten Christen stand die Auferstehung Jesu im Zentrum ihres Evangeliums. Besonders prägnant steht das im 1. Brief von Paulus an die Korinther. Auch im griechischen Korinth gab es Skeptiker, die nicht an die Auferstehung der Toten glaubten. Diesen schreibt er: „Ist aber die Auferstehung der Toten nichts, so ist auch Christus nicht auferstanden. Ist aber Christus nicht auferstanden, so ist unsre Predigt vergeblich, so ist auch Euer Glaube vergeblich." (1. Kor. 15, 13–14) Im gleichen Kapitel geht er noch mehr ins Detail: „Möchte aber jemand sagen: Wie werden die Toten auferstehen, und mit welchem Leibe werden sie kommen? Du Narr: was du säst, wird nicht lebendig, es sterbe denn. Und was du säst, ist ja nicht der Leib, der werden soll, sondern ein bloßes Korn, etwa Weizen oder der andern eines. Gott aber gibt ihm einen Leib, wie er will, und einem jeglichen von den Samen seinen eigenen Leib."(1. Kor. 15, 35–38) Dies ist in seinen Grundzügen auch der oben erwähnte Auferstehungsglaube der Pharisäer, von denen ja Paulus herkommt und deren Anschauungen er oft kaum verändert übernommen hat. Wie die Pharisäer erwarteten auch die ersten Christen die Auferstehung am Ende der Welt in naher Zukunft. So schreibt Paulus im gleichen Kapitel des Korintherbriefs: „Siehe, ich sage euch ein Geheimnis: Wir werden nicht alle entschlafen, wir werden aber alle verwandelt werden; und dasselbe plötzlich, in einem Augenblick, zur Zeit der letzten Posaune:" (1. Kor. 15, 51–52). – Offensichtlich hat sich diese „Naherwartung" des Weltendes nicht erfüllt. Aber noch heute erwarten evangelikale Christen das Weltende wörtlich so, wie sie es im apostolischen Glaubensbekenntnis bekennen: „…aufgefahren gen Himmel, sitzend zur rechten Gottes, des allmächtigen Vaters, von dannen er kommen wird zu richten die Lebendigen und die Toten." In ähnlicher Weise haben orthodoxe Juden den Glauben ihrer Väter bewahrt, und sie erwarten ihre Auferstehung mit dem Kommen des Messias im Neuen Jerusalem. Es geht bei den Juden um ein „Kommen", bei den Christen dagegen um ein „Wiederkommen"; doch beiden geht es um den göttlichen „Messias".

Heute glauben auch vergleichsweise konservative Theologen *nicht* an ein „Weiterleben nach dem Tode", wie es nach Platons berühmtem Dialog über den Tod des Sokrates (Phaidon) gelehrt und, in veränderter Form, auch von der Kirche übernommen wurde. Zum Beispiel schreibt der Tübinger Theologe Eberhard Jüngel in seinem Buch *Tod* (Jüngel 1971): „Man darf sich jedoch von der christlichen

Hoffnung auf Auferstehung nicht den Blick für die zeitliche Begrenztheit des menschlichen Lebens verstellen lassen. So kann diese Hoffnung, auch wenn sie immer wieder dahingehend missverstanden worden ist, nicht gemeint sein: als ginge es um die Erwartung einer Aufhebung der zeitlichen Begrenztheit menschlichen Lebens. Dagegen spricht schon die allgemeine anthropologische Erwägung, dass die Aufhebung der Grenzen menschlicher Lebenszeit die Aufhebung der Individualität des Menschenlebens implizierte. Ein Mensch, der vor seiner Geburt existierte – die absurde Erwägung anzustellen –, wäre eben ein anderer. Dasselbe gilt für das utopische Postulat einer Kontinuität des menschlichen Lebens über den Tod hinaus. ‚Ich' wäre zwar dann unendlich, aber ‚ich' wäre nicht ich. Hoffnung auf Auferstehung wird schon aus diesem Grund etwas anderes sein müssen als Hoffnung auf unendliche Fortsetzung. … Entscheidend jedenfalls ist, dass die christliche Hoffnung auf Auferstehung überhaupt *nicht egoistisch* konzipiert ist. ‚Auf dass *Gott* sei alles in allem'(1. Kor. 15, 28) – das ist nach Paulus das eigentliche Ziel der Auferstehung der Toten."

Todesangst

Viele Menschen sagen, sie haben keine Angst vor dem Tod, sondern vor dem Sterben. Doch damit meinen sie genau, was von alters her als „Todesangst" bezeichnet wird. Diese natürliche Todesangst beobachten wir auch bei Tieren, wie jeder Hundeliebhaber bestätigen kann, der das Sterben seines geliebten Tiers miterleben musste. Oliver Sacks beschreibt in seinem Buch *Eine Anthropologin auf dem Mars*

(Sacks 1995), wie es der autistischen Tierärztin Temple Grandin gelungen ist, bei der Rinderschlachtung die Tiere vor der Todesangst zu bewahren. Grandin, die an der Colorado State University als Dozentin für Tierwissenschaften tätig ist, hat eine Anlage konstruiert, in der jedes Rind auf einem sanft geschlungenen Pfad, der den Blick auf die anderen Rinder verwehrt und in eigentümlicher Weise beruhigend wirkt, zur Schlachtanlage läuft, wo ihm ein Bolzen in den Kopf geschossen wird, der es tötet, bevor ihm bewusst wird, dass es stirbt.

So mancher möchte sich wünschen, dass auch für Menschen Möglichkeiten erdacht werden, die ihnen am Ende ihres Lebens die Todesangst nehmen. Wer wünschte sich nicht, eines Abends sanft einzuschlafen, um nie wieder aufzuwachen. Allerdings sollten wir bedenken, dass uns damit auch die Möglichkeit genommen wird, das Ende unseres Lebens bewusst zu erleben. Im Grunde kann niemand sagen, was er im Hinblick auf das eigene Lebensende wirklich empfindet und was er „sich wünscht". Lebenswille und Todessehnsucht sind so tief in unserem unbewussten Empfinden verborgen, dass Denken und Sprache immer nur Teilwahrheiten ins Bewusstsein bringen können. Wir sollten uns einfach damit abfinden, dass die Todesangst die Schattenseite des natürlichen Lebenswillens ist, der uns auch in verzweifelten Lebenssituationen dazu bewegt, nicht aufzugeben und auf bessere Zeiten zu hoffen. Denn „die Hoffnung stirbt zuletzt."

Wir sollten auch verstehen, dass es die angeborene Todesangst schon gab, lange bevor Menschen begannen, sich die „Endlichkeit des Lebens" bewusst zu machen. Wenn Thomas Metzinger in unserem Eingangszitat schreibt, die

Sterblichkeit sei „für Wesen wie uns … ein subjektiver Abgrund, eine offene Wunde in unserem Selbstmodell", so meint er damit nicht die weitgehend unbewusste Todesangst, sondern die bewusste Einsicht in eine Besonderheit der Conditio Humana, die eben nur „Wesen wie uns" zuteilwird. Meine vorliegenden Betrachtungen können ohne Weiteres als „Variationen" über diese Einsicht angesehen werden.

Der Atem Gottes

Die Vorstellung, dass der Mensch im Sterben sein Leben „aushaucht", hat wohl auch zu tun mit der Atemnot vieler Sterbenden, ihrem „Todeskampf", aus dem sie mit dem letzten Atemzug erlöst werden. Der „Atem" ist ein Symbol des Lebens; als „Odem" Gottes beseelt er den Menschen, solange er lebt.

Im Hebräischen gibt es verschiedene Wörter, die von Luther mit „Odem" oder, je nach Zusammenhang, mit „Seele" übersetzt werden. Bei der Erschaffung Adams aus einem Erdenkloß heißt es (1. Mose 2, 7): „…und er blies ihm ein den lebendigen Odem (*neschama*) in seine Nase. Und also ward der Mensch eine lebendige Seele (*nefesch*)." Im Buch Kohelet („Der Prediger Salomo") steht dagegen „Odem" für das hebräische Wort „*ruach*", das wörtlich „Wind" bedeutet. Zum Beispiel lautet der Text, den Johannes Brahms in den ersten beiden seiner ernsten Gesänge (op. 121) vertont hat:

„Denn es geht dem Menschen wie dem Vieh: wie dies stirbt, so stirbt er auch, und haben alle einerlei Odem (*ruach*), und der Mensch hat nichts mehr als das Vieh; denn es ist alles eitel. Es fährt alles an einen Ort; es ist alles von Staub gemacht und wird wieder zu Staub. Wer weiß, ob der Odem der Menschen aufwärts fahre und der Odem des Viehes unterwärts unter die Erde fahre? So sah ich denn, dass nichts Besseres ist, als dass ein Mensch fröhlich sei in seiner Arbeit; denn das ist sein Teil. Denn wer will ihn dahin bringen, dass er sehe, was nach ihm geschehen wird?" (Pred. 3, 19–22)

„Ich wandte mich und sah an alles Unrecht, das geschah unter der Sonne; und siehe, da waren die Tränen derer, so Unrecht litten und hatten keinen Tröster; und die ihnen Unrecht taten, waren zu mächtig, dass sie keinen Tröster haben konnten. Da lobte ich die Toten, die schon gestorben waren, mehr denn die Lebendigen, die noch das Leben hatten; und besser als alle beide ist, der noch nicht ist und des Bösen nicht innewird, das unter der Sonne geschieht." (Pred. 4, 1–3)

Ein kalter Hauch weht durch diese Verse, nach denen alles eitel, vergänglich und absurd ist. Auch bei Hiob und Jeremia finden wir Sätze, die den Tag der Geburt verfluchen. Sie zeigen uns einen rätselhaften, unergründlichen Gott, der Gerechte und Ungerechte gleichermaßen mit seinem Odem belebt und ihnen das Leben wieder nimmt, wenn es ihm gefällt. Seit Leibniz spricht man vom „Theodizee-Problem", der Frage, warum Gott all das Elend dieser Welt geschehen lässt, obwohl er doch ein Gott der Liebe sein soll. Es gibt keine Antwort auf diese Frage. Wie viele Menschen haben darüber ihren Glauben verloren und sind dem Rat von Hiobs Frau gefolgt: „Sage Gott ab und stirb!" (Hiob 2, 9)

Hiob hielt seinem Gott trotz allem die Treue, obwohl er sich bitter bei ihm beklagte über all das Leid, das ihm zugefügt wurde. „Not lehrt beten." Diese Erfahrung teilen viele Gläubige mit Hiob, wenn sie in Elend und Unglück gestürzt werden, wenn sie ihren Gott nicht mehr verstehen und vergeblich nach dem „Warum?" fragen, und wenn sie dennoch ihre Zuflucht im Gebet suchen.

Im Neuen Testament begegnet uns ein Wanderprediger aus Nazareth, den seine Jünger eines Tages bitten: „Herr, lehre uns beten." (Luk. 11, 1) – Die Antwort Jesu ist das Vaterunser. Er ermuntert seine Jünger, Gott als „Vater" anzusprechen. Denn wie Kinder ihrem Vater vertrauen und Gutes von ihm erwarten, so können die „Kinder Gottes" ihrem himmlischen Vater vertrauen. Von Jesu Lebensende sind uns die „Kreuzesworte" überliefert: „Vater, vergib ihnen; denn sie wissen nicht was sie tun." und „Vater, ich befehle meinen Geist in deine Hände." (Luk. 23, 34 und 46)

Das Bild von einem liebenden himmlischen Vater, den wir vertrauensvoll anrufen dürfen, erlaubt auch heute noch eine persönliche Beziehung zu Gott. Dabei ist es ziemlich gleichgültig, ob dieser Gott in einem philosophischen Sinne „ontologisch existiert". Wir danken ihm einfach, wenn unser Herz überquillt vor Dankbarkeit, und wir rufen ihn an in unserer Not, auch wenn wir empört sind über die „Wege Gottes". Wen sonst könnten wir anrufen als unseren himmlischen Vater?

Im griechisch geschriebenen Neuen Testament finden wir für den „Atem Gottes" die Wörter *„pneuma"* und *„psyche"*, die beide ursprünglich „Atem" oder „Lufthauch" bedeuten. In der römischen Kirche wurde daraus der *spiritus sanctus*, der Heilige Geist des dreieinigen Gottes. Damit wachsen auch dem „Atem Gottes" neue Bedeutungen zu. Am Ende unseres Lebens sollen wir nicht beklagen, dass Gott uns *unseren* Lebensatem wieder wegnimmt. Denn es ist der Atem *Gottes*, der uns das Leben gibt, eines Gottes, dessen Atem uns ein Leben lang als sein „Heiliger Geist" durchweht und belebt. „Du bist mein Atem, wenn ich zu dir bete", heißt es in einem Kirchenlied („Ich steh vor dir mit leeren Händen" von Huub Oosterhuis). Wir dürfen getrost unseren „Geist" in die Hände des himmlischen Vaters übergeben, wie Jesus am Ende seines Lebens. Der Atem Gottes kehrt am Ende zu seinem Ursprung zurück, „auf dass *Gott* sei alles in allem".

Am Ende meiner Betrachtung über die Endlichkeit des Lebens möchte ich noch mal auf einige Gedanken zurückkommen, die mir besonders bedeutsam erscheinen.

Die in dem zitierten Semesterbericht einer Medizinstudentin vertretene Vorstellung vom Tod als „Zustand absoluter Bewusstlosigkeit" wird zweifellos von vielen heutigen Menschen geteilt, auch wenn sie diesen Zustand nicht mit dem „biblischen Paradies" in Verbindung bringen. Er entspricht dem Bild eines Menschen, der in seinen ersten Lebensjahren „zu sich selbst" kommt und im Zusammenleben mit anderen lernt, sein eigenes „Ich" als persönliche Identität zu erleben. Diese endet mit dem bewusst erfahrenen Leben. Würde ein „Ich" über den Tod hinaus weiterleben, so wäre dieses „Ich" nicht mehr ich, wie Eberhard Jüngel es ausdrückt (siehe oben). Im Kontext der Mystik wird das „Ich" mit einer Welle im Meer verglichen, die nach endlicher „Lebenszeit" vom „unendlichen Ozean" wiederaufgenommen wird.

Es gibt jedoch auch viele Menschen, die an ein Weiterleben nach dem Tod glauben. Nahtoderfahrungen scheinen ja schon einen „Blick nach Drüben" zu gewähren, einem „Drüben", das sie nach dem Tod erwarten, obwohl sich dazu nichts beweisen lässt. Eigentlich geht es diesen Menschen wie Cicero (siehe oben): „Wenn ich aber darin irre, …, so irre ich gern, und ich werde mir diesen Irrtum, der mir Freude schenkt, zeit meines Lebens nicht entreißen lassen. …"

Auch viele Christen glauben an ein Weiterleben ihres „Ich" nach der „Auferstehung der Toten" am Ende der Welt. Mit Paulus sagen sie: „Wir sehen jetzt durch einen Spiegel in einem dunklen Wort; dann aber von Angesicht zu Angesicht. Jetzt erkenne ich's stückweise; dann aber werde ich erkennen, gleichwie ich erkannt bin." (1. Kor. 13, 12) Und damit meinen sie ihr ganz persönliches „Ich", das als „Weizenkorn" stirbt und als „Halm" aufersteht. Offenbar ist die Vorstellung des Todes als „totale Nicht-Existenz" für viele Menschen derart beängstigend, dass die Anglikanische Kirche mit dem Gedanken, dies sei die eigentliche „Hölle", sehr reale Ängste anspricht.

Im Vergleich dazu kann das wunderschöne Gedicht von Bertolt Brecht, das ich meinen Betrachtungen als Motto vorangestellt habe, ohne Weiteres als „Trost eines Atheisten" bezeichnet werden. Brecht glaubt weder an Gott noch an ein Weiterleben nach dem Tod, und er hat am Ende seines Lebens „keine Todesfurcht mehr." Da hört er im morgendlichen Gesang einer Amsel etwas, das ihm eine ganz eigentümliche Freude bereitet: „Jetzt gelang es mir, mich zu freuen alles Amselgesanges nach mir auch."

Es ist also nicht „alles aus" nach dem Sterben. Meine eigene Lebensgeschichte ist zwar zu Ende, aber sie ist verwoben mit all den vielen Lebensgeschichten meiner Mitmenschen, sogar mit der ganzen Menschheitsgeschichte, wenn man es näher betrachtet. Ich bin Teil eines lebendigen Ganzen, das auch nach meinem Tod weiterlebt. Diese Einsicht ist irgendwie tröstlich – und das ganz unabhängig von der religiösen Weltanschauung, in der man am Ende seines persönlichen Lebens angekommen ist.

17
Sterben, damit andere leben?

Alte Menschen müssen sterben, damit die jungen leben können. Das ist eine uralte Einsicht, die man schon in Grimms Märchen „Die Boten den Todes" findet. Als der Tod, von einem Riesen niedergeschlagen, kraftlos am Boden liegt, sagt er: „Was soll daraus werden, wenn ich da in der Ecke liegen bleibe? Es stirbt niemand mehr auf der Welt, und sie wird so mit Menschen angefüllt werden, dass sie nicht mehr Platz haben, nebeneinander zu stehen." Tatsächlich kommt er wieder zu Kräften, und alles ist wieder in Ordnung.

Die Fortschritte der Medizin und der Chemie haben jedoch durch die Verringerung der Säuglings- und Kindersterblichkeit dazu geführt, dass die Weltbevölkerung im 20. Jahrhundert fast auf das Vierfache gestiegen ist. Zurzeit sinkt fast überall die Geburtenhäufigkeit, und Experten schätzen, dass die Weltbevölkerung um die Jahrhundertmitte ein Maximum von etwa neun Milliarden erreichen und danach wieder abnehmen wird. Doch nun droht nach der „Bevölkerungsexplosion" die „Altenexplosion". Als Folge der längeren Lebenserwartung und der geringeren Geburtenzahl müssen immer weniger junge immer mehr alte Menschen versorgen. Die absehbare „Explosion" der

Kosten für Gesundheit und Altenpflege dürfte die Wirtschaftskraft der meisten Industrienationen überfordern, wenn nicht rechtzeitig Wege aus dem Dilemma gefunden werden.

Im Folgenden geht es um dieses Thema: Was kommt auf uns zu, und was können wir tun? Es handelt sich hierbei um eine Betrachtung, die zum Nachdenken anregen soll. Ziel ist eine Lösung, mit der alle leben können, ein neuer Generationenvertrag, der die Jungen nicht überfordert und den Alten ihr Recht auf Leben nicht verweigert. Doch letztlich geht es darum, wie unsere Gesellschaft mit dem Sterben umgeht, das am Ende unvermeidlich ist.

Sozialverträgliches Frühableben

Als der Präsident der Bundesärztekammer Karsten Vilmar das „sozialverträgliche Frühableben" einführte, erhob sich ein Sturm der Entrüstung. Der Begriff wurde zum Unwort des Jahres 1998. Natürlich ist es schon etwas seltsam, wenn ausgerechnet ein führender Ärztefunktionär den wunden Punkt berührt, um den alle anderen wohlweislich herumreden: Die Kostenexplosion unseres Gesundheitswesens wird weitgehend von den Alten verursacht, und die werden immer zahlreicher und immer älter. Wenn alles so weiterläuft wie bisher, wird es am Ende wohl auf etwas hinauslaufen, das mit dem Unwort „sozialverträgliches Frühableben" gar nicht so falsch beschrieben ist. Doch der volle Wortlaut der Äußerung von Vilmar in dem NDR-Interview von 1998 offenbart einen unverkennbaren Zynismus im Hinblick auf die „zählebigen" Alten: „... und wir müssen insgesamt überlegen, ob diese Zählebigkeit anhalten kann, oder ob wir das sozialverträgliche Frühableben fördern müssen." Wohin derartige Überlegungen führen, wird in dem Buch „Der moderne Tod" von Carl-Henning Wijkmark (2001) in der Form einer „ernsten Satire" vorgeführt. Die Frankfurter Allgemeine Zeitung hat in ihrer Ausgabe vom 13. 1. 2005 dieses Buch auf einer vollen Seite in einem Beitrag von Hans Magnus Enzensberger vorgestellt. Im Wesentlichen geht es darum, durch psychologische Beeinflussung die Alten dahin zu bringen, dass sie *freiwillig* sterben: „Du hast Dein Leben gehabt, Du hast das Deine getan, wir anderen hoffen, Du bist zufrieden. Auf alle Fälle, vielen Dank. Und solltest Du Deinerseits der Gesellschaft danken wollen für das, was sie für Dich getan hat, so weißt Du ja, was Du tun kannst. Nicht? O doch. Genau das. Es ist einfach, wie das Einschlafen nach einem langen Arbeitstag. Ruf die Sozialverwaltung an, und lass Dich mit der Altenzentrale verbinden. Wir erwarten Dich, Du bist uns willkommen. Warte nicht zu lang!" – Propagiert wird ein Sterben für das Gemeinwohl in der alten Weise des Heldentods unter dem Motto: „Süß und ehrenvoll ist es, für das Vaterland zu sterben."

Alt und lebenssatt

Auf der Suche nach einer geeigneteren Benennung ist es sicher weise, sich anzusehen, in welcher Sprache die Menschen der Vergangenheit ihr „Ableben" beschrieben haben. Den Urtypus eines Menschen, der nach einem gesegneten Leben in hohem Alter gestorben ist, finden wir in Abraham, dem Vater der Juden, Christen und Moslems. Von ihm heißt es im Buch der Genesis (1. Mose 25, 8 der Luther-Bibel): „Und er nahm ab und starb in einem ruhigen Alter, da er alt und lebenssatt war, und ward zu seinem Volk gesammelt." Es erscheint reizvoll, diese Worte mit denen des Frankfurter Hirnforschers Wolf Singer zu vergleichen, die in einem Interview in der Frankfurter Allgemeinen Zeitung vom 25. 11. 2004 standen: „Wäre es nicht das Erstrebenswerteste, ohne schwere somatische Gebrechen alt zu werden und dann bekennen zu können: ‚Ich habe gelebt, ich habe das Leben erfahren, meine Erlebnisräume sind ausgefüllt, ich überblicke nun schon drei Generationen, die Zeit spielt für mich keine bestimmende Rolle mehr, ich bin auf dem Plateau angekommen. Ob ich jetzt gehe oder bleibe, ist nicht mehr so wichtig.'" So spricht ein Mensch, der dem heutigen Ideal der Selbstverwirklichung zumindest für sich selbst weitgehend gerecht geworden ist. Viele erfolgreiche Wissenschaftler gehören, wie Wolf Singer, zu diesen Privilegierten unserer Tage. Mit dem „nicht mehr so wichtig" meint Singer wohl den Zeitpunkt des Todes in der Lebensphase des hohen Alters, die von ihm als „Plateau" gesehen wird. Wohlhabende Bürger, die in ihrem Leben etwas geleistet und für das Alter vorgesorgt haben, erfreuen sich auf diesem „Plateau" optimaler Pflege in einer Einrichtung, wo die Intensivstation nicht weit weg ist und alle Errungenschaften der modernen Medizin jederzeit verfügbar sind. Es scheint für sie selbstverständlich, dass sie all diese Möglichkeiten nutzen, um ihre Lebenszeit bis zur letzten Sekunde auszukosten. Doch wenn es „nicht mehr so wichtig" ist, wann auf dem „Plateau" diese letzte Sekunde verstreicht, könnte man sie ja auch an den Anfang legen und damit unserem überstrapazierten Gesundheitssystem viele Kosten ersparen. Gedanken dieser Art führen leicht auf ein Minenfeld, das mit hochexplosiven Folgen für die Mitmenschen angefüllt ist. Denn ein Zeitpunkt, der vielleicht „nicht mehr so wichtig" ist für jemanden, der im Bewusstsein eines erfüllten Lebens „alt und lebenssatt" stirbt, kann ungemein wichtig sein für lachende Erben, die jung und lebenshungrig sind. Das Wörtchen *wichtig* hat es also in sich, und es kommt offenbar ganz darauf an, *für wen* der Zeitpunkt eines Lebensendes wichtig ist.

Sich nicht wichtig nehmen

In diesem Zusammenhang ist sehr interessant, was der emeritierte Philosophieprofessor Ernst Tugendhat (2003) in seinem Buch *Egozentrizität und Mystik* über das Wort „wichtig" geschrieben hat. Nach einem ersten Kapitel, das sich mit dem *„Ich"-Sagen* beschäftigt, lautet das zweite Kapitel: *„gut" und „wichtig"*. Er schreibt dort gleich im ersten Absatz: „Jeder ‚ich'-Sager scheint sich absolut wichtig zu nehmen, aber er hat, mehr oder weniger ausdrücklich, ein Bewusstsein davon, dass auch die anderen sich wichtig nehmen und dass er sich in einer Welt befindet, in der er selbst auch anderes wichtig nehmen und schließlich sich selbst angesichts der Welt als mehr oder weniger unwichtig ansehen kann."

Dass jemand sich selber *unwichtig* nehmen kann, ergibt sich demnach aus einer Relation zu etwas anderem, das als *wichtiger* angesehen wird. Hier liegt für Tugendhat der Kern des menschlichen *Altruismus*. Die Voraussetzung für die Möglichkeit von Altruismus ist die frühkindliche Erfahrung der Elternliebe. Das Kind ist für die Eltern *wichtig*, und es entwickelt aus diesem Erlebnis sein eigenes Selbstwertgefühl und damit ein Bewusstsein der eigenen Wichtigkeit, das ein Leben lang die „egozentrische" Perspektive auf die Umwelt bestimmt. Für Tugendhat heißt dies, „dass ‚ich'-Sager, um überhaupt etwas wichtig nehmen zu können, sich erstens selbst wichtig nehmen müssen und dass sie zweitens, um sich wichtig nehmen zu können, die Vorstellung brauchen, dass sie für andere wichtig sind." Kurzum: „Wer geliebt wird, hält sich für liebenswert" und damit für wichtig. Die Tatsache, dass der Mensch im Gegensatz zu allen „anderen Tieren" die Fähigkeit hat, sich gedanklich und gefühlsmäßig in andere hineinzuversetzen, und aus deren Perspektive Wichtigkeit zu bewerten, befähigt ihn (nach Tugendhat) zu einem Altruismus, der sich wesentlich von dem „Altruismus" der Soziobiologen unterscheidet, die überall im Tierreich „altruistisches" Verhalten beobachten und dieses häufig vorschnell mit dem menschlichen Altruismus identifizieren. Natürlich gibt es auch zum Beispiel in der Elternliebe Komponenten, die dem Brutpflegeverhalten aller Säugetiere entsprechen. Darüber hinaus ist der Mensch jedoch fähig, sich die *Sorge für das Gemeinwohl* als sinnstiftendes Lebensziel zu wählen und dafür Opfer zu bringen, die dem eigenen Wohl sogar schaden können. Obwohl auch dieser Altruismus „egozentrisch" ist, sollte man ihn nach Tugendhat nicht als verschleierte Form des „Egoismus" abwerten. Die Liebe zum Leben kann für Menschen auch Liebe zum Leben anderer Menschen bedeuten. Und aus dieser Liebe kann sogar die Kraft erwachsen, das eigene Leben für andere hinzugeben.

Allerdings gibt es bei Aktivitäten zum Wohle der Allgemeinheit auch „das Problem des dominieren wollenden Altruisten", der z. B. unbedingt und anerkanntermaßen mehr tun will als alle anderen in seinem Verein. Hier gilt es, die eigene „Egozentrizität" zurückzunehmen, und Tugendhat meint, dass Religion und Mystik bei der Aufgabe, sich in diesem Sinne *nicht wichtig* zu nehmen, eine entscheidende Hilfe bieten können.

Für das Gemeinwohl

Zweifellos gehört es zum *Gemeinwohl* einer hochzivilisierten Gesellschaft, dass alle Bürger an einer bezahlbaren Gesundheitsversorgung und Altenpflege teilhaben können. Wenn erkennbar wird, dass die Kosten ins Unbezahlbare wachsen, gibt es grundsätzlich drei Möglichkeiten, das Problem zu bewältigen. Erstens kann man auf weiteres Wachstum der Produktivität vertrauen und hoffen, dass weitere Rationalisierung und Steigerung der Wirtschaftskraft ausreichen, um auch in einer überalterten Gesellschaft alle ausreichend zu versorgen. Schließlich sind Gesundheitsversorgung und Altenpflege Wachstumsmärkte, die den Wirtschaftskreislauf beleben oder zumindest vor Stagnation bewahren können. Allerdings glauben nur wenige Experten, dass die Marktkräfte allein hierfür ausreichen werden. Die zweite Lösung ist eine Zweiklassengesellschaft, die tendenziell schon überall entsteht und durch sogenannte „Reformen" institutionalisiert werden soll. Die Wohlhabenden können sich dann eine optimale private Gesundheits- und Altersvorsorge leisten. Der immer zahlreicher werdende Rest muss mit dem vorlieb nehmen, was noch „sozialverträglich" bezahlbar ist. Eine dritte Möglichkeit könnte schließlich darin bestehen, die Gesamtkosten dadurch zu reduzieren, dass der *freiwillige* Verzicht auf kostspielige Leistungen, die nicht unbedingt notwendig sind, als *Dienst für das Gemeinwohl* anerkannt wird.

Bisher wird der Verzicht auf ärztliche Leistungen fast ausschließlich im Hinblick auf das Wohl von betroffenen Patienten diskutiert, die den Tod als Erlösung aus unerträglichen Schmerzen bzw. aus einem für sie als unerträglich empfundenen Leben ansehen. Es geht also um die aktive oder passive *Sterbehilfe* auf Wunsch des Patienten. In unserem Land hat jeder mündige Bürger das Recht, ärztliche Maßnahmen abzulehnen. Dazu gehört zum Beispiel eine Operation, die zu einem künstlichen Darmausgang führt. Obwohl viele Menschen mit dieser Behinderung so gut fertig werden, dass sie ihr Leben als lebenswert bejahen, ist es auch möglich, ohne Angabe von Gründen die Zustimmung zur Operation zu verweigern und ein baldiges Lebensende vorzuziehen. Eine *Patientenverfügung* wird erst wichtig, wenn ein Patient nicht mehr in der Lage ist, seinen Willen klar und unmissverständlich zu äußern. Dieser Fall kann zum Beispiel nach einem Schlaganfall eintreten, wenn dieser zu einer ernsten geistigen Behinderung oder in ein Wachkoma führt. Noch schwieriger wird die Entscheidung in fortgeschrittenen Stadien von Alzheimer-Krankheit oder anderer Demenz. Jede durchgeführte bzw. unterlassene Maßnahme, die zu einer Verkürzung des Lebens führt, kann jetzt als unerlaubte Sterbehilfe betrachtet werden. Das Vorliegen einer Patientenverfügung kann in derartigen Fällen eine Entscheidung, die dem Willen des Patienten gerecht wird, erleichtern. Da besonders mit fortschreitendem Alter grundsätzlich jeder mit derartigen Wechselfällen des Lebens rechnen muss, ist die Abfassung einer Patientenverfügung unbedingt zu empfehlen. Als Hilfe gibt es Broschüren, in denen die verschiedenen, in Betracht kommenden Möglichkeiten beschrieben und geeignete Formulierungen vorgeschlagen werden. Obwohl derartige Broschüren in der Regel von gemeinnützigen Vereinigungen (oder z. B. dem Bundesministerium der Justiz) herausgegeben werden, geht es darin im Wesentlichen um das Wohl des Betroffenen, fast nie um das *Gemeinwohl*.

Freiwilliges Sterben

Selbstmordattentate betreffen ein Sterben, damit andere sterben. Auch wenn dies für ein vermeintliches Gemeinwohl geschieht, soll es hier außer Acht gelassen werden. Es hat jedoch auch zu allen Zeiten Situationen gegeben, in denen das freiwillige eigene Sterben für das Leben anderer Menschen als ethisch hochstehender Wert anerkannt wurde. Ein Beispiel ist die Rettung in Seenot, wenn Männer in den Wellen ertrinken, damit die Frauen und Kinder noch Platz in den wenigen Rettungsbooten finden. Ist die Kostenexplosion in der Gesundheits- und Altenpflege mit einer derartigen Notsituation zu vergleichen? Wenn tatsächlich nicht genug Platz ist in dem „Rettungsboot" einer umfassenden Versorgung, wer soll dann draußen bleiben? Zurzeit ist dies durch ein Rechtssystem geregelt, in dem jeder grundsätzlich Anspruch auf Versorgung hat. Wenn Engpässe auftreten, etwa bei der Verfügbarkeit von Organspenden für Nieren- oder Herzverpflanzungen, gibt es Prioritätenregelungen, die im Prinzip eine möglichst gerechte Verteilung ermöglichen sollen. Dabei spielt wohl auch eine Rolle, ob etwa eine Mutter von drei kleinen Kindern oder eine altersschwache Frau dem Sterben überlassen werden. Allerdings wird man die alte Frau nicht fragen, ob sie ihr Leben zugunsten der jungen Mutter hingeben will. Die Entscheidung liegt hier wohlweislich nicht in der Hand des Betroffenen. Wenn aber in einer „Zweiklassengesellschaft" immer mehr „Minderbemittelte" immer schlechter versorgt werden, wer soll dann über das „sozialverträgliche Frühableben" entscheiden?

Grundsätzlich hat jeder Mensch in Deutschland das Recht, ärztliche Leistungen zu verweigern, ohne dass er dies besonders begründen muss. Sein daraus möglicherweise folgender „vorzeitiger" Tod kann als *freiwilliges Sterben* bezeichnet werden. Rationale Gründe, etwa der Wille zu *sterben, damit andere leben*, spielen jedoch in der Regel eine untergeordnete Rolle. Es gibt einen natürlichen Lebenswillen, der bis zuletzt gegen den Tod ankämpft, und eine ebenso natürliche Todessehnsucht, die sich in depressiven Stimmungen äußern kann, aber nicht notwendig mit krankhafter Depression verbunden ist. Todessehnsucht, das ist auch der Wunsch nach Ruhe, eine Bereitschaft zum Loslassen, zur Befreiung von den Zwängen des Lebens, eine Möglichkeit, dem Tod in Frieden entgegenzugehen und ihn als Erlösung zu erkennen. Zu diesen weitgehend unbewussten Momenten des menschlichen Willens kommen Prägungen, Erfahrungen und Einsichten des Lebens, aus denen unsere ethischen Wertvorstellungen und die bewussten Gedanken über den Tod entstehen. Mein Wille setzt sich daher aus vielen unbewussten und bewussten Komponenten zusammen, und die daraus folgende Entscheidung, ärztliche Hilfe anzunehmen oder zu verweigern, kann in jeder konkreten Lebenssituation anders ausfallen. Ich selbst habe es immer als sinnlos abgelehnt, dass Ärzte, die meinen, das Leben eines Menschen um jeden Preis erhalten zu müssen, Sterbende mit Gewalt am Sterben hindern. Ich begrüße es, dass unser Gesetz eine passive Sterbehilfe durch Unterlassung ärztlicher Maßnahmen ausdrücklich zulässt, und ich möchte für mich selber dieses Recht in Anspruch nehmen, wenn mein Tod unabweisbar bevorsteht.

Wie soll es weitergehen?

Zunächst sollten wir der Diagnose standhalten, dass die Entwicklung derzeit in allen hochzivilisierten Ländern auf eine Zwei-Klassen-Lösung zusteuert. Wer es sich leisten kann, schließt Gesundheits-, Altenvorsorge- und Pflegeversicherungen ab, die ihm bis an sein Lebensende eine optimale Versorgung sichern. Wer dazu kein Geld hat, begnügt sich wohl oder übel mit dem, was übrig bleibt in einem Sozialstaat, in dem immer weniger arbeitsfähige zahlende Bürger leben und immer mehr arbeitslose, kranke und alte Menschen versorgt werden müssen. Es werden also zwangsläufig immer mehr arme Menschen sterben, weil die Möglichkeiten der Medizin und Altenpflege aus Kostengründen nicht genutzt werden. So ist das schon heute in den Entwicklungsländern, und so wird es in Zukunft überall in der Welt aussehen, wenn keine bessere Lösung gefunden und durchgesetzt wird.

Der von Carl-Henning Wijkmark (2001) beschriebene „moderne Tod" wäre tatsächlich das „Ende der Humanität", wie es im Untertitel seines Buches heißt. Es widerspräche auch dem in Artikel 2 unserer Verfassung garantierten „Recht auf Leben und körperliche Unversehrtheit", wenn Menschen zum „freiwilligen" Sterben *genötigt* würden. Doch wie human ist das Ergebnis unserer derzeitigen Entwicklung zu einer Zwei-Klassen-Versorgung? Solange es darauf keine Antwort gibt, muss jeder nach bestem Gewissen entscheiden, wie er persönlich mit den immer kostspieligeren Möglichkeiten der modernen Medizin umgeht. Vielleicht wird sich bei immer deutlicher sichtbarem Elend tatsächlich eine wachsende Zahl alter Menschen zu einem persönlichen Verzicht auf „kostspielige ärztliche Leistungen" entscheiden. Schon heute steht diese Entscheidung jedem Menschen frei, und diese Freiheit muss auch in Zukunft zu den Menschenrechten gehören.

18
Brief an einen Enkel

Lieber Jakob, ich habe ein Buch mit Briefen prominenter Christen an ihre Enkel gelesen, geschrieben im Jahr 1999, Briefe als gutgemeinte Wegweiser ins neue Jahrtausend. – Bei uns ist das ja gerade umgekehrt. Du hast mir, dem Opa, einen Wegweiser gegeben, den ich nie vergessen werde: „Ich glaub', wenn die Leute sterben, kommen sie in den Himmel und fangen ein neues Leben an. Das glaub' ich." – Dein Vater hat es nicht geglaubt. Aber er hat Deinen Satz auf ein Zettelchen geschrieben und an die Pin-Wand in der Küche gehängt, damit er jeden Tag daran erinnert wird. Ich glaub's auch nicht. Aber ich habe bei der Trauerfeier zu Euer beider Beerdigung eine Ansprache gehalten, bei der es ganz wesentlich um dieses Zettelchen ging.

In dem Buch schreibt Norbert Blüm an seine Enkelin Lili, dass ihre Urgroßmutter ein unerschöpfliches Gottvertrauen gehabt habe, das er ihr wünsche. Von seinem eigenen Glauben schreibt er nichts. Aber Otto Graf Lambsdorff schreibt seinen Enkeln Jakob und Elisa, wie er mit seiner sterbenskranken Mutter über deren Tod sprach und zu ihr sagte: „Du wirst unseren Vater wiedersehen." Sie fragte zurück: „Glaubst Du das wirklich?" Und sie wurde durch diese Zuversicht ganz beruhigt. – Soll ich ihn beneiden um seinen Glauben? Und glaube ich eigentlich wirklich, dass er das glaubt, was er da schreibt? Schließlich hat ja sogar seine Mutter noch mal nachgefragt, bevor sie, wie Lambsdorff glaubt, „ganz beruhigt" war. – Dir jedenfalls, Jakob, glaube ich!

Und nun möchte ich gerne allen heutigen und zukünftigen Enkeln mit auf den Lebensweg geben, was die prominenten Christen vergessen haben:

> Der Mond ist aufgegangen,
> Die goldnen Sternlein prangen
> Am Himmel hell und klar;
> Der Wald steht schwarz und schweiget,
> Und aus den Wiesen steiget
> Der weiße Nebel wunderbar.
> ---
> Wie ist die Welt so stille,
> Und in der Dämmrung Hülle
> So traulich und so hold!
> Als eine stille Kammer,
> Wo ihr des Tages Jammer
> Verschlafen und vergessen sollt.
> ---
> Seht ihr den Mond dort stehen? -
> Er ist nur halb zu sehen,
> Und ist doch rund und schön!
> So sind wohl manche Sachen,
> Die wir getrost belachen,
> Weil unsre Augen sie nicht sehn.
> ---
> Wir stolzen Menschenkinder
> Sind eitel arme Sünder

Und wissen gar nicht viel;
Wir spinnen Luftgespinste
Und suchen viele Künste
Und kommen weiter von dem Ziel.

Gott, lass uns dein Heil schauen,
Auf nichts Vergänglichs trauen,
Nicht Eitelkeit uns freun!
Lass uns einfältig werden
Und vor dir hier auf Erden
Wie Kinder fromm und fröhlich sein!

Wollst endlich sonder Grämen
Aus dieser Welt uns nehmen
Durch einen sanften Tod!
Und, wenn du uns genommen,
Lass uns in Himmel kommen,
Du unser Herr und unser Gott!

So legt euch denn, ihr Brüder,
In Gottes Namen nieder;
Kalt ist der Abendhauch.
Verschon uns, Gott! mit Strafen,
Und lass uns ruhig schlafen!
Und unsern kranken Nachbar auch!

Dieses schöne Abendlied hat Matthias Claudius im Jahre
1779 gedichtet, als er selber mit 39 Jahren wohl noch gar
keinen Enkel hatte. Das Lied hat mich durch mein ganzes
Leben begleitet, und ich bin sicher, dass es am Ende des Lebens all der vielen heutigen Enkel auch noch gesungen und

geliebt werden wird – „worauf du dich verlassen kannst!"
(So heißt der Titel des Buchs mit den vielen Enkelbriefen.)

Was in diesem Lied steht, ist die reine Wahrheit und, wie ich meine, auch von der höchsten Weisheit, deren ein Menschenherz fähig ist. Den Satz mit dem halben Mond sollten besonders die Wissenschaftler beherzigen, zu denen ich ja auch gehöre. „Wir spinnen Luftgespinste und suchen viele Künste und kommen weiter von dem Ziel." Das sagt immer mal wieder Deine Oma mit einem leichten Seufzer; denn sie ist Künstlerin. Am liebsten ist mir die fünfte Strophe, die ich als Doktorand, fein säuberlich in Tusche gezeichnet, über meinen Schreibtisch im Labor gehängt habe. Sie ist ein Zeugnis meines gläubigen Unglaubens und meines ungläubigen Glaubens. Denn man bittet ja nicht um etwas, das man schon hat. Was mit diesem „*dein* Heil" gemeint ist, kann ich nur ahnen. Aber es ist viel mehr als das eitel Vergängliche, dem ich noch immer anhänge, obwohl ich doch weiß, dass es nicht bleiben wird. Wenn ich doch endlich wieder einfältig werden könnte und das immerwährende Schwanken des Zweifelns ein Ende hätte, könnte ich wieder fromm und fröhlich leben in dem kindlichen Glauben, in dem mein Enkel Jakob gestorben ist. – Darum ist dieses Lied ein Gebet, von allen zu singen, in denen noch ein Fünkchen Hoffnung geblieben ist.

Teil III

Phantasie – Die Wahrheit im Phantastischen

Es gibt im menschlichen Sprachgebrauch so viele verschiedene Wahrheiten, dass sie durch Adjektive unterschieden werden: tief, eigentlich, nackt, einfach, deutlich, unglaublich. Die Liste lässt sich leicht verlängern und zeigt, welche Rolle dabei die menschliche *Phantasie* spielt, wie *phantastisch* menschliche Wahrheiten sind. Nach einem häufig zitierten Ausspruch von Niels Bohr ist das Gegenteil einer tiefen Wahrheit (*profound truth*) ebenfalls eine tiefe Wahrheit. Wer *genau* wissen will, wie dies zu verstehen ist, wird leer ausgehen; ohne Phantasie ist eine „tiefe Wahrheit" nicht vorstellbar.

In meinen letzten neun „Gedankenspielen" dieses Buchs gibt es neben *erfundenen* Geschichten, Wunschträumen, Alpträumen, auch *wahre* Geschichten, die kaum glaublich und irgendwie *phantastisch* sind, zum Beispiel die „Erinnerungen an Helga Masch" (Kap. 23). Aber zuerst erscheint „Anselm", der mir besonders ans Herz gewachsen ist, vielleicht weil es Jahre dauerte, bis er fertig war. Und nun *verkörpert* er eine menschliche Wahrheit.

19

Anselm – seltsam, aber liebenswert

Vor vielen Jahren, als man noch Liebesbriefe mit der Post verschickte, hatte ich eine witzige Idee. Ein nicht mehr ganz junger Mann, mit etwas verknittertem Gesicht, aber großen, sprechenden, etwas verträumten Augen, verschickt einen Liebesbrief. Er ist klein, von, sagen wir, schmächtiger Statur und der unsportlichen Haltung des typischen Büromenschen. Seine sorgfältig gescheitelten, etwas schräg zur Seite gekämmten Haare passen zu einer fast zu korrekten Kleidung, wie sie im unteren Mittel der Angestelltenhierarchie einer Großbank selbstverständliche Pflicht ist. Vielleicht ist er aber auch Buchhalter, einer der alten Schule, in der es selbstverständlich war, dass ein Buchhalter sich nicht verrechnete. Dieser Mensch, nennen wir ihn Anselm seiner verträumten Augen wegen, steht neben einem etwas zu hoch hängenden Postbriefkasten und steckt seinen dünnen rechten Arm in den rechten Briefkastenschlitz – so gründlich, dass die Hand mit dem Liebesbrief auf der linken Seite des Kastens wieder herausschaut und der Brief mit absoluter Sicherheit neben dem Kasten landen wird, während die verträumten Augen, etwas abwesend, in die andere Richtung blicken.

Zu gerne hätte ich diese Szene gezeichnet. Die Zeichnung hätte mir jede Zeitung abgekauft, und Anselm hätte so das Licht der Welt erblickt, Anselm, der freundliche, still duldsame, überkorrekte, aber dennoch sympathische Büromensch. Die nächste Zeichnung war schon fertig in meinem Kopf – im Querformat: Das statistische Blumenorakel. Anselm sitzt hinter fünf kleinen Häufchen aus abgerupften Blütenköpfchen, vor denen in winziger, kaum lesbarer, aber ordentlicher Handschrift auf fünf kleinen Zettelchen sorgfältig geschrieben steht: „Sie liebt mich – von Herzen – mit Schmerzen – ein wenig – gar nicht." Dahinter sitzt Anselm, in der linken Hand eine Margerite, deren letztes Blütenblatt er gleich abzupfen wird. Die Bildunterschrift: „Ein wenig?" – Das Gesicht des verliebten Anselm sagt alles. Seine eher traurigen Augen sagen, dass er sich ja eigentlich noch nie ernsthafte Hoffnungen machen konnte. Nein, schön ist er wirklich nicht. Und welches Mädchen würde sich schon in einen derartigen Pedanten verlieben, dem man schon an der Nasenspitze ansieht, dass er ein Leben lang an ihr rummäkeln und unter jeder winzigen Schlamperei gleich unsäglich leiden würde. – Aber ein winziger Hoffnungsschimmer ist dennoch in den Augen erkennbar. Oder sind es die Gesichtszüge, die diesen Eindruck vermitteln? Diese sind allerdings besonders schwer zu beschreiben, zumal sie auch nicht so konkret in meiner Phantasie vorhanden sind. Wann immer ich ein Bild von Anton Bruckner sehe, denke ich an Anselm. Ja so ähnlich würde er aussehen, aber eben doch ganz anders. Für die Zeitung müsste man ihn ja auch zeichnen, in wenigen Strichen, deren Anordnung dem Betrachter sofort sagt: Ja, das ist Anselm, derselbe Anselm, der den Liebesbrief neben den Kasten geworfen hat, der

Anselm, den man nie wieder vergisst, wenn man ihm einmal so richtig ins Gesicht geschaut hat. Gute Karikaturisten können so etwas, es wirkt wie Zauberei, ist jedoch nur eines der Wunder des menschlichen Gehirns, das aus wenigen Zeichen ein Gesicht konstruieren kann, wenn die Zeichen stimmen. Neben einer Spezialbegabung verlangt die Karikaturzeichnung sehr viel Zeit täglicher Übung. Ein genialer Geiger übt ja auch jahrelang täglich viele Stunden, bis er so weit ist, dass er mit wenigen Strichen seines Bogens einen ganzen Konzertsaal verzaubern kann.

So ein genialer Zeichner wäre nötig, um meinen Anselm zu zeichnen. Aber dann wäre es eben nicht mein, sondern sein Anselm. Es geht also nicht, und darum wird mein Anselm nie das Licht der Welt erblicken. Es sei denn, ich könnte ihn so gut mit Worten beschreiben, dass jeder sich seinen Anselm selber vorstellen könnte. So ist das ja überhaupt mit allen Menschen. Jeder sieht unseren Bundeskanzler mit anderen Augen, sieht einen anderen Kanzler. Daher mögen ihn einige und andere wiederum gar nicht. Meinen Anselm sollen aber alle mögen! – Darum wage ich noch einen dritten Versuch.

Anselm sitzt in einem Bus, in dem er nach Dienstschluss seiner kleinen Zweizimmerwohnung entgegenfährt, die am Stadtrand im fünften Stock eines von sieben gleichen, hässlichen Wohngebäuden liegt. Der Bus ist überfüllt wie immer zu dieser Zeit. Es ist heiß, einige Leute schwitzen, bei einigen riecht man es. Alle wirken müde, abgekämpft, die Gesichter ausdrucksleer. Dazwischen sitzt Anselm. Es bleibt ihm wenig Sitzfläche, weil neben ihm auf dem Fensterplatz ein dicker Fettkloß sitzt, der seine opulente Leiblichkeit ohne irgendwelche Hemmungen in alle Richtungen ausufern lässt. Auf der anderen Seite steht eine fast ebenso dicke Frau, die sich mit der linken Hand an der Halteschlaufe festhält und so wenig Platz zum Stehen hat, dass ihre voluminösen Brüste notgedrungen direkt vor Anselms Gesicht hängen. Dieser bietet einen Anblick unendlichen Jammers. Er versucht verzweifelt, aber ganz offensichtlich vergeblich, nicht wahrzunehmen, was um ihn herum geschieht. Dazu noch der Krach, der typische Großstadtlärm, der noch von einigen Businsassen, mit ordinärer Stimme Ordinäres von sich gebend, übertönt wird. Anselms Gesichtsausdruck zeigt eine qualvolle Überlagerung entsetzlicher Gefühle: Ekel, Angst, Verzweiflung, Hoffnungslosigkeit, Panik. Letztere wird durch eine künstlerische Freiheit des Zeichners hervorgerufen. Während Anselm, mit Schlips und Kragen, wie immer überkorrekt gekleidet ist, sind alle übrigen Menschen im Bus nackt.

20
Der alte Hans im Glück

Das Märchen vom „Hans im Glück" kennt viele Deutungen – wie das Glück selber, von dem ja auch niemand so genau sagen kann, was es bedeutet. Wer nach einem Leben voll redlicher Arbeit in Rente geht, mag auf die Idee kommen, dieses Märchen könne auch als Bild eines glücklichen Alters gedeutet werden, in dem einer mit einem Goldklumpen auf der Schulter in den Ruhestand eintritt und am Ende mit leeren Händen bei seiner Mutter (natürlich der Mutter Erde) ankommt. Während Hans in den Augen seiner Mitmenschen ein Bild unüberbietbarer Dummheit darbot, als er seinen Goldklumpen gegen ein Pferd, sein Pferd gegen eine Kuh, seine Kuh gegen ein Schwein, sein Schwein gegen eine Gans und am Ende diese gegen einen schadhaften Wetzstein und einen ganz gewöhnlichen Feldstein eintauschte, war er in seiner eigenen Welt von der ersten bis zur letzten Zeile des Märchens der „Hans im Glück". Als seine letzten Tauschobjekte in den Brunnen gefallen waren, heißt es dort: „Hans, als er sie mit seinen Augen in die Tiefe hatte versinken sehen, sprang vor Freuden auf, kniete dann nieder und dankte Gott mit Tränen in den Augen, dass er ihm auch diese Gnade noch erwiesen und ihn auf eine so gute Art und, ohne dass er sich einen Vorwurf zu machen brauchte, von den schweren Steinen befreit hätte, die ihm allein noch hinderlich gewesen wären. ‚So glücklich wie ich‘, rief er aus, ‚gibt es keinen Menschen unter der Sonne.‘ Mit leichtem Herzen und frei von aller Last sprang er nun fort, bis er daheim bei seiner Mutter war." – Wer könnte glücklicher sein als ein Mensch, der in dieser Haltung sein Eigenheim gegen einen Platz im Altersheim eintauscht und am Ende seines Lebens mit leeren Händen, aber „mit leichtem Herzen und frei von aller Last" zu Hause ankommt – er ist ja dann wirklich glücklich heimgegangen.

21

Der Leiermann

Drüben hinterm Dorfe
Steht ein Leiermann,
Und mit starren Fingern
Dreht er was er kann.

Barfuß auf dem Eise
Wankt er hin und her
Und sein kleiner Teller
Bleibt ihm immer leer.

Keiner mag ihn hören,
Keiner sieht ihn an,
Und die Hunde knurren
Um den alten Mann.

Und er lässt es gehen
Alles, wie es will,
Dreht und seine Leier
Steht ihm nimmer still.

Wunderlicher Alter,
Soll ich mit dir geh'n?
Willst zu meinen Liedern
Deine Leier dreh'n?

Wir kennen diese Verse von Wilhelm Müller als Schluss von Schuberts Liederzyklus „Winterreise." Dort erleben wir den „wunderlichen" Alten aus dem Blickwinkel eines todtraurigen jungen Mannes, der sich wohl wundert, dass der Alte nicht aufgibt, sondern „dreht und seine Leier steht ihm nimmer still." Er selber ist ja gerade an einem Totenacker vorbeigegangen, wo er „einkehren" wollte und „abgewiesen" wurde und gesungen hat: „Nun weiter denn, nur weiter, mein treuer Wanderstab." Warum wurde er abgewiesen, was treibt ihn immer weiter? – Und warum will der Alte nicht endlich einkehren, dessen Reise doch so offensichtlich am Ende ist und der hier wirklich nichts mehr zu erwarten hat?

Wie mag die Welt aus der Sicht des Leiermanns aussehen? – Zunächst ist hier einiges zurecht zu rücken. Barfuß auf dem Eise? Da hat der junge Mann wohl nicht richtig hingesehen! Da wären ja seine Füße längst erfroren, und er würde dort auf dem Totenacker liegen, an dem der Sänger vorbeigegangen ist. Auch bleibt sein Teller keineswegs immer leer. Erst gestern hat im jemand einen Groschen gegeben. Da kann er doch wenigstens manchmal der Magd etwas zustecken, die ihm jeden Abend ein warmes Essen gibt und die Stalltür offen lässt, damit er in der Nacht nicht erfriert.

Und was denkt er den ganzen Tag? – Natürlich denkt er an früher, als er mit seiner Fiedel durch die Wirtshäuser zog und bei Hochzeiten aufspielte, wo ihm doch tatsächlich einmal einer einen echten Silbertaler geschenkt hat. Doch dann wurden die Finger steif und er hat nicht mehr richtig hören können. Da hat ihn eines Tages die Wirtin aus der Gaststube verjagt, weil sie es nicht mehr mit anhören konnte. Zu einem Trödler ist er dann gegangen und hat seine schöne Geige gegen den Leierkasten getauscht, der jetzt vor ihm steht. Wie der Hans im Glück ist er sich bei dem Tausch wahrlich nicht vorgekommen. Und immer, wenn er seine Leier dreht, muss er daran denken, wie schön das damals war, als er noch mit seiner Fiedel herumziehen konnte.

Ja, er sieht schon, was die Leute denken, wenn sie an seinem Teller vorbeigehen und nichts hineinlegen: „Lebt der Alte denn immer noch? Lange macht der's nimmer; dann haben wir endlich Ruh' von der alten Leier." – „Na, die sollen sich wundern, wenn ich im nächsten Frühling immer noch hier stehe. Und im Sommer, auf all den Kirchweihen und Weinfesten, da haben die Leute das Geld etwas lockerer in den Taschen. Da werd' ich schon ein schönes Sümmchen zusammenkriegen für die Magd, damit sie mir wieder die warme Ecke im Stall offen hält im nächsten Winter."

Da steht er also, der trotzige Alte, der sich nicht abschieben lässt, und mögen die Leute denken, was sie wollen. – Ist das nun ein lebenswertes Alter? Ist so ein Leben vielleicht besser als das Jammertal des jungen Wanderers auf der Winterreise? Die Antwort muss wohl oder übel jeder für sich selber finden.

22
Goldberg-Variationen

Die Goldberg-Variationen, gespielt von Glenn Gould, waren 1955 ein Ereignis, das einen 22-jährigen Pianisten schlagartig zum Star einer Fan-Gemeinde werden ließ. Die Verkaufszahlen dieser Schallplatte übertrafen noch die des legendären Jazz-Trompeters Louis Armstrong. Der exzentrische junge Mann erreichte mit seinem Spiel Menschen, die nie zuvor etwas von Bach gehört hatten, und er schockierte die normalen Musikliebhaber, die mit einem anderen Bach aufgewachsen waren. Das Bonmot von den Gouldberg-Variationen machte damals die Runde. Mancher mag sich gefragt haben, wie denn Bach selber auf diese Interpretation seiner Musik reagiert hätte. Nun, hier ist ein Versuch.

An einem regnerischen Novemberabend saß der alte Bach in Gedanken versunken in seinem Lehnstuhl am Ofen. Der Fehlschlag der Augenoperation hatte ihn hart getroffen. War das die Antwort Gottes auf seine Kunst der Fuge, sein letztes Werk, in dem er es der Welt noch einmal zeigen wollte, die vom Kontrapunkt nichts mehr wusste und sich „empfindsamen" Weisen mit möglichst simpler Begleitung verschrieben hatte? Wie er ihn hasste, diesen neumodischen Rokoko-Stil, wo es nur noch darauf ankam, unmusikalische Komtessen in Rührung zu versetzen! Vielleicht waren es überhaupt die letzten wirklichen Fugen, die er geschaffen hatte und die er mit einer gewaltigen Quadrupelfuge abschließen wollte. Er hatte gemeint, jetzt sei er alt genug, um am Ende seines Lebens sein allerletztes Werk mit seinem eigenen Namen zu unterschreiben. B.A.C.H. sollte das letzte Thema der Quadrupelfuge sein, die er längst fertig im Kopf hatte. Ein Leben lang hatte er jedes Opus mit S.D.G. (*SOLI DEO GLORIA*) signiert und es auch so gemeint. Natürlich hatte er schon als junger Mann mit dem Gedanken gespielt, seinen Namen als Thema in eines seiner Werke kunstvoll einzuflechten, möglichst so, dass nicht jeder es sogleich heraushört. Aber er hatte es nicht gewagt; es war die Angst, seine Kunst könnte zum Menschenwerk werden, zum „leeren Geplärr und Geleyer", wie er es einmal ausgedrückt hatte und wie man es an allen Fürstenhöfen bis zum Überdruss hören konnte. Doch nun war er alt, der Herr hatte sein Werk gesegnet, und er hatte Ihm die Ehre gegeben.

Erst als er sie fertig im Kopf hatte, die Quadrupelfuge, waren ihm Zweifel gekommen. Ihm war wieder das seltsame Erlebnis eingefallen, das ihm widerfahren war, als er zum ersten Mal seine H-moll Messe dirigierte und bei einem Trompeteneinsatz im *GLORIA IN EXCELSIS* ihm plötzlich ein Text durch den Kopf geschossen war, der aber auch gar nicht hierhin passte: *ERITIS SICUT DEUS SCIENTES BONUM ET MALUM* (Ihr werdet sein wie Gott und wissen was gut und böse ist. Genesis 3, 5). Aber war es vielleicht doch die Wahrheit, die er nur nicht wahrhaben wollte, um es nicht zu verlieren, dieses Unbeschreibliche, das ihn immer wieder ergriffen hatte, wenn er dirigierte oder improvisierte, an der Orgel und noch lieber am Clavichord, wo er sich ganz ungestört hingeben konnte jener Musik, die aus ihm selber herauskam. Gut und böse zugleich, sein wie Gott, Schöpfer unsterblicher Werke – immer wieder hatte er sie zur Seite geschoben und vergessen, diese Gedanken. Aber da war auch noch diese schlimme Geschichte mit seinem Trompeter. War er nicht doch irgendwie schuld an seinem frühen Tod? Schließlich hatte doch er die Musik geschaffen, die jener wie ein Süchtiger verschlang und danach so himmlisch wiedergab, dass die Menschen sich schon im Paradiese meinten.

Er kam nicht mehr heraus aus diesen Gedanken, die immer heftiger über ihn kamen, wenn immer er daran gehen wollte, seine Quadrupelfuge fertig aufzuschreiben. Schließlich hatten auch noch seine Augen den Dienst verweigert. Jetzt da er anfing, immer mehr und immer tiefer zu sehen, wurde er blind. Die Operation hatte alles nur noch schlimmer gemacht. Nur schattenhaft konnte er die Gegenstände um sich herum wahrnehmen. Finsternis war um ihn und, Gott sei's geklagt, auch in ihm.

Einmal war sein Sohn Philipp Emanuel hereingekommen und hatte ihm vorgeschlagen, er möge ihm doch den Rest der Fuge diktieren. Da hatte er ihm einen Choralsatz diktiert: „Wenn wir in höchsten Nöten sein…" Sein Sohn hatte ihn schweigend aufgeschrieben und war dann wieder gegangen. Er war immer ein kluges Kind gewesen, hatte viel verstanden und zu schweigen gewusst, wenn es angebracht war.

Aus seinen quälenden Gedanken wurde Bach plötzlich aufgeschreckt, weil er hörte, dass eine Equipage vor seinem

Haus anhielt. Wer mochte jetzt noch kommen zu so später Stunde? Ein kleiner Mann kam herein, der sich umständlich und in gewählten Worten als Bedienter eines Virtuosen am Clavier vorstellte, eines hervorragenden Künstlers, der nur seiner Jugend wegen noch nicht weltweit bekannt sei, der aber immerhin auf Einladung des Königs von Preußen jetzt auf dem Wege nach Potsdam sei, um dort seiner Majestät vorzuspielen, und der bei sich beschlossen habe, die Goldberg-Variationen von Johann Sebastian Bach vorzutragen und daher ihm, seinem Bedienten, aufgetragen habe, den höchlichst verehrten Meister untertänig zu bitten, ihn anzuhören und ihm gänzlich ungeschminkt und aufrichtig das Urteil über seine Interpretation zu sagen. Auch führe sein Herr mit sich ein Hammerclavier, wie es die Welt zuvor noch nie gehört habe, ein Unikat eines englischen Meisters, neben dem alle je gebauten Hammerclaviere, von denen ja bekanntlich Bach auch einige erprobt habe, wie primitive Vorformen eines geradezu göttlich zu nennenden Instruments erschienen.

Bach unterbrach den Redefluss des Bedienten und sagte, er möge seinem Herren ausrichten, dass er bereit sei, ihn zu empfangen. In der Tat kam ihm diese Art der Abwechslung wie gerufen. Hatte er nicht diese „Aria mit 30 Veränderungen" geschrieben, um dem schwermütigen Grafen von Keyserlingk „sein Gemüthe zu erhellen"? Jetzt war ihm selber dergleichen Medizin mehr als willkommen. Er freute sich schon darauf, wieder einmal vergnüglich auszukosten, wie im Verlauf der Veränderungen als Kontrapunkt besonderer Art ein zweites Thema in seinen Variationen zuerst noch versteckt, dann immer deutlicher, verschmitzt hervorschaut, um sich zuletzt als altbekannter Gassenhauer zu erkennen zu geben, ein Lied, das er schon als Kind fröhlich gesungen und ein Leben lang geliebt hatte: „… Kraut und Rüben haben mich vertrieben." – Ja, er möge nur hereinkommen.

Wer aber nun hereinkam, das waren zunächst zwei hünenhafte Gestalten, die sich bücken mussten, um nicht oben am Türbalken anzustoßen, und die ein riesenhaftes, schwarzes Ding hereinschleppten, das ebenfalls gerade noch durch den Türrahmen passte. Ja, es war wirklich schwarz, dieses Instrument, das konnte er sehen, obwohl er doch fast blind war. Nachdem das Riesenklavier aufgestellt war, erwartete Bach, dass jetzt der Stimmer des Virtuosen oder der Meister selber mit dem Stimmen des Instruments beginnen würde. Da könnte er selber schon hören, ob es wirklich so außergewöhnlich war, wie der Bediente angekündigt hatte. Eine halbe Stunde würde es wohl mindestens dauern, bis die Temperatur und die wohltemperierte Stimmung zueinander gefunden hätten.

Eine eigentümliche Kälte ließ Bach zur Tür blicken, die in der Tat aufgegangen war. Aber nicht die Abkühlung der Luft war es, die ihn so seltsam durchschauerte. Es war jemand hereingekommen, der offenbar unter seiner eigenen Kälte litt. Schließlich hatte der Winter noch nicht begonnen, und es war wirklich übertrieben, zu einem dicken Pelzmantel noch eine Fellmütze und große Fellhandschuhe zu tragen. Auch hatte der Diener darum gebeten, dass sein Herr vor dem Spiel noch seine Arme in heißes Wasser eintauchen dürfe, um sie beweglicher zu machen. Jetzt kam dieser zu dem Ofen, an dem ja auch Bach im Lehnstuhl saß, und begann nach einer kurzen Begrüßung sofort und immer wieder, seine Arme in den Wassertopf auf dem Ofen einzutauchen. Dazwischen machte er eigentümliche gymnastische Verrenkungen, die offenbar die Geläufigkeit der Finger befördern sollten. Danach setzte er sich ans Klavier und begann – nein, nicht mit dem Stimmen begann er, er begann mit der Aria.

Aber das ist doch nicht möglich! Das Klavier konnte doch unmöglich stimmen; war es nicht eben erst aus der kalten Novembernacht in die warme Stube hereingekommen? – Jedoch die Aria erklang, sie klang in bezaubernder Schönheit, fast zu schön und – man müsste es wohl so bezeichnen – etwas unterkühlt. Auch eine seltsam gespannte Unruhe meinte Bach zu bemerken; oder war es nur die Überraschung, weil man so unvermittelt, geradezu abrupt, begonnen hatte?

Kaum hatte die Aria geendet, begann der Virtuose eine rasende Hatz über die Tasten, die den alten Bach in blankem Entsetzen erstarren ließ. Erst langsam machte er sich klar, dass er ja in der Tat ein Hammerklavier vor sich hatte, bei dem die Saiten nicht wie beim Cembalo gezupft, sondern angeschlagen werden. Das heißt, je heftiger der Anschlag, desto schneller springt der Hammer zurück und kann umso schneller wieder angeschlagen werden. Die Lautstärke war bei dem riesigen Kasten nicht weiter verwunderlich. Vielmehr war er fasziniert von dem Wechsel zwischen Forte und Piano und der Möglichkeit, auf derselben Klaviatur laut und leise zu spielen, eine Tonfolge an- und wieder abschwellen zu lassen. Da könnte man ja eine Musik machen, von der er noch kaum zu träumen wagte, eine richtige Hammerklaviersonate könnte er komponieren für dieses einzigartige Instrument.

Aber seine Goldberg-Variationen derart zu traktieren, das konnte er nicht gutheißen, so brillant auch der Virtuose seine Hände über die Tasten jagen ließ. Dennoch wollte er ihm eine wenn auch sehr ungewöhnliche Musikalität nicht absprechen. Die 6. und 7. Variation und erst recht der ‚Canone alla Terza' klangen überirdisch schön, obwohl er selber sie ganz anders intonieren würde, wenn er nur einmal auf diesem Instrument spielen dürfte. Die ‚Fughetta' der 10. Variation erstrahlte in einer Klarheit, die an eine Berglandschaft in der Abendsonne nach einem Gewitter erinnerte. Die 13. Variation schließlich zeigte, dass der junge Mann eine für seine Jugend sehr bemerkenswerte Fähigkeit besaß, nach innen zu hören und das Gehörte hörbar zu machen. Wie perlende Tropfen, manchmal kunstvoll verzögert oder beschleunigt, erklang es auf dem wunderschönen Instrument. Fast meditativ das Andante des ‚Canone alla Quinta'. Doch dazwischen immer wieder diese diabolische Jagd; wie zwei Kobolde rasten die Hände über die Tastatur mit Trillern, die kein Mensch je so schnell und brillant gehört hatte. Das alles hatte wenig zu tun mit dem, was Bach damals für jenen Grafen ersonnen hatte. Als schließlich im ‚Canone alla Sesta' die Melodie des Gassenhauers zum ersten Mal deutlich aufleuchten sollte, wurde ihm endgültig klar, dass der Virtuose rein gar nichts verstanden hatte. Wo war denn die musikantische Fröhlichkeit, die den Grafen so beglückt und seine trüben Gedanken hatte vergessen lassen? – Diese Musik war todernst und im Grunde tieftraurig. Im ‚Canon alla Settima' wurde das noch von der betörenden Schönheit des Klanges überdeckt, den das Instrument hervorzauberte. Doch schon unter dem rasenden Hämmern des nächsten Kanons, in dem dieser unglückselige Mensch wohl mit

Gewalt die herannahende Schwermut vertreiben wollte, war sie dennoch zu erahnen: La Malinconia, die Traurigkeit der Welt, die den Tod wirkt. Bach wusste sehr wohl von dieser Traurigkeit, aber in seinen Variationen konnte nur der Leibhaftige selber sie zu Gehör bringen. Während der ganz in Moll gehaltenen 25. Variation, die der Musiker auf eine nicht enden wollende Länge ausdehnte, saß Bach völlig zusammengesunken in seinem Lehnstuhl. Auch das Feuerwerk der nachfolgenden Rasereien vermochte ihn nicht mehr zu beeindrucken. Immer deutlicher wurde ihm, wer da vor ihm saß und auf wessen Instrument er spielte. Als er dann hören musste, wie sein geliebter Gassenhauer humorlos in den Kasten gehämmert wurde, stieg ihm plötzlich die Zornesröte ins Gesicht. Er richtete sich weit auf und schrie mit lauter Stimme: „Haben vertrieben, vertrieben! Weichet von mir! Hinaus, hinaus!" – Stöhnend sinkt er zurück und scheint nur noch halb bei Bewusstsein, als sein Sohn Philipp Emanuel hereinkommt: „Wie ist Euch Vater, wem habt Ihr gerufen? Ich hörte ein ‚Hinaus, hinaus!' Aber es war doch gar niemand hereingekommen?"

„Niemand hereingekommen? Ja hast du ihn denn nicht gesehen und gehört, den Leibhaftigen, wirklich nicht? Aber das hast du doch gehört, dass ich ihn hinausgejagt habe, dass ich nichts mit ihm zu schaffen haben will, dessen bist du mein Zeuge. – Ach mein Sohn, jetzt weiß ich es, jetzt habe ich es gehört, was sie bedeutet, die Unsterblichkeit meiner Kunst. Was für ein Narr bin ich gewesen, dass ich ihr meinen Namen geben wollte in meinem letzten Werke. Oh hab' Dank, Vater im Himmel, dass Du mir die Ohren geöffnet hast, Herr sei meiner Seele gnädig."

Nur langsam beruhigte sich der Vater, und Philipp Emanuel konnte schließlich erleichtert sehen, dass er eingeschlafen war. Bald würde er für immer die Augen schließen. Dann wollte er, sein Sohn, dafür sorgen, dass die Kunst der Fuge unvollendet veröffentlicht würde. Darunter wollte er schreiben: „Über dieser Fuge, wo der Name B.A.C.H. im Contrasubject angebracht worden, ist der Verfasser gestorben." Als Schluss würde er den Choral anfügen, den ihm sein Vater als Letztes diktiert hatte: „Wenn wir in höchsten Nöten sein…" – Ja, er hatte seinem Vater ins Herz gesehen und seinen letzten Willen verstanden.

23

Eine der seltenen Heiligen? Erinnerungen an Helga Masch

Es kommt immer wieder vor, dass ich erzähle, wie ich zu meinem schönen Cello gekommen bin. Ich verdanke es einer Cellistin, bei der meine Frau Beate 1973 Gamben-Unterricht hatte. Helga Masch erlebte in dieser Zeit eine schwere Lebenskrise, in der sie schließlich ihren ganzen Haushalt auflöste, um in der Schweiz ein neues Leben anzufangen. Als sie auch noch ihr Cello verkaufen wollte, habe ich es ihr abgekauft, für den Preis, den ein Geigenbauer ihr geboten hatte. Ich wollte es nur retten, weil ich dachte, dass sie nach dem Ende ihrer Krise ja wieder als Cellistin arbeiten müsse. Als ich allerdings zum ersten Mal auf dem Cello spielte, wünschte ich mir insgeheim, dass ich es nie wieder hergeben müsse, dieses wunderschöne, über hundert Jahre alte französische Instrument.

Tatsächlich hat Helga Masch danach ihr Cello nie wieder haben wollen. Sie hat von Mai 1974 bis Januar 1975 bei uns gewohnt und ist danach in die Schweiz gezogen, wo sie 20 Jahre lang in Zürich gelebt hat. In der Auswahl ihrer Jobs war sie dort nicht sehr wählerisch. Das Spektrum umfasste Putzfrau, Küchenhilfe, Verkäuferin in einem Kaufhaus, Hilfspflegerin in einer Epilepsie-Klinik, aber auch (für mehrere Jahre) Hausdame im Lyceum-Club, der vor

längerer Zeit von „besseren Töchtern" in Zürich gegründet
worden war und jetzt von älteren Damen für allerlei kulturelle Veranstaltungen genutzt wurde. Hier war sie buchstäblich Mädchen für alles. „Sie lebte in dem Haus, als wäre
es ihr eigenes, ihr hübsches Turmzimmer schaute auf einen
verwunschenen kleinen Park wie in einem Böcklin-Gemälde. Sie hatte das Haus einfach in Ordnung zu halten, wöchentlich einmal ‚ihre Gäste' zum Tee einzuladen und danach von Zeit zu Zeit ein Konzert zu organisieren." So steht
es in den Erinnerungen, die der Psychologe Imre Sponga
Anfang 1997, kurz nach dem Tod von Helga Masch, aufgeschrieben hatte.

Herr Sponga spielte im Leben von Helga Masch eine Rolle, die etwas von einem „Guru", aber auch von einem Therapeuten und ganz sicher von einem Schutzengel hatte. In
seinen Erinnerungen, geschrieben „für ihre Schwester und
für jene, die ihr nahe standen", deutet Herr Sponga an, dass
die abrupten Sprünge in Helgas Biographie als „Schübe"
einer Erkrankung gesehen werden können, die zum schwer
definierbaren Bereich der Schizophrenie gehört. Tatsächlich
wurde sie nach einem Klinikaufenthalt in Zürich für einige
Zeit mit Neuroleptika behandelt, die vielen Schizophrenen
ein fast „normales" Leben ermöglichen. Doch Sponga betont auch die andere Seite, die wir 1974 in Frankfurt erlebt
haben: „Vielleicht beherbergen wir eine der seltenen Heiligen und wollen sie partout normalisieren." So steht es in
meinem Brief, den ich 1974 geschrieben, aber erst 1999
Herrn Sponga geschickt habe (siehe unten). Noch heute,
35 Jahre später, bin ich nicht wirklich sicher, ob die bei
Helga Masch erkennbaren „Symptome" zu dem Krankheitsbild „Schizophrenie" passen.

Anna-Maria Schoener kommt in ihrem Brief, den sie unter dem Eindruck des Todes ihrer Schwester geschrieben hat, vielleicht der Wirklichkeit näher: „Wer sich ihr verbunden fühlt, kann sich kaum dem Eindruck entziehen, den sie immer erweckte durch die Art, wie sie ihr Leben gestaltete: Aufbrüche und Abbrüche, Hinwendungen und Abwendungen, immer und ausschließlich geleitet durch das, was sie ihr Gefühl nannte. Tabus und Konventionen galten nicht. Das brachte ungeahnte Freiheiten, um die man sie beneiden konnte, und unerwünschte Sackgassen, aus denen sie sich nicht selbst befreien konnte. Das Leben in seiner Ganzheit wollte sie leben, jede seiner Möglichkeiten einzeln ergreifen und auskosten, total, absolut, ohne Bedenken und Rücksicht, arglos. Um sie dann ebenso plötzlich wieder loszulassen und andere, oft gegensätzliche, zu ergreifen."

Beate, die ja nicht nur in Frankfurt so eng mit Helga Masch verbunden war, sondern sie auch mehrmals in Zürich besuchte, schrieb 1999 an Herrn Sponga, nachdem wir seine schon erwähnten Erinnerungen gelesen hatten: „Sie war für mich das große Vorbild. Ich jedenfalls wollte aus ihr keinen normalen Menschen machen. Ich habe sie so, wie sie war, geachtet und bewundert. Ich hätte es ihr auch gleich getan, war aber nicht fähig dazu."

Auch Herr Sponga vermeidet in seinen Erinnerungen das Wort „Schizophrenie", und er beschränkt sich auf die Beschreibung dessen, was er beobachten und erleben konnte. Ein Beispiel mag dies verdeutlichen: In einer Zürcher Klinik, wo sie als eine Art Hilfspflegerin beschäftigt war und sich mit „totaler Hingabe und Liebe" ihren Schutzbefohlenen widmete, kam es zu Konflikten mit den Vorgesetzten und schließlich zur fristlosen Kündigung. Was danach geschah, beschreibt Herr Sponga wie folgt:

War es in dieser Zeit, dass ich einmal den Impuls hatte zu erfahren, wie es ihr geht? Jedenfalls, als ich sie telefonisch nicht erreichte, ging ich in jenes Personalhaus, in dem sie ein Zimmerchen hatte. Im Haus ließ mich jemand herein, der in der gleichen Etage wohnte, und als ich bei ihrem Zimmer auf mein Klopfen keine Antwort erhielt, probierte ich die Türklinke reflexartig, – sie gab nach, das Zimmer war nun offen und sie lag im Bett, halb verhungert und, was sich als noch gefährlicher herausstellte, fast ausgetrocknet, da sie, als ihr Mineralwasservorrat ausging, auch nicht mehr trank. – Es war für mich allerdings überraschend, wie kooperativ, ja, irgendwie freudig sie diesen Zustand auf Grund meines Besuchs zu beenden bereit war, wie jemand der auf ein Gottesurteil wartete: ‚Kommt jemand, bevor ich sterbe, so soll ich wohl noch leben, kommt niemand, braucht mich niemand, so brauche ich wohl auch nicht zu leben.‘ – In dem benachbarten Spital, wohin sie darauf unverzüglich überbracht wurde, erholte sie sich dann in 1–2 Wochen wieder.

Auch von den abrupten Veränderungen im späteren Lebenslauf von Helga Masch schreibt Herr Sponga in seinen Erinnerungen. Besonders machte ihr offenbar die Aussicht auf Vereinsamung im Alter zu schaffen, als sie mit 60 das Rentenalter erreichte. Sie wollte noch einmal „Jugend" erleben. In Spongas Erinnerungen heißt es dazu: „Jedenfalls nahm sie sich ein Zimmer in der Altstadt, mitten im Vergnügungsviertel, kaufte schicke jugendliche Kleider, ging unter die Menschen und lebte anscheinend vergnügt, bis ihr Karma, das ihr offenbar nicht allzu viele Lebenslustigkeiten gönnte, sie in Form eines nächsten Schubes einholte. Dann sperrte sie sich ein, legte sich ins Bett, um in ihrer heileren inneren Welt jenes Glück zu erfahren, das ihr in der bunten äußeren Vergnügungswelt offenbar doch versagt blieb." Wieder verweigert sie jede Nahrung und wird noch einmal in letzter Minute gerettet.

Als sie sich einer Gruppe der Bhagwan-Bewegung anschloss, zog sie in eine Kommune nach Egmond aan Zee an der holländischen Küste, wo sie fast zwei Jahre verbrachte und das genaue Gegenteil von Einsamkeit erlebte. Auch hier war das Ende mit einer tiefen seelischen Krise verbunden, aus der sie schließlich durch einen Wechsel auf eine Farm in Brasilien, die *Cooperativa sitio pe na terra* in Novo Hamburgo bei Porto Allegre, befreit wurde. In einem langen Brief vom 10. 12. 1995 schreibt sie uns überglücklich: „Für mich ist es hier wie ein neues Leben, oder überhaupt erst einmal wirklich leben, jedenfalls eine Multisteigerung von allem bisherigen. Ich fühle mich frei und glücklich, voller Lebenslust und genieße das Paradies, in dem ich mich befinde, mit vollen Zügen. … Gleichzeitig spüre ich ein großes Interesse, ja Wissbegierde, tiefer in die Materie vom Training einzudringen, noch mehr dazu zu lernen, immer mehr zu verstehen und es dann anzuwenden. Ich habe vor, hier auf der Farm damit anzufangen. Ich gehe nicht zurück nach Holland. Mein Platz ist jetzt hier, ich fühle mich zu Hause."

Im Sommer 1996 besuchte sie uns auf einer Reise nach Deutschland und in die Schweiz, um die Formalitäten ihrer Ausreise zu regeln. Voller Enthusiasmus berichtete sie von ihren Plänen, die sie mithilfe ihrer Rente, in Schweizer Franken, verwirklichen wollte. Herr Sponga schreibt dazu in seinen Erinnerungen: „Sie plante, dort ein ‚Hüsli' zu bauen, ein offenes Haus, wie ein Freizeitzentrum, wo die

Leute kommen und gehen und fröhlich sind." – Offenbar waren ihre Vorstellungen völlig verschieden von der Realität auf der Farm in Brasilien. Wir können nur vermuten, dass es dort zu Auseinandersetzungen gekommen ist, die sie zu einer längeren Reise nach Argentinien geführt haben, wo sie eigentlich nur Formalien für ein weiteres Visum erledigen wollte. Alles, was wir darüber wissen, steht in einem Schreiben der deutschen Botschaft in Buenos Aires an die Schwester von Helga Masch. Doch vielleicht ist es angemessener, nicht aus dem Schreiben der Botschaft, sondern nochmals aus dem Brief der Schwester zu zitieren:

> Ihr letzter Besuch in Hannover im Mai 1996 – unmittelbar vor ihrer Übersiedlung nach Brasilien – war geprägt durch große Nähe und Hoffnung auf eine Zukunft, die ihr die Erfüllung ihres Lebens versprach. Wie es dazu kam, dass sich diese Hoffnung nicht erfüllte, können wir nur vermuten. Ihre eigenen Vorstellungen von ihrer Tätigkeit dort waren sichtlich mehr von ihren Wünschen als den möglichen Gegebenheiten geformt. Enttäuschung schien geradezu vorprogrammiert. Als dann ihre auf Monate begrenzte Aufenthaltsgenehmigung ablief, haben sie diese negativen Erfahrungen zu einer viel längeren Reise ins Ausland (Argentinien) veranlasst, als für die Erlangung einer neuen Genehmigung nötig war – möglicherweise. Sicher ist, dass sie die erklärte Absicht hatte, am 24. 12. in das brasilianische Camp zurückzukehren. So geht es aus dem Schreiben der Botschaft hervor. Der Tod – von ihr oft ersehnt und einige Male fast herbeigezwungen – ließ diese Rückkehr nicht mehr zu. Still kam er nun, sanft, barmherzig. Wer sie kennt, weiß, dass nicht die Sehnsucht nach dem Tod sie

trieb, sondern nach dem Leben, dem eigentlichen Leben jenseits des vorfindlichen Lebens und jenseits des Todes – nicht im bloß zeitlichen Verständnis, sondern im transzendenten. Hat sie es je gefunden, auf ihre „ganzheitliche" Weise zu leben? Ihre eigene Antwort gab sie darauf, als sie seinerzeit das Ende aller Wege herbeizuzwingen suchte. – Ein starker Impuls geht von diesem ihrem Lebensweg aus, und etwas wie Trauer liegt über ihm, und etwas wie der Schimmer einer Verheißung: Selig sind, die Heimweh haben, denn sie sollen heim kommen.

Wer war diese Helga Masch, geboren am 25. 6. 1931 als Tochter eines Pfarrers in Stettin, die am 24. 12. 1996, nach einem wechselvollen Leben, ihre endgültige Heimat gefunden hat? Wer ihr wirklich begegnen und einen Teil ihres Lebens miterleben durfte, wird sie nie wieder vergessen und, vielleicht insgeheim, sich wünschen, dass sie überhaupt nie mehr vergessen wird. Daher habe ich versucht, einiges aufzuschreiben, für meine Freunde, für Menschen, die etwas verstehen wollen von dem Geheimnis, das eigentlich jeden Menschen umgibt. Aber wir nehmen dieses Rätselhafte nur wahr, wenn wir darauf gestoßen werden durch ganz außergewöhnliche Erlebnisse, wie wir sie mit Helga Masch erfahren haben. Wenn ich heute darüber nachdenke, was diese Frau für mich bedeutet hat, lese ich immer wieder in meinem oben erwähnten Brief, den ich am 30. 12. 1974 geschrieben, aber erst 1999 an Herrn Sponga geschickt habe. Besser kann ich es auch heute nicht sagen; daher soll er diese Betrachtung beschließen.

*

Lieber Herr Sponga,

nachfolgende Seiten verfolgen einen doppelten Zweck. Zum einen sind sie die Vorbereitung einer Frage an Sie, zum anderen sind sie eine Art „Masch-Story" – geschrieben für spätere Jahre zur Erinnerung an ein bemerkenswertes Erlebnis und zur Ordnung der eigenen Gedanken.

Beate, meine Frau, hatte etwa ein Jahr lang Gamben-Unterricht bei Fräulein Masch. In Gesprächen, die sich an die Gambenstunde anschlossen, oft zum Gamben wenig Gelegenheit ließen, wurde Beate u. a. in die indische Geisteswelt eingeführt. Es folgten Besuche bei Vorträgen von Herrn Hinze, später die Teilnahme an Meditationswochenenden. Gegen Ende 1973 half Beate Frln. M. bei der Wohnungssuche, da deren Wohnung zum 31. 12. gekündigt war. Dabei stellte sich heraus, dass Frln. M. eigentlich gar keine Wohnung suchte. Sie machte vielmehr zunehmend konkretere Andeutungen, dass sie aus Frankfurt wegziehen möchte. Unklar war zunächst wann und wohin. Ihre Tätigkeit als Privatmusiklehrerin hat sie zum Jahresende 1973 eingestellt.

Zum 1. 1. 74 zog Frln. M. zu einer Freundin. Kurz darauf wurde sie krank und musste in ein Krankenhaus, wo sie einige Wochen zur Beobachtung blieb. Konkretes wurde nicht festgestellt; seit der Rückkehr aus dem Krankenhaus ist Frln. M. offenbar gesund. Es bot sich die Gelegenheit, einige Monate (bis Pfingsten) in einem ev. Kindergarten zu wohnen, bis das Zimmer wieder benötigt wurde. Danach waren es nur noch wenige Wochen bis zum Tage X (siehe unten). Daher bot Beate ihr an, bis dahin bei uns zu wohnen, zumal wir in den Sommerferien ohnehin verreisen wollten. In den Wochen vor den Ferien begann sie, ihren

Haushalt aufzulösen und ihr Hab und Gut an frühere Schülerinnen und Schüler zu verschenken. Zum Ende des Schuljahres kündigte sie außerdem ihre Teilzeitbeschäftigung als Musiklehrerin an einer Schule. Der Tag X, eine Bootstour in der Schweiz, verschob sich noch bis Ende August.

Beate hatte nach und nach erfahren, dass in Zürich ein Herr S. wohne, zu dem Frln. M. ziehen wolle. Es war sogar von Heirat die Rede, ihre Schwester in Halle würde für diesen Fall eine Ausreiseerlaubnis aus der DDR erhalten, um bei der Hochzeit dabei sein zu können, meinte sie. Eine unkonventionellere Verbindung mit Herrn S. schloss sie jedoch nicht aus. Völlig undenkbar war für sie, dass vielleicht überhaupt keine bleibende Verbindung zustande kommen könnte. Sie hatte Herrn S. zwei Jahre früher auf einem von ihm geleiteten Kursus kennengelernt, ihn jedoch seitdem so gut wie nicht gesehen und auch nicht mit ihm korrespondiert. Dagegen behauptete sie, auf rational nicht verständliche Weise mit ihm verbunden zu sein (Telepathie, Träume, Visionen etc.).

Beate, die zunächst mehr Frln. M. zuliebe, später aus einer gewissen Neugier heraus, mit zu Herrn Hinze gegangen war, hielt (und hält) besonders die Meditation für eine echte Bereicherung ihres Lebens, während die von Herrn Hinze (und Frln. M.) vertretene Lehre (Dogma, Ideologie o. ä.) ihr nichts bedeutet. Die Sicherheit, mit der Frln. M. dem Tag X entgegenging, hat sie jedoch außerordentlich beeindruckt. Konnte sie doch erleben, wie ein Mensch an das Eintreffen eines „Wunders" nicht nur bedingungslos glaubte, sondern auch sein ganzes Leben darauf einstellte. Auch ich war beeindruckt. Ist nicht die Bibel voll von solchen Geschichten? – Auf göttlichen Befehl hin (und sonst nichts)verließ *Abram* sein Vaterhaus, um in das Land der

Verheißung zu ziehen. So wurde er zum *Abraham*, dem Vater aller Gläubigen. Ein Glaube, der Berge versetzt – Frln. M. lebte ihn uns vor. Dennoch waren Beates und meine Ansichten grundlegend verschieden. Was mich besonders beunruhigte, war das Fehlen einer Alternative. Wenn ich das Wunder auch nicht grundsätzlich ausschließen wollte, rechnete ich doch mit dem Wahrscheinlichen, dem Normalen. Demnach wäre Herr S. eine Angelegenheit von Frln. M. allein. Sie projiziert alle Wünsche und Hoffnungen in einen Menschen, der ihr realiter weitgehend unbekannt ist. Schließlich ist sie so an dieses Bild fixiert, dass es für sie zur Realität wird. Von daher erwartete ich eine Katastrophe oder zumindest eine schwere Krise, wenn ihr bewusst werden würde, dass sie ihre Existenz, ihre Zukunft, an ein Bild fixiert hat, das sich mit dem Erscheinen des realen Herrn S. wie eine Fata Morgana auflösen musste.

Beate dagegen glaubte erstens mit an das Wunder, zweitens teilte sie nicht meine Angst vor der Katastrophe. Frln. M. sei nicht davon abhängig, dass Herr S. sie heirate; auch wenn nichts daraus würde, werde sich ein Weg finden etc. … Meine wiederholten Fragen an Beate, wie denn dieser Weg aussehen könnte, blieben ohne Antwort. Ich kann dies bis heute nur so verstehen, dass Beate „mit Frln. M. glaubte" – etwa wie es in der Bibel heißt: „Freuet euch mit den Fröhlichen und weinet mit den Weinenden." Der Einfluss, den Frln. M. auf Beate ausübte, hatte für mich nichts Beunruhigendes. Ich war von Anfang an sicher, dass Beate nicht in gleichem Maße eine Gläubige werden würde. Anders meine Schwiegermutter, der träumte, Beate wolle mit Frln. M. an der Südsee ein neues Leben anfangen und ihre Familie im Stich lassen.

Auf der Bootstour Ende August geschah nichts Entschei-
dendes. Der Tag X wurde auf Anfang Oktober verschoben,
wo ein Segelwochenende in Zürich geplant war. Die Rückkehr erwarteten wir mit großer Spannung. Wie sich zeigte,
hatte sich weder das Wunder noch die Katastrophe ereignet.
Frln. M. war zwar ziemlich niedergeschlagen, aber ungebro-
chen. Immerhin fragte sie außer Beate, mit der sie in diesen
Tagen stundenlange Gespräche führte, sogar mich ernstlich
um Rat. Dies hatte ich nicht erwartet, hatte sie mich doch
bisher eher kühl behandelt und offenbar als reinen Verstan-
desmenschen missverstanden. Doch vielleicht suchte sie
jetzt die Meinung eines Mannes, da ihr das Verhalten von
Herrn S. als Mann so unbegreiflich war. Sie meinte eine
deutliche Diskrepanz zwischen seinen Worten und seinem
Verhalten beobachtet zu haben: hier Ablehnung dort Zu-
neigung. Ich sagte ihr, es bleibe ihr nichts anderes übrig, als
die Worte als Willensäußerung dieses Mannes zu akzeptieren. Ob sie das Verhalten von Herrn S. richtig oder falsch
deute, sei letztlich gar nicht so wichtig. Ein Mann könne
sehr wohl gegen seine Gefühle handeln, wenn er wolle. Im
Übrigen sei es jetzt an ihr, entweder „Schluss zu machen",
d. h., auch ihre eigenen Gefühle dem Willen unterzuord-
nen, oder aber wie bisher Herrn S. als Leitbild anzusehen,
ohne dass es zu einer konkreten Verbindung komme. Die
Betonung lag bei mir auf „Bild", während Frln. M. eigentlich Guru verstand. Sie hätte auch ohne meinen Rat den
zweiten Weg gewählt. Auch Ihren Rat, eine Annonce in die
Zeitung einzurücken, hat sie eher halbherzig befolgt – die
Annonce zwar formuliert, aber nie abgeschickt.

Beate und ich waren einmütig der Ansicht, wir könnten Frln. M. jetzt nicht auf die Straße setzten und müssten

sie bis auf weiteres bei uns wohnen lassen. Inzwischen hat Frln. M. ihr Cello und ihre zwei Gamben verkauft (ersteres an mich) und sie ist dabei, ihre verbliebenen Habseligkeiten auf den Inhalt zweier Koffer zu reduzieren. Während Beate vorher „mit Frln. M. glaubte", ist diese jetzt in ihrem Glauben allein, wenngleich nicht weniger sicher. Sie ist überzeugt, nicht anders zu können. Vielleicht verbirgt sich dahinter ein Stück Pfarrerstochter. „Hier stehe ich, ich kann nicht anders." Dieser Satz Luthers hat ja nicht umsonst Geschichte gemacht. Als ich ihr einmal ernstlich Vorhaltungen machte, zog sie sich letztlich auf diesen Satz zurück (ohne ihn zu zitieren). Auch das Weggeben ihres Eigentums und das Aufgeben ihrer beruflichen Existenz sei nicht, wie ich ihr vorgeworfen habe, eine Erpressung des Schicksals. Nichts habe sie freiwillig aufgegeben, aber sie könne einfach nicht anders. In der Tat konnte sie sich sichtlich schwer von einigen Dingen trennen, die ihr lieb und wert waren. Ihre kleine Gambe hat sie erst kurz vor Weihnachten verkauft.

Meine Vorwürfe, sie unternehme nichts, habe nicht einmal die Annonce aufgegeben etc., fruchteten so wenig wie der Rat, zum Arbeitsamt zu gehen, um sich wenigstens als arbeitslos eintragen zu lassen, zumal ich es für unverantwortlich halte, dass sie nicht einmal krankenversichert ist. Sie betont immer wieder, dass sie ganz sicher ist, nichts von sich aus tun zu dürfen. Sie findet auch in ihrem Orakelbuch (I-GING) ihre Ansicht bestätigt. Alles, was sie habe unternehmen wollen, habe sich irgendwie zerschlagen. Vielleicht meint sie damit ihre Erwägungen (im Oktober, oder November?), für einige Zeit nach Indien zu reisen, ein geplanter Aufenthalt im Schwarzwald (Dezember) oder ähnliches.

So bleibt, außer viel Meditation, die gewissenhafte Verteilung ihrer Habseligkeiten ihre einzige Tätigkeit. In einigen Monaten werden ihre Ersparnisse und der Erlös aus dem Verkauf ihrer Instrumente aufgebraucht, sie selber (meiner Befürchtung nach) auf dem Nullpunkt angekommen sein. Ob dann die „Katastrophe" kommt oder etwas Harmloseres, darüber sind Beate und ich nicht ganz einer Meinung. Immerhin teilt Beate jetzt meine Skepsis, was das Eintreffen der „Berufung" als Erlösung aus dem Wartestande angeht. Spätestens im Sommer muss Frln. M. unsere Behausung (genauer, unser Schlafzimmer) verlassen, da wir von Frankfurt wegziehen werden. Sie wird dann zu einem Fall für die öffentliche Fürsorge werden, wenn sie keine Arbeit und Wohnung findet.

Meine Haltung Frln. M. gegenüber wurde kürzlich schlagartig durch einen Traum erhellt. Am Abend vorher hatte ich erfahren, dass sie ihre Sommersandalen verschenkt hat, weil sie sicher sei, dass sie sie nicht mehr brauchen werde. Vor dem Einschlafen waren mir, wie schon oft, Zweifel gekommen, ob wir uns ihr gegenüber richtig verhalten. Hätten wir sie nicht als Gast aufgenommen oder würden sie jetzt vor die Tür setzen, dann wäre das für sie ein Schicksal, das mit Gleichmut ertragen werden muss. Als Ergebnis würde sie schon einige Monate früher den Nullpunkt erreichen – vielleicht weniger ausgezehrt als später. Im Traum sah ich aus dem Küchenfenster der Wohnung (im 3. Stock), in der ich aufgewachsen bin, wie Frln. M. auf Fenstersimsen und dergleichen balancierte. Sie stürzte ab, balancierte aber wenig später auf einer Mauer im Hinterhof. Dabei berichtete sie mit der ihr eigenen Stimme, was sie erlebte („Merkwürdig, wie ich jetzt alles von unten sehe" – o. ä.).

Plötzlich besprühte sie sich mit Kölnisch Wasser, um sich wegen einer Benommenheit zu erfrischen. Die Sprühdose war aber ein Fläschchen Feuerzeugbenzin. Entsetzt rannte ich ins Wohnzimmer, um Beate zu Hilfe zu holen. Doch diese kauerte mit angezogenen Beinen in der Ecke, hatte ein angstverzerrtes Gesicht und war unfähig, irgendetwas zu tun. So rannte ich wieder zum Küchenfenster, von wo ich Frln. M. im Hof ohne Bewusstsein liegen sah. Ich erwachte bei dem Gedanken, hinunter zu rennen, um Hilfe zu holen.

Unmittelbar nach dem Erwachen war ich sehr erregt und hatte das Gefühl: Aha, das also meine ich, wenn ich sage, ich halte Frln. M. für „gefährdet". Zugleich dachte ich: das war ein Todeswunschtraum. Möglicherweise bin ich hier einer Klischeevorstellung von dem wenigen, was ich über Traumdeutung weiß, erlegen. Tatsache ist, dass ich Frln. M. mit ihrem ganzen Problem gerne los wäre. Schon als sie nach Indien reisen wollte, dachte ich: nicht schlecht, vielleicht bleibt sie dort eine Weile. Die befürchtete Hilflosigkeit meiner Frau ist auch keine neue Erkenntnis. Sogar die „Sicherheit der Schlafwandlerin", die in dem Traum offenbar wurde, ist nicht neu. Schon früher war mir der Gedanke gekommen, dass Frln. M.s Sicherheit mit der einer Schlafwandlerin zu vergleichen ist.

Nun zu meiner Frage an Sie, Herr Sponga: Können Sie meiner Frau und mir raten, wie wir uns verhalten sollen, wenn Frln. M. auf dem „Nullpunkt" ankommt? Haben Sie irgendwelche Gedanken dazu, ob wir bisher, soweit mir die Schilderung des Geschehenen gelungen ist, korrigierbare Fehler begangen haben? Ich bin nicht sehr optimistisch, dass Sie eine Patentlösung parat haben. Vielleicht haben Sie aber in der kurzen Zeit, in der Sie Frln. M. beobachten konnten, dennoch tiefer gesehen als wir. Vielleicht sehen Sie als „Fachmann" auch Wege zur Lösung, die uns verborgen sind. Ich schreibe Ihnen den Brief ohne Wissen von Frln. M., obwohl nichts darin steht, was ich ihr gegenüber nicht schon in der einen oder anderen Form zum Ausdruck gebracht hätte. Schließlich hätte eigentlich meine Frau diesen Brief schreiben sollen, ist sie doch viel stärker als ich involviert und spricht fast täglich mit Frln. M. Als distanzierter Chronist und Briefeschreiber der Familie ist die Aufgabe mir zugefallen. Meine Frau hat jedoch alles gelesen und hält die Darstellung im Ganzen für angemessen, bejaht auch den Gedanken, an Sie zu schreiben und Sie um Rat zu fragen. Vielleicht noch eine Frage von meiner Frau: Sehen Sie als Psychotherapeut die Lebenseinstellung von Frln. M., in der sie sich ausschließlich nach ihrer „inneren Stimme" richtet, als krankhaft an? Es hat doch in der Geschichte „Seher" gegeben, die sich mit ähnlicher Ausschließlichkeit dem Befehl Gottes, der Führung des Geistes o. ä. unterworfen haben. Vielleicht beherbergen wir eine der seltenen Heiligen und wollen sie partout normalisieren. Können Sie dazu Ihre Meinung mitteilen?

Mit freundlichen Grüßen
Ihr Hans Sillescu

---

31. 3. 1975
Postskriptum:

Am 13. 1. hat uns Frln. M. mit unbekanntem Ziel und vollgepacktem VW verlassen. Beate und ich haben uns gedacht, sie würde vermutlich nach Zürich fahren; denn jedes andere Ziel hätte sie uns nicht verheimlicht. Eine Woche später hat sie Beate besucht und ihr gesagt, dass sie ab 1. 4.

eine Stelle als Schwesternhelferin an einer orthopädischen Privatklinik in Zürich antreten werde. Bis dahin wohnte sie noch bei einer Bekannten im Taunus. Jetzt ist sie in Zürich und wird hoffentlich morgen einen neuen Lebensabschnitt beginnen, der für uns die „Masch-Story" beendet.

Ganz am Ende soll stehen, was auch Herr Sponga an den Schluss seiner Erinnerungen gestellt hat und worin vielleicht eine Antwort auf die Frage zu finden ist, ob Helga Masch eine „Heilige" gewesen ist.

Was war Helga Masch für ein Mensch?

Es gibt drei Typen von Menschen:
1. (Es sind die Milliarden) *Sie klammern sich an das erstbeste Nest*, das sie finden und haben keinen anderen Wunsch, als dabei bleiben zu können, bis der Tod sie scheidet.
2. (Es sind immerhin Millionen) Sie klammern sich nicht weniger als die ersten, – aber sie lassen sich immerhin tief beeindrucken von der Idee eines ganzheitlich gelebten Lebens mit seinen Höhen und Tiefen, mit Licht und Schatten, mit Siegen, Niederlagen, Lust und Leid. *Sie träumen von einem Leben, das mutig begangen wird,* – was es auch bringt, – wie etwa das Leben der Siddharta, das von Hesse so unübertrefflich beschrieben wurde.
3. (Es sind nur einige wenige, wie zum Beispiel Helga) **Sie leben ein solches Leben.**

24

Eine zweite Jugend – Der chemische Jungbrunnen und die Folgen

Von Zeit zu Zeit kann man in der Zeitung lesen, die neuesten Methoden der Genforschung hätten uns der Erfüllung des uralten Menschheitstraums vom Jungbrunnen wieder einen Schritt näher gebracht. Zum Beispiel sei es gelungen, die Lebensspanne von Plattwürmern durch Genmanipulationen zu verdoppeln, und wer weiß, vielleicht gelinge in Zukunft Ähnliches beim Menschen. Selbst renommierte Genforscher wollen derartige Möglichkeiten nicht mehr ausschließen. (Welsch 2015) Dies sollte uns veranlassen, etwas gründlicher über die Folgen nachzudenken.

Vielleicht sind wir ja heute in der Biologie in einem ähnlichen Stadium wie 1905 in der Physik, als Albert Einstein die Gleichung $E = mc^2$ veröffentlichte, die besagt, dass jede Masse m zu einer Energie E äquivalent ist. Multipliziert man eine Masse (m) von einem Kilogramm mit dem Quadrat der Lichtgeschwindigkeit (c), so erhält man eine Energie (E), die etwa der Sprengkraft einer Wasserstoffbombe entspricht. Doch 1905 konnte kein Physiker sagen, ob es jemals gelingen würde, die theoretisch mögliche Umwandlung von Masse in Energie praktisch zu realisieren. Erst die 1938 von Otto Hahn entdeckte Kernspaltung öffnete die Tür zu Atombomben und Kernkraftwerken, in denen die Einstein'sche Gleichung sehr real bestätigt wurde. Was sich jedoch kein Physiker vorstellen konnte, war für H. G. Wells überhaupt kein Problem, als er 1914, kurz vor Ausbruch des Ersten Weltkriegs, seinen Roman *The World Set Free* (Die Welt befreit) herausbrachte, in dem die Probleme der Kernenergie auf unheimliche Weise vorausgesehen werden: Im „letzten Krieg" fallen Atombomben auf Paris und Berlin.

Wo ist heute ein H. G. Wells der Genforschung, der beschreibt, welche Folgen auf die Menschheit zukommen, nachdem der gentechnische Jungbrunnen Wirklichkeit geworden ist? Gewiss, es hat schon in der Vergangenheit Autoren gegeben, die über die Probleme von „unsterblichen" Menschen nachgedacht und darüber geschrieben haben. Sogar aus dem alten Griechenland ist uns ein Text überliefert, in dem die Bewohner einer Insel nach einem paradiesischen Leben *per Gesetz* nur 150 Jahre alt werden dürfen. Wer dieses Alter erreicht, legt sich neben einer wunderlichen Pflanze zur Ruhe, die ihn auf milde Art in einen Schlaf versetzt, aus dem er nicht wieder aufwacht. Jonathan Swift schickt seinen Gulliver im Jahre 1708 auf eine Reise nach *Luggnagg*, wo es unter gewöhnlichen Sterblichen eine geringe Zahl von *Struldbruggs* gibt, die niemals sterben. Diese Unsterblichen sind jedoch nicht zu beneiden; denn sie werden immer älter und erreichen schließlich einen beklagenswerten Zustand der Senilität, in dem sie ihre Unsterblichkeit als Fluch betrachten und jeden Toten beneiden, der zur ewigen Ruhe gefunden hat. Offenbar gibt es für die Phantasie von Dichtern keine Grenzen und sie haben sich zu allen Zeiten mit der Frage beschäftigt, was geschähe, wenn der Mensch unsterblich wäre.

Man weiß zwar heute, dass die Alterung des Menschen viele Ursachen hat, dass es also einen „Zaubertrank" wie in Goethes Faust niemals geben wird. Doch im nachfolgenden Text geht es wesentlich um die *Folgen* einer Lösung des Alterungsproblems. Diese lassen sich aber besonders gut darstellen, wenn man eine biochemische Lösung annimmt und versucht, sich vorzustellen, wie es einem Chemiker ergeht, der sich als Erfinder mit diesen Folgen konfrontiert sieht. Natürlich wäre es viel besser, wenn ein Science-Fiction-Autor vom Range eines H. G. Wells sich dieses Themas annehmen würde. Ihm würde es leicht gelingen, die handelnden Personen vor den Lesern zum Leben zu erwecken. Das Werk eines Dilettanten kann da sicherlich nicht mithalten. Daher versuche ich auch gar nicht erst, einen Roman zu schreiben. Immerhin möchte ich aber dem Leser verständlich machen, wie das erste Kapitel eines solchen Romans aussehen könnte und worum es überhaupt geht. Vielleicht findet sich ja schon in naher Zukunft ein Autor, der ein Gespür hat für den Unterschied zwischen einem alten Menschheitstraum und einer wissenschaftlich realen Möglichkeit. Er müsste die Horrorvisionen, die ich nur andeuten kann, selber erleben und eine sprachliche Form finden, die es dem Leser ermöglicht, sein Erleben nachzuvollziehen.

Beginnen wir also. Nennen wir ihn Wolfgang, ein Chemiker an einer deutschen Universität. Nach seiner Promotion erhält er eine der wenigen beamteten Dauerstellen am Lehrstuhl eines renommierten Forschers, der seine besondere Begabung in der präparativen Chemie, der höheren

Kochkunst im chemischen Labor, zu schätzen weiß. Tatsächlich gehört schon die aus seiner Doktorarbeit hervorgegangene Publikation von Wolfgang Schneider und Archibald Freundlich jahrelang zu den bekanntesten Arbeiten seines Chefs. Wolfgang ist der geborene Experimentator. Das Schreiben von Publikationsmanuskripten oder gar Vorträge auf wissenschaftlichen Kongressen sind ihm ein Gräuel. Viel lieber steht er bis tief in die Nacht im Labor, um einen Syntheseweg zu einem noch unbekannten Stoff auszuprobieren. Die Doktoranden von Archibald gehen gerne bei Wolfgang, der sie in die Geheimnisse seiner Experimentierkunst einführt, in die Schule. Im Labor ist der „große Meister" nur allzu oft die letzte Zuflucht, wenn man mit einer Synthese nicht weiterkommt. Und der Chef weiß sehr wohl, dass er Wolfgang ein gutes Teil seines Weltruhmes zu verdanken hat. Er hält es daher für selbstverständlich, die Hälfte der Einnahmen aus einem Patent, das der „Kochkunst" von Wolfgang entsprungen ist, ihm vertraglich zu überlassen. Wolfgang, der zu Hause wenig von seiner Arbeit erzählt, verrät dort auch nichts von dem Konto, auf das die Einnahmen aus diesem und einem darauf aufbauenden noch lukrativeren Patent immer üppiger fließen. Am Ende ist er fast Millionär, was erwähnenswert ist, da dies den Weg in Wolfgangs zweite Jugend erleichtert.

Ein persönliches Laborbuch, in dem sämtliche experimentellen Arbeiten sorgfältig dokumentiert sind, ist selbstverständliche Pflicht für jeden Chemiker in einem gut geführten wissenschaftlichen Labor. Wolfgang ist in dieser Hinsicht ein Pedant. Selbst wenn ein Syntheseweg zum dritten Mal wiederholt wird, um vor der Veröffentlichung die Reproduzierbarkeit zu belegen, wird jeder Reaktionsschritt mit Angabe des Datums aufgeschrieben.

Doch niemand hätte erwartet, dass Wolfgang gelegentlich statt der dritten Wiederholung, die im Laborbuch steht, andere Synthesewege beschreitet. Es gibt hier Forschungsarbeiten, von denen niemand etwas weiß, und deren Ergebnisse über viele Jahre hinweg nur in Wolfgangs ausgezeichnetem Gedächtnis gespeichert werden. Er ist mehr oder weniger zufällig auf die Idee gekommen, die ihn schließlich weit mehr beschäftigt als seine offizielle Tätigkeit. Der Nachfolger seines alten Chefs arbeitet über die Biochemie des Zelltodes. Der als *Apoptose* bezeichnete programmierte Zelltod ist ein natürlicher Prozess zur Beseitigung alter oder geschädigter Zellen, die dann durch neue Zellen ersetzt werden. Doch anscheinend „wissen" die neuen Zellen, die als Ersatz für die abgestorbenen alten Zellen entstehen, dass sie zum Beispiel in einem 60-jährigen und nicht in einem 30-jährigen Menschen wachsen. Ein Beispiel sind die grauen Haare, deren Zellen offensichtlich „vergessen haben", wie Farbpigmente synthetisiert werden. Noch besser lassen Hautzellen das Lebensalter des Trägers erkennen. Derartige Überlegungen bringen Wolfgang auf den Gedanken, nach dem *Code* zu suchen, der beim Wachstum neuer Zellen das Lebensalter bestimmt, und diesen auf ein jüngeres Alter umzuprogrammieren. Er lernt dabei, dass für die Festlegung des Lebensalters relativ einfache enzymatisch gesteuerte chemische Reaktionen verantwortlich sind, die man durch Zugabe von Chemikalien, die er insgeheim synthetisiert, beeinflussen kann. Im Forschungsprogramm des neuen Chefs gehört die Untersuchung von Gewebeproben zur täglichen Routine. Es fällt daher nicht sonderlich auf, dass Wolfgang nach einer von ihm erfundenen und immer weiter verfeinerten Methode nicht nur das Alter der individuellen Zelle, sondern auch das Lebensalter des Menschen, dem die Probe entnommen wurde, studiert. Zu seiner Überraschung stellt er eines Tages fest, dass man auch vorhandene Zellen „umprogrammieren" und dadurch „verjüngen" kann. Wirklich spannend wird es, als er zum ersten Mal erreicht, dass im Haarwurzel-Gewebe einer alten Frau wieder Farbpigmente nachzuweisen sind. Der Rest ist eine jahrelange geduldige Optimierungsarbeit. Die Verjüngung von Gewebeproben alter Menschen gelingt immer besser. Schließlich nähert sich der Tag, an dem Experimente *in vivo* gewagt werden können. Er selber ist inzwischen einundsechzig Jahre alt, als er sich vor dem Rasierspiegel eine winzige Menge eines gewissen Cocktails in eine wohldefinierte Stelle seiner Kopfhaut spritzt, aus der vorher offensichtlich weiße Haare gewachsen sind. Würden diese jetzt braun nachwachsen?

Als er sich zum ersten Mal einige Haare ausreißen kann, die tatsächlich am unteren Ende braun sind, fängt er an, ernsthaft über die Folgen seines Tuns nachzudenken. Wolfgang ist im Grunde ein Praktiker und ein Pragmatiker, bei dem die Nützlichkeit im Vordergrund steht und der wenig über den Sinn des Ganzen nachdenkt. Seit er zum ersten Mal ein Reagenzglas in der Hand geschüttelt hatte, war die synthetische Chemie seine große Leidenschaft geworden. Andere Hobbies hatte er nie gepflegt. Noch weniger hatte er über philosophische oder gar theologische Probleme nachgedacht. Er war ein typischer religionsloser Agnostiker wie viele Ingenieure und Wissenschaftler unserer Tage. Doch nun wird ihm bewusst, dass er dabei ist, eine Revolution auszulösen, die das Gesicht der ganzen Menschheit in kurzer Zeit grundlegend verändern wird. Noch ist er der einzige Mensch auf diesem Planeten, der den Schlüssel zu dieser Revolution bei sich trägt. Und bevor er ihn aus der Hand gibt, will er einen radikalen Selbstversuch unternehmen, für den er mindestens einige Monate Zeit benötigt. Eine Weltreise, die ihm schnelle Ortswechsel und hinreichende Anonymität erlaubt, erscheint ihm schließlich als praktikable Möglichkeit. Inzwischen ist er zweiundsechzig Jahre alt, und sein verständnisvoller Chef, der wie sein Vorgänger die Qualitäten von Wolfgang zu schätzen weiß, ist bereit, ihm im Anschluss an seinen Jahresurlaub noch zwei Monate unbezahlten Urlaub zu genehmigen.

In einem Roman müsste noch deutlicher werden, aus welchen Quellen Wolfgangs doch recht ungewöhnliches Verhalten gespeist wird. Hatte er in seiner Jugend Vorbilder, denen er unbewusst nacheiferte, Pioniere der Forschung wie Robert Koch oder Justus von Liebig, denen Wesentliches zur Befreiung der Menschheit von Seuchen und Hunger zu verdanken ist? Oder ist einfach das Gefühl, auf dem Gebiet der präparativen Chemie zur Weltspitze zu gehören, für ihn zu einer Droge geworden, der er seine Nächte opfert? Oder ist es Abenteuerlust, die ihn zu dem riskanten Selbstversuch bewegt, vergleichbar vielleicht mit dem gewissen Etwas von Extrembergsteigern in überhängenden Felswänden? Spekulationen dieser Art will ich mir versagen. Vielmehr möchte ich mich beschränken auf einen in sich konsistenten sachlichen Bericht von Ereignissen, die nach meiner

Einschätzung genau so hätten eintreten können. Allerdings muss ich auch einige „unrealistische" Sachverhalte schildern, weil mir daran liegt, dass am Ende keinerlei Spuren der Erfindung zurückbleiben. Es gibt zwar präparative Chemiker mit einem phänomenalen Gedächtnis, aber dass ein Chemiker über Jahre hinweg keinerlei Notizen von seinen Experimenten aufzeichnet und dennoch alles Wesentliche im Gedächtnis behält, ist zugegebener Maßen unmöglich. Auch Wolfgangs „biochemische Lösung" des Altersproblems wird bei professionellen Genforschern allenfalls ein wissendes Schmunzeln hervorrufen. Aber die Schilderung der Arbeit eines Chemikers liegt mir halt näher als die eines Biogenetikers. Wie dem auch sei, unser Wolfgang begibt sich auf Reisen und wir wollen ihn dabei begleiten.

In seinem Kulturbeutel, den er auf allen Geschäftsreisen bei sich hat, befindet sich jetzt eine Flasche, die vorgeblich ein Gesichtswasser enthält, das er seit Jahrzehnten benutzt. Tatsächlich befindet sich in der Flasche jedoch das Konzentrat einer Substanz, die ihn auf seiner alles entscheidenden Weltreise begleiten soll. Außer dieser Flasche und seinem Gedächtnis gibt es keinerlei Information, die irgendjemanden auf die Spur seiner jahrelangen geheimen Tätigkeit führen könnte.

Selbst zu Hause hat niemand eine Ahnung von den bevorstehenden Umwälzungen. Seine beiden Söhne gehen ohnehin ihre eigenen Wege; sie kommen fast nur noch an Weihnachten zu ihren Eltern. Und seine Frau hat sich in all den Jahrzehnten wohl oder übel damit abgefunden, dass ihr Mann seine „Freizeit" weitgehend im Labor verbringt. Sie hat ihren eigenen Beruf, in den sie schon bald nach der Geburt der Kinder zurückgekehrt ist, und einen ausgedehnten Freundeskreis, in dem sie hinlänglich beschäftigt ist. Zwar hat sie gelegentlich Grund zu der Vermutung, dass Wolfgang nicht immer im Labor ist, wenn er dergleichen behauptet. Aber sie hält es für weise, diesen Vermutungen nicht ernsthaft nachzugehen. Schließlich hat auch sie ihm einiges zu verschweigen. Doch als seine Weltreisepläne schließlich konkret werden, sind ernsthaftere Auseinandersetzungen unvermeidlich. Schließlich will er an den vollen Jahresurlaub noch zwei Monate unbezahlten Urlaub anhängen, und er behauptet allen Ernstes, völlig solo zu reisen. Wie er das alles finanzieren will, ist ebenfalls sein Geheimnis. Schließlich gibt er zu, in Hawaii eine Freundin zu treffen, die dort ebenfalls solo anreist. Auch die Existenz seines „patenten" Kontos muss er wohl oder übel zugeben, wenn auch ohne Angabe des Kontostands. Tatsächlich gibt es diese Freundin bis dato nur in seiner Phantasie. Aber er hat ja sein „Gesichtswasser" und er weiß, was nach dessen Einnahme auf ihn zukommen kann, obwohl er Goethes Faust nie gelesen hat, in dem Mephisto zu Faust in der Hexenküche sagt: „Du siehst mit diesem Trank im Leibe bald Helenen in jedem Weibe." Dass seine Frau so bald resigniert hat und keinerlei weitergehende Fragen stellt, hat ihn dann doch gewundert. Ob sie ihm vielleicht mehr verschweigt als er bisher dachte? Doch im Grunde ist dies ja genau der Zustand, den er sich gewünscht hat. So kann er schließlich in dem sicheren Glauben abreisen, dass keiner der Daheimgebliebenen ahnt, was er wirklich vorhat.

Die Vorbereitungen der Reise sind zeitraubender als erwartet. Schließlich kommt dazu ein nicht unverständliches Reisefieber, und Wolfgang lässt sich zum ersten Mal in seinem Leben Beruhigungsmittel und Schlaftabletten verschreiben. Mit seiner Bank hat er abgeklärt, dass er an jedem Ort der Welt Zugriff auf sein Konto erhält. Von dem Geld könnte er ohne Weiteres einige Jahre leben und dazu bequem in guten Hotels übernachten. Wie angekündigt, fliegt er zunächst nach Hawaii, wo er sich von den Strapazen erholen und körperlich fit machen will, bevor in Japan der weltbewegende Selbstversuch starten soll. Er beginnt mit Schwimmen und Joggen am Strand. Bald findet er ein Fitness-Studio und einen Tennislehrer, bei dem er rasch vom Anfänger zu einem mittelmäßigen Amateurspieler avanciert. Dabei ist es nicht zu vermeiden, dass er auf dem Tennisplatz Bekanntschaften macht, wo beim Small Talk ein skizzenhafter Lebenslauf erwartet wird. Sicherheitshalber gibt er sich als Vertreter einer Laborgerätefirma aus. Er hat ja zu Hause im Labor immer wieder mit diesen Leuten verhandelt; da kann eigentlich nichts schiefgehen. Dass er sich schließlich verliebt, kommt nicht unerwartet. Sie ist Programmiererin bei einer kleineren Software Firma in San Jose, California, und etwa halb so alt wie er. Ihr langjähriger Lebenspartner hat sich von ihr getrennt; nun sucht sie Trost auf Hawaii. Doch Wolfgang hat für den Beginn seiner zweiten Jugend ein Hotel in Tokyo ausersehen, und er brennt darauf, mit seinem Abenteuer zu beginnen. Daher verschwindet er eines Tages, ohne *„good bye"* zu sagen. Er will seiner Geliebten und besonders sich selber einen dramatischen Abschied mit geheuchelten Entschuldigungen ersparen.

In Tokyo erscheint er in seinem Hotel braun gebrannt, in Freizeitkleidung mit einer Schirmmütze, die ihn unmissverständlich als Hawaii-Urlauber kennzeichnet. Er sieht blendend aus, und niemand hätte ihn für zweiundsechzig gehalten. Tatsächlich hat er kaum Falten, seine Haut ist erstaunlich gut erhalten. Nur die Haare sind so früh ergraut, dass sie an den Schläfen schon fast weiß sind. Mit seinen eins neunundsechzig ist er kaum größer als die meisten Japaner, bei denen er sich sicherlich wohl fühlen wird.

In seinem Hotelzimmer entfernt er als Erstes sein Haupthaar bis auf einen Bürstenschnitt, den er mit dem Langhaarschneider seines Rasierapparates auf vier Millimeter begrenzt. Danach entnimmt er mit einer kleinen Pipette 1 ml des kostbaren Konzentrats aus der Gesichtswasserflasche und füllt sie in ein 30 ml Fläschchen, das vorher ein harmloses Kreislaufmittel enthalten hat. Nach dem Auffüllen mit Wasser verschließt er es wieder mit der Tropfvorrichtung und nimmt die ersten zwanzig Tropfen zu sich. Er will in der ersten Woche mit zwei mal zwanzig Tropfen täglich beginnen und danach notfalls die Dosis steigern. Er erwartet, dass zunächst an den Haaren die braune Farbe der Jugendzeit zurückkommen wird. Außerdem sollte die Haut schon bald sichtbar jünger aussehen, wie er das bei seinen Gewebeproben studiert hat. Was in seinem Innern vorgehen wird, ist ihm noch ziemlich unklar. Unbedingt muss er seine sportlichen Übungen beibehalten. Im Hotel gibt es ein schönes Hallenbad. Fitness-Studio und Tennislehrer sind auch bald gefunden. Er hofft, im Tennis bald mit jugendlicher Kraft Aufschläge in Asse zu verwandeln. Allerdings werden seine alten Knochen am längsten erhalten bleiben, da hier der Stoffwechsel besonders langsam verläuft und daher die Verjüngung der Zellen viel länger dauert als im umgebenden Muskelgewebe. Dies darf er auf keinen Fall vergessen, sonst könnte es böse Überraschungen geben.

Die ersten Wochen verlaufen ziemlich genau so, wie er es sich vorgestellt hat. Seine sportlichen Aktivitäten halten ihn körperlich auf Trab. In der Hotelrezeption findet er auch bei etwas delikateren Wünschen offene Ohren. Niemand scheint sich hier für seine Laborgeräte-Firma zu interessieren. „*German tourist on world travel*", das genügt, solange er seine Rechnungen bezahlt. Tatsächlich ist er in den ersten Wochen seines Experiments bei bester Laune; fast vergisst er, was schon bald auf ihn zukommen wird.

Nur seine Chemie darf er nicht vergessen. Daher tippt er immer wieder das Manuskript in seinen Laptop, das er am Tage X an die Zeitschrift *Nature* schicken möchte. Außerdem will er es ins Internet stellen, damit ihm niemand die Priorität streitig machen kann, und möglichst bald die Presse informieren. Doch zunächst wird das Manuskript jedes Mal gelöscht, wenn es fertig ist. Sein Laptop ist zwar durch ein Passwort gesichert. Aber bei derart brisantem Inhalt helfen Passwörter nur wenig. Schließlich ist er noch keineswegs sicher, ob er überhaupt an die Öffentlichkeit gehen soll. Schon der Gedanke an den zu erwartenden Medienrummel macht ihm Angst. Was soll er den Journalisten sagen, die nach seiner Religion und seinen ethischen Wertvorstellungen fragen? Werden sie nicht einen Dr. Strangelove aus ihm machen, wenn er einfach die Wahrheit sagt? Seine reichlich inhaltsarmen Ansichten über Gott und die Welt haben sich in den letzten dreißig Jahren kaum verändert, vielleicht weil er fast nie darüber nachgedacht hat.

Im Hinblick auf das Wohl der Menschheit kommt ihm ungewollt ein älterer Herr aus Deutschland zu Hilfe, dem er eines Morgens beim Frühstück gegenübersitzt. Dieser hat gerade ein aufregendes Buch von einem gewissen Frank Schirrmacher, einem Herausgeber der Frankfurter Allgemeinen Zeitung, gelesen, in dem die kommende katastrophale Lage einer zukünftigen überalterten Menschheit in grellen Farben geschildert wird. „Ich werde es ja nicht mehr erleben. Aber Ihre Generation wird in einem gigantischen Altersheim enden, das von niemandem betreut wird, weil es keine Jugend mehr geben wird, die bereit ist, diese Aufgabe zu übernehmen!" – Als er vorsichtig einwendet, dies brauche ihn doch nicht sonderlich aufzuregen, wenn es ihn gar nicht mehr persönlich betreffe, wird der Mann richtig wütend: „Ich gehöre halt noch zu der offenbar aussterbenden Spezies von Menschen, denen das Schicksal ihrer Kinder und Enkel am Herzen liegt. Aber heute denkt fast jeder nur an sich selbst und an sein gegenwärtiges Wohlbefinden. Würden Sie doch wenigstens an Ihre eigene Zukunft denken, dann würden Ihnen schon die Augen aufgehen!" Zum Glück ist das Frühstück zu Ende, und Wolfgang ist wieder allein mit seinen Gedanken an die „eigene Zukunft." Doch nun weiß er, was er den Journalisten sagen muss. Er wird die Menschheit vor ihrer drohenden Überalterung bewahren. Statt im Altersheim dem Tode entgegenzudämmern, werden die Menschen jung und tatendurstig ihr Schicksal in die Hand nehmen und genauso recht und schlecht meistern, wie all die anderen Errungenschaften der Technik. Als Wohltäter der Menschheit ist ihm der Nobelpreis ebenso sicher wie ein Platz im Olymp der Großen des 21. Jahrhunderts!

Zunächst muss er jedoch seinen Aufenthaltsort wechseln. Die Empfangsdame in der Rezeption, die ihn schon beim ersten Empfang mit professioneller Sorgfalt gemustert hat, bemerkt eines Tages, er sehe ja täglich jünger aus. Ob er ihr nicht sein Geheimnis verraten könne, da sie gerne auch die Fältchen in ihrem eigenen Gesicht wieder loswerden möchte. Die Frau hat sicher nur an irgendeines der vielen im Handel erhältlichen Produkte gedacht. Aber bald wird auch anderen Menschen auffallen, dass er mehr und mehr das Aussehen eines jungen Mannes angenommen hat, so sehr er sich bemüht, älter zu wirken als er sich fühlt. Wieder beim Frühstück fragt jemand den *German tourist*, ob er schon in Kyoto gewesen sei. Diese Stadt dürfe er sich auf keinen Fall entgehen lassen. Außerdem seien am kommenden Sonntag der alte Kaiserpalast und der ihn umgebende kaiserliche Garten für die Öffentlichkeit zur Besichtigung frei gegeben, die man sonst nur mit einem besonderen Pass betreten könne. Also auf nach Kyoto! Seine japanischen weiblichen Bekanntschaften werden sich über sein plötzliches Verschwinden nicht sonderlich wundern. Schon bald sitzt er auf einem von der Hotelrezeption reservierten Platz im Shinkansen nach Kyoto.

Dort beginnt sein Aufenthalt wie in Tokyo in einem guten Hotel mit Hallenbad, Fitness-Studio und Tennisplatz. Aber er wird sofort wie ein junger Mann behandelt. Vielleicht hat er reiche Eltern, die ihrem Sohn eine Weltreise geschenkt haben. Wolfgang hat keinen Grund, dem zu widersprechen. Andere junge Hotelgäste, die ihn etwas ausfragen, erfahren, dass er in Bonn Chemie studiere, aber mit dem Studium nicht mehr weiter komme. Mit den komplizierten mathematischen Gleichungen, die er in der Physikalischen Chemie verstehen solle, habe er unüberwindbare Probleme. Aber was er sonst studieren könne, wisse er auch noch nicht. Also reise er halt in der Welt herum in der Hoffnung, dass ihm irgendwann etwas einfallen werde.

So ganz falsch ist seine Auskunft gar nicht. Er weiß wirklich nicht, wie es mit ihm weitergehen soll. Sein Selbstversuch ist besser gelungen als erwartet, aber jetzt ist er halt nicht mehr der Alte. Dazu kommen jugendliche Gefühle und Emotionen, die er längst vergessen hat und die ihn zunehmend in Aufregung versetzen. Er darf jetzt auf keinen Fall die Nerven verlieren. Bei einem japanischen Arzt lässt er sich das Beruhigungsmittel verschreiben, das ihm schon zu Hause über das Reisefieber hinweggeholfen hat. Doch wirklich helfen kann das Mittel auch nicht. Besonders der Spiegel macht ihm zu schaffen, weil er mit dem Bewusstsein eines alten Mannes hineinschaut und darin ein ganz junges Gesicht erblickt. Es ist wie bei dem Bildnis des Dorian Gray von Oscar Wilde – nur umgekehrt. Das Bild zeigt ihm die Wirklichkeit eines jungen Mannes, und er kann den alten in seinem Innern nicht vergessen. Als er wieder einmal zufällig in den Spiegel schaut, sieht er plötzlich, hinter sich im Türrahmen stehend, seine Frau. Aber sie sieht aus wie die Hilde von damals, kurz nachdem er sie kennengelernt hatte. „Mein Gott, eine Halluzination, ich werde wahnsinnig!", murmelt er erschrocken und dreht sich um. Im Türrahmen steht das Zimmermädchen und fragt etwas verlegen, ob sie ihm behilflich sein könne. Er verschließt die Tür und wirft sich verzweifelt aufs Bett. Halluzinationen, das sind die Symptome der Schizophrenie! Er hatte einige Wochen vor seiner Abreise, zusammen mit Hilde, den Film *The Beautiful Mind* gesehen, in dem die Schizophrenie des Mathematikers John Nash porträtiert wird. Nach dem Ausbruch der Krankheit wird dieser von dem Wahn befallen, er sei dazu ausersehen, die Menschheit vor einem dritten Weltkrieg zu bewahren. Die neue Realität des John Nash, angefüllt mit Halluzinationen, die außer ihm niemand wahrnehmen konnte, hatte ihn damals tief beeindruckt. Und jetzt ist er selber dabei, die Menschheit zu verwandeln. Aber woher soll er wissen, ob seine erlebte Realität nicht ebenfalls von Halluzinationen durchsetzt ist? Blickt ihm aus dem Spiegel der *wirkliche* Wolfgang entgegen, oder ist es eine Halluzination, wie bei dem Bild des Zimmermädchens. Es gibt keine Möglichkeit, dies zu überprüfen, ohne sein Geheimnis zu verraten.

Kyoto lädt den Touristen zu Spaziergängen ein. Außer dem alten Kaiserpalast mit seinem wunderschönen Garten gibt es zahlreiche Shinto-Schreine und buddhistische Tempel, deren Wurzeln weit in die Geschichte der alten Kaiserzeit zurückreichen. In den Shinto-Schreinen flattern kleine Zettel im Wind, auf denen die Gebete von Japanern stehen, die von den vorbeistreichenden Luftgeistern gelesen werden. Am liebsten hätte Wolfgang selber einen derartigen Zettel in den Wind gehängt, um den Rat der Götter einzuholen. Auf seinen endlosen Wanderungen durch die Straßen von Kyoto durchdenkt Wolfgang alle Möglichkeiten, die sich ihm zeigen, und versucht, sich deren Folgen klarzumachen. Er will auf eine Patentierung verzichten, um zu verhindern, dass irgendein großer Konzern sich gnadenlos bereichert. Nach seiner Veröffentlichung könnte das Mittel dann auch von vielen kleineren Firmen hergestellt werden, was den Preis bald auf Werte um fünfzig Dollar pro Verjüngungskur drücken dürfte. Natürlich wäre es komplizierter bei sehr alten und irreversibel geschädigten Menschen. Zum Beispiel würden Alzheimer-Patienten mit fortgeschrittener Demenz zwar wieder jung, aber nicht wieder gesund. Inwieweit typische Altersbeschwerden nach der Verjüngungskur geheilt werden können, müsste noch in breit angelegten Studien erforscht werden. Zu rechnen ist mit einer Minderheit von Menschen, die eine Verjüngungskur aus ethischen oder religiösen Gründen ablehnen. Aber selbst ein Verbot durch den Papst wäre wohl im Ganzen ebenso wirkungslos wie das Verbot der Pille. Wolfgang ist ganz sicher, dass seine Erfindung zu der Verjüngung einer überwältigenden Mehrheit alter Menschen führen wird.

Was danach geschieht, kann Wolfgang unmöglich vorhersehen. Aber ihm wird bei seinen Spaziergängen durch Kyoto schon bald klar, dass sein Traum, als Wohltäter der Menschheit in die Geschichte einzugehen, reichlich naiv war. Als er am besagten Sonntag zusammen mit Tausenden von Japanern durch den Garten des alten Kaiserpalastes „geschoben" wird, fällt ihm mitten im Menschengewühl plötzlich das seltsame Märchen der Brüder Grimm ein, in dem der Tod von einem Riesen zu Boden geschlagen wird und kraftlos am Wegesrand liegt: „Was soll daraus werden, wenn ich da in der Ecke liegen bleibe? Es stirbt niemand mehr auf der Welt, und sie wird so mit Menschen angefüllt werden, dass sie nicht mehr Platz haben, nebeneinander zu stehen." – Jedes Kind konnte also seit Jahrhunderten verstehen, dass es zum Tod keine Alternative gibt. Natürlich wusste er auch, dass in der Geschichte der Evolution schon sehr früh das mittlere Lebensalter der Individuen durch einen „Tod" begrenzt wurde, um die Überlebenschancen der jeweiligen Spezies zu verbessern. So stellte sich nach dem Darwin'schen Prinzip das kurze mittlere Lebensalter der Eintagsfliegen ebenso ein wie das lange der Elefanten und natürlich auch das der Menschen. So langsam dämmert ihm, dass die „ewige Jugend", die er der Spezies *Homo sapiens* bescheren will, deren Chancen zum Überleben auf null reduzieren wird.

Die Einsicht, dass ausgerechnet der Sieg über den genetisch bedingten Tod das Ende der Menschheit als Spezies besiegelt, ist keineswegs selbstverständlich. Schließlich gibt es ungezählte Genforscher, die in ihren Labors versuchen, das Problem der genetischen Alterung zu knacken, ohne sich von der Aussicht auf die Ausrottung des Menschengeschlechts abschrecken zu lassen. Sie glauben vielleicht, irgendetwas werde den Menschen schon einfallen, bevor sie sich mit ihrem Aussterben abfinden. Immerhin hat sich im 20. Jahrhundert die Weltbevölkerung von 1,6 auf 6 Mrd. fast vervierfacht. Und wenn, wie die Demographen vorhersagen, die Zahl in der Mitte des 21. Jahrhunderts bei etwa 9 Mrd. zum Stillstand kommt, wird die Lebenserwartung des zivilisierten Menschen mit etwa 80 Jahren doppelt so hoch sein wie in vorzivilisatorischen Zeiten. Das heißt, auch ohne die bei Plattwürmern gelungene Genmanipulation lässt sich die dem Menschen von der Evolution zugewiesene Lebensspanne verdoppeln.

So etwa könnte auch Wolfgang argumentieren, und vielleicht würde dies viel besser zu seinem bis jetzt erkennbaren

Persönlichkeitsbild passen als der radikale Bruch, den ich jetzt versuchen will, um mein eigenes Anliegen zu thematisieren. In einem Roman sollte man versuchen, Wolfgangs Persönlichkeit von Anfang an vielschichtiger zu porträtieren. Zum Beispiel könnte das Grimm'sche Märchen, das ihm im Garten des Kaiserpalastes in Kyoto plötzlich einfällt, schon in seiner Kindheit eine wichtige Rolle spielen. Vielleicht hat es seine Oma erzählt, als der Vierjährige zum ersten Mal mit dem Tod eines geliebten Menschen konfrontiert wurde und nicht verstehen wollte, warum Menschen überhaupt sterben. Man könnte auch wieder das Beispiel der Kernspaltung heranziehen und einen der amerikanischen Physiker zum Vorbild nehmen, denen während der Entwicklung der Atombombe aufging, dass die Atomwaffen der Zukunft die ganze Menschheit in ihrer Existenz bedrohen. Doch in meinem Entwurf ist der Bruch in Wolfgangs Charakter unvermeidlich. Tatsächlich ist ja auch nicht auszuschließen, dass ein Mensch, der noch nie ernsthaft über tiefer gehende Menschheitsfragen nachgedacht hat, in tiefster Seele erschüttert wird, wenn ihm plötzlich bewusst wird, dass der Schlüssel zum Untergang der ganzen Menschheit in seiner Hand liegt. Genau an diesem Punkt ist unser Wolfgang angekommen, und wir wollen sehen, wie es ihm ergeht.

Wolfgangs Nachdenken über die Folgen seiner Erfindung öffnet ihm Schritt für Schritt die Augen für mögliche Entwicklungen, die sich als Horrorszenarien in schrecklicher Deutlichkeit vor ihm auftun. Die günstigste denkbare Möglichkeit eines „stationären Zustands" ist offenbar eine Welt, in der jeder Tod ein grundsätzlich vermeidbarer Unfall ist und Kinder nur in entsprechend geringer Zahl zur „Ersatzbeschaffung" zugelassen werden. Wie lange er selber es in dieser „Ewigkeit" aushalten wird, wagt er nicht auszudenken. In seiner Phantasie verwandelt sich unsere zivilisierte Welt in eine Hölle, die selbst ein Dante Alighieri unmöglich beschreiben könnte. Nur sein Spruch an der Höllenpforte könnte stehen bleiben: „Lasst alle Hoffnung fahren, die ihr eintretet." Wolfgang versucht sich vorzustellen, wie sein inzwischen fünfundachtzigjähriger ehemaliger Chef tatendurstig als Mittzwanziger in die wissenschaftliche Arena zurückkehrt. Welche Chancen verbleiben dann den „Altersgenossen" ohne seinen großen Namen und eine Lebenserfahrung, zu der auch die Kunst gehört, sich gegenüber der Konkurrenz durchzusetzen. All die vielen chancenlosen und frustrierten Studenten werden fast zwangsläufig zur Gewalt greifen, allein um ihre Aggressionen loszuwerden. Wie es in der freien Wirtschaft oder gar in den Entwicklungsländern zugehen wird, ist für Wolfgang nicht mehr realistisch vorstellbar. Er gerät zunehmend in die Klauen eines Alptraums, der ihm nachts den Schlaf raubt und ihn am Tage auf endlosen Gängen durch Kyoto umhertreibt. Es gibt keinen Ausweg: Er ist dabei, die Menschheit in eine unvorstellbare Katastrophe zu stürzen.

So kommt er schließlich zu der felsenfesten Überzeugung, dass er seine Erfindung unter keinen Umständen veröffentlichen darf. Er erwägt sogar ernsthaft, sein verbliebenes „Gesichtswasser" zu vernichten. Vorher will er jedoch nach Möglichkeiten für sein persönliches Weiterleben suchen. Er kann ja unmöglich ohne glaubwürdige Erklärung gleichsam als jüngerer Bruder seiner Söhne nach Hause kommen. Also muss er nach Ablauf seines langen Urlaubs als Wolfgang Schneider verschwinden und ein völlig neues Leben beginnen. Dazu braucht er als Erstes einen gut gefälschten Pass. Vielleicht lässt sich ja über das Internet eine Quelle ausfindig machen, die ihn nicht sofort in das Gauner-Milieu verfrachtet. Doch er wird auch Zeugnisse benötigen, wenn er sich als Chemiker irgendwo bewerben will. Berufliche Alternativen fallen ihm nicht ein; auch hier wären Zeugnisse nötig. Doch vielleicht kann er nach einem erfolgreichen Bewerbungsgespräch irgendwo als Laborant anfangen – mit dem Versprechen, die Zeugnisse nachzuliefern. Sehr realistisch erscheint ihm das alles nicht. Schließlich hat er selber zu Hause als Laborleiter Gespräche mit Bewerbern um Laborantenstellen geführt.

Während er innerlich immer mehr in Panik gerät, weil er spürt, dass er in eine Falle geraten ist, hält er unvermindert an seinem sportlichen Trainingsprogramm fest. Körperlich ist er topfit, und er genießt die ihm wieder zugewachsenen Kräfte. Seine Jogging-Distanzen werden immer länger und verschaffen ihm die jetzt mehr denn je nötigen Glückshormone. Um sich von den immer aussichtsloseren Spekulationen über seine Zukunft abzulenken, liest er einige Schriften über den Zen-Buddhismus, die er in einem der vielen buddhistischen Tempel erhalten hat. Er erwägt sogar den Eintritt in ein Kloster, um vielleicht dort ein völlig neues Leben zu beginnen, das irgendwann irgendwo im Nirwana enden könnte. Doch wer in ein Kloster eintreten will, muss auch im Buddhismus gewisse Kriterien erfüllen, zu denen für Europäer eine durch den Reisepass nachgewiesene Identität gehört. Offenbar ist er nicht der Erste, der versuchen will, in ein Kloster zu fliehen, weil ihm der Boden zu heiß unter den Füßen wird.

Das Kloster als neue Lebensmöglichkeit kann er also vergessen. Seine Versuche, eine praktikable Alternative zu finden, werden immer hilfloser. Sich einfach umzubringen, ist für Wolfgang völlig ausgeschlossen. Schließlich hat er über viele Jahre an seiner Erfindung gearbeitet und einen höchst riskanten Selbstversuch gewagt, der seine Lebenserwartung um mindestens fünfzig Jahre verlängert. Um sein damit gewonnenes Leben wird er also mit Zähnen und Klauen kämpfen. Doch wie soll es weitergehen, wenn alle möglichen Lebensperspektiven in Sackgassen führen und alle Gedanken über eine mögliche Zukunft sich am Ende im Kreise drehen? Natürlich kommt dazu noch das Heimweh nach seinem Labor, in dem er so viele glückliche und unbeschwerte Stunden verbracht hat. Er spürt die quälende Einsamkeit, die immer unerträglichere Last seines Geheimnisses, über das er mit niemandem sprechen darf. Schließlich nähert sich sein langer Urlaub langsam dem Ende. In den nächsten Wochen muss also irgendeine Entscheidung fallen, bei der es für ihn persönlich wirklich um alles geht.

Ausgerechnet in dieser verzweifelten, völlig verfahrenen Lage begegnet ihm eine Frau, die er besser nie getroffen hätte. Es ist die typische Liebe auf den ersten Blick. Mit magischer Gewalt reißt es seinen Kopf herum, als er sie zum ersten Mal auf dem Tennisplatz erblickt. Danach versucht er, ihr möglichst aus dem Weg zu gehen. Aber sie begegnen sich immer wieder. Schließlich wird sie ihm vorgestellt: Julie Hatton, Journalistin bei der Washington Post in der Sparte Medizin und Naturwissenschaften. Schlimmer hätte es nicht kommen können. Er muss so schnell wie möglich verschwinden. Aber merkwürdigerweise gibt es immer wieder unvermeidbare Verzögerungen, bis er schließlich einen Platz in einem relativ kleinen Jet gebucht hat, der direkt von Kyoto nach Sydney fliegt. Vielleicht kann er ja einfach noch einmal das Leben genießen, die traumhafte Unterwasserwelt am Great Barrier Reef erkunden. Danach wird es schon irgendwie weitergehen. Als er Julie zum letzten Mal sieht, hört er sich plötzlich sagen: *„Well, I am leaving tomorrow for Sydney. It was nice meeting you. Good bye.“* Ohne eine Antwort abzuwarten, dreht er sich um und läuft davon, völlig verwirrt und fassungslos, dass er diese Dummheit begehen konnte. Am liebsten hätte er den Flug in letzter Minute umgebucht. Aber er kann einfach nicht mehr. Er muss sich eingestehen, dass er am Ende ist.

Als er schließlich in der Maschine nach Sydney sitzt, auf einem Fensterplatz in der ersten Klasse, setzt sich kurz vor dem Abflug eine Frau neben ihn. Er weiß sofort, es ist Julie. Sie hat also sein *good bye* richtig verstanden – als Hilferuf in letzter Verzweiflung. Er kann nicht verhindern, dass er anfängt zu weinen, das erste Mal seit Jahrzehnten. Julie nimmt seine Hand in ihre Hände und schweigt, bis er sich etwas beruhigt. Inzwischen hat die Maschine ihre volle Höhe erreicht, und die Stewardess serviert ein leichtes Essen. Julie hatte Wolfgangs „ersten Blick“ sehr wohl bemerkt. Danach hat sie ihn möglichst unauffällig beobachtet und insgeheim Erkundigungen über ihn eingeholt. Sie besaß ja in dieser Hinsicht professionelle Erfahrung. Bei der Rezeption hatte er „vergessen“, sein Geburtsdatum einzutragen. Julie konnte einfach nicht glauben, was sie sah. Die Gesichtszüge sahen manchmal uralt aus. Doch schon im nächsten Moment waren sie völlig verändert und erinnerten sie an die Kindergesichter der College Boys, mit denen sie zusammen studiert hatte. So etwas hatte sie noch nie in ihrem Leben gesehen, und sie konnte sich zugutehalten, etwas von Gesichtern zu verstehen. In Interviews waren ihre Partner oft völlig verblüfft, wenn sie aus ihren Gesichtern ablas, was sie ihr eigentlich verheimlichen wollten. Sie hatte auch gespürt, dass sich Wolfgang in den letzten Tagen vor der Abreise wie ein gehetztes Wild verhielt, das keinen Ausweg mehr weiß. Auch wenn es ihm gelungen wäre, ohne Abschied zu fliehen, wäre sie ihm nachgeflogen. Längst hat sie sich eingestanden, dass ihr Schicksal unauflöslich mit dem seinen verbunden ist; da gibt es kein Entrinnen.

Als Wolfgang endlich zu reden anfängt, quellen die Worte aus ihm heraus wie das Wasser aus einem plötzlich geöffneten Stausee. Er sagt ihr alles, was er weiß, was ihn in den letzten Wochen so unsäglich gequält hat. Er kann es nicht länger verschweigen, er muss einfach reden. Und er redet pausenlos, stundenlang, bis alles heraus ist, wie bei einer wirklichen Beichte. Als er schließlich schweigt, hat Julie mit den Tränen zu kämpfen. Aber sie ist darin erfolgreicher als Wolfgang. Schließlich ist sie ja auch nicht am Ende. Schon während Wolfgang ihr die völlige Ausweglosigkeit seiner Situation schildert, beginnt sie fieberhaft über praktikable Möglichkeiten nachzudenken – mit Erfolg, wie sie meint: *„You are the typical German, Wolfgang, you have a problem, and Weltschmerz is your answer. But I am an American. There is a problem? Well, then let's do something about it!"* Dass Wolfgang seine Erfindung nicht patentieren will, ist völlig falsch. Damit verschenkt er zwanzig Jahre, in denen man aus einer unkontrollierbaren Revolution eine kontrollierte Evolution machen kann. Dazu braucht man ausgezeichnete

Juristen, denen das Wohl der Menschheit mehr wert ist als ein paar zusätzliche Dollars. Sie kennt einige, die Verbindungen zu den höchsten Regierungsstellen in Washington pflegen. Natürlich muss die UN eingeschaltet werden. Die Amerikaner müssen endlich begreifen, dass man wirkliche Menschheitsprobleme nicht ohne diese Organisation lösen kann. Gewiss, die Beseitigung des Alters ist ein drastischer Eingriff in die Menschheitsgeschichte. Aber war dies nicht auch die Kernspaltung? Auf dem Gipfelpunkt des kalten Krieges existierten auf diesem Planeten 60.000 nukleare Sprengköpfe, von denen, nach der Erfahrung von Hiroshima und Nagasaki, kein einziger eingesetzt wurde. Die Menschen sind eine zähe Rasse, die nicht so leicht kleinzukriegen ist. Dass man Wolfgangs Erfindung verschweigen könne, war von Anfang an eine Illusion, das weiß er doch ganz genau. Es hat in der Grundlagenforschung noch nie einen wirklichen Durchbruch gegeben, den man hätte verschweigen können. Die Lösung eines entscheidenden Problems liegt irgendwann in der Luft. Es ist dann nur eine Frage von Jahren, höchstens Jahrzehnten, bis sie gefunden wird. Ein gutes Beispiel ist wieder die Kernspaltung, die 1938 von Otto Hahn und Fritz Straßmann entdeckt wurde. Aber schon 1934 hatte Enrico Fermi Urankerne gespalten, ohne es zu wissen. Und wenige Wochen nach der Veröffentlichung durch Hahn und Straßmann begann in aller Welt die Kernspalterei mit Methoden, die in den Labors längst vorhanden waren. Niemand hätte durch Verschweigen seiner Ergebnisse den Anbruch des Kernzeitalters wesentlich verzögern können. Nun ist halt Wolfgang Schneider der Erste, der das Alterungsproblem geknackt hat. Und es ist seine Pflicht, die ihm vom Schicksal aufgetragene Rolle zu Ende zu spielen.

Für Wolfgang klingen Julies Worte wie der Gesang einer Nachtigall in einem dunklen Wald. Aber es ist die letzte Nachtigall, und diese singt im letzten Wald, den es gibt. Nein, das Patent kann niemand für zwanzig Jahre unter Kontrolle halten. Die Patentschrift muss die Zielverbindungen, die schließlich patentiert werden, enthalten. Auch wenn es sehr schwierig ist, diese herzustellen, so gibt es auf diesem Planeten doch mindestens hundert Labors, die dazu in der Lage sind. Das heißt, nach der Patentierung wird schon in wenigen Monaten ein schwarzer Markt entstehen, gegen den die internationale Drogenszene sich wie ein Kinderspiel ausnimmt. Nein, es gibt für ihn keinen Ausweg; auch Julie hat keine praktikable Alternative anzubieten. Allerdings muss er zugeben, dass die Ideen, auf denen seine Erfindung basieren, nicht so singulär sind, wie er es gerne hätte. Irgendwann in den kommenden Jahrzehnten wird ein anderer auf die gleiche Idee kommen oder das Problem auf anderen Wegen lösen. Es ist also das unvermeidliche Schicksal der Menschheit, in diesem Jahrhundert in einer unvorstellbaren Katastrophe zu enden. Und er muss in diesem Drama die Rolle des Bösen, der die Büchse der Pandora geöffnet hat, zu Ende spielen.

Eine Menschheitskatastrophe, die wirklich unvorstellbar ist, lässt sich nicht beschreiben. Daher wird Wolfgangs Ende die meisten Leser enttäuschen. Ein tödlicher Unfall als Ausweg aus einer verfahrenen Situation ist einfach zu billig. Nun, jedermann ist eingeladen, eine andere Lösung zu finden und den Roman zu schreiben, der hier ja erst anfängt. Schließlich lässt ein Ende, bei dem Wolfgang und Julie wohlbehalten in Sydney ankommen, viele Wege offen. Was auf die Menschheit nach dem Öffnen der Büchse der Pandora zukommen wird, kann heute noch niemand wissen, und ich möchte es lieber der Vorstellungskraft professioneller Science-Fiction-Autoren überlassen, ein konkretes Szenario auszugestalten. Mir bleibt nur der unbefriedigende Schluss, der ja vielleicht sogar ein Happy End ist, zumindest für die Menschen, denen die Folgen von Wolfgangs Erfindung erspart bleiben – für einige Zeit.

Als die Maschine vor Sydney zum Landeanflug ansetzt, bricht plötzlich im Motor am linken Flügel ein Feuer aus. Es greift rasch auf das ganze Flugzeug über, das brennend ins Meer stürzt. Es gibt weder Überlebende noch Leichen, die man hätte identifizieren können. Nur die Passagierliste bleibt als Grundlage für die Benachrichtigung der Angehörigen. So erfährt Hilde von Wolfgangs Tod. Vorher hat sie alle paar Wochen eine Ansichtskarte mit völlig belanglosem Text erhalten.

25

Atomangst – Die Bombe und der Müll

Im November 1991 war ich im Anschluss an eine Tagung in Fukuoka zu einem Vortrag an der Universität von Osaka eingeladen. Zum Abendessen hatte mich der Gastgeber in ein gutes Restaurant eingeladen, wo wir zu zweit an einem kleinen Tisch in einem abgetrennten Raum saßen und ein vorzügliches japanisches Essen serviert bekamen. Im Verlauf des Abends stellte sich heraus, dass wir etwa gleich alt waren und fast zur gleichen Zeit als siebenjährige Kinder Bekanntschaft mit amerikanischen Bombenangriffen gemacht hatten. Ich hatte in Frankfurt (am 4. Oktober 1943) keine Angst, weil meine Mutter mir versicherte, dass uns im Bunker nichts passieren könne, was auch stimmte. Denn tatsächlich hielt unser Bunker, als eine Sprengbombe direkt daneben explodierte. Im Februar 1944 zogen wir nach Gaildorf in Württemberg, wo wir von weiteren Bombenangriffen verschont blieben. Dennoch gab es Ereignisse, die ich als Ursprung meiner ganz persönlichen Atomangst betrachte. Ich sehe noch heute den strahlend blauen Himmel vor mir, an dem viele Hunderte von kleinen Punkten in geordneten Mustern unter unheimlichem Brummen langsam über den Himmel zogen. Ich war damals ein etwas ängstliches, verträumtes Kind, und ich kannte Bombenangriffe aus eigener Erfahrung. Die Angst war irgendwie abstrakt, ein Gefühl, das ich später immer wieder erlebte, wenn ich die drohende atomare Katastrophe in meiner Phantasie vorwegnahm.

Meine erste echte „Atomangst" erlebte ich 1951 während des Koreakriegs. General MacArthur, der Oberkommandierende der NATO-Truppen, hatte wiederholt gefordert, die Nachschubwege in China mit Atomwaffen anzugreifen, um den Krieg zu gewinnen. Dies hätte zu einem atomaren Weltkrieg geführt, da seit 1949 auch die Sowjetunion über Atomwaffen verfügte. Zum Glück wurde MacArthur von Präsident Truman abberufen, und die Begrenzung des Kriegs auf Korea führte schließlich zu einem Waffenstillstand mit dem 38. Breitengrad als Demarkationslinie.

Die Angst vor dem dritten Weltkrieg war damals allgegenwärtig. Als die erste Wasserstoffbombe 1952 in den USA gezündet wurde und nur ein Jahr später die Russen nachzogen, wurde das Schreckensszenario eines Atomkriegs mit Kernwaffen, die tausendmal stärker als die Hiroshima-Bombe sind, für jedermann zum Albtraum. In der Frankfurter Nord-Ost-Gemeinde hatten wir einen Pfarrer, der uns in seinen Predigten mit den neuesten Informationen von seinem Schwiegersohn, einem amerikanischen Chemiker, versorgte. Seine Botschaft war eindeutig: Ein Krieg mit diesen schrecklichen Waffen bedeutet das Ende der Welt. „Seid also wachsam! Denn ihr wisset weder den Tag noch die Stunde." So steht es in der Bibel seit zweitausend Jahren. Und nun konnte es nicht mehr lange dauern. Als „wiedergeborener Christ" hatte ich zwar die vom Pfarrer angemahnte „Heilsgewissheit". Aber natürlich hatte ich trotzdem Angst vor dem nuklearen Inferno.

Unser Pfarrer war nicht der einzige Prophet des nahen Weltendes. In dem berühmten Russell-Einstein-Manifest von 1955 wird betont, dass der Gebrauch von Kernwaffen „möglicherweise das Ende der menschlichen Rasse bedeuten wird" (*might possibly put an end to the human race*). Die Mahnungen bedeutender Persönlichkeiten wie Albert Schweizer und C. G. Jung wurden auf ganzseitigen Beiträgen in den Tageszeitungen abgedruckt. Noch dreißig Jahre später schrieb Hoimar von Ditfurth 1985 sein berühmtes Buch So lasst uns denn ein Apfelbäumchen pflanzen. *Es ist soweit.* – Heute ist sein Apfelbäumchen ein ausgewachsener Baum. Aber die atomare Bedrohung ist mit der Zahl der Atommächte sogar noch gewachsen. Niemand kann sagen, wann die „islamische Bombe" Pakistans in die Hände von Terroristen fällt – und ob dies das Weltende bedeuten wird.

Meine persönliche Atomangst hatte ihren Höhepunkt während der Kubakrise, als die ganze Welt am Rande des atomaren Abgrunds den Atem anhielt. Das erlösende Wort kam damals von Nikita Chruschtschow, der in seinem Brief vom 28. 10. 1962 an John F. Kennedy erklärte, dass die mit Atomraketen beladenen Schiffe auf dem Weg nach Kuba den Befehl zur Umkehr erhalten hatten. Chruschtschow hat übrigens keinen Friedensnobelpreis erhalten, obwohl er mit seinem Einlenken, das er letztlich mit seinem Job an der Macht bezahlte, die Welt vor der atomaren Katastrophe bewahrt hat. Wir wissen heute, dass Kennedy praktisch mit dem Rücken zur Wand stand. Die US-Regierung hatte sich nur eine Option offengelassen: Chruschtschow lenkt ein, oder es sprechen die Waffen.

Ein weiterer Russe hätte damals den Friedensnobelpreis verdient. Als ein sowjetisches U-Boot von einem US-Zerstörer ultimativ zum Auftauchen zur Identifikation aufgefordert wurde, war es dem 36-jährigen Marineoffizier Wassili Alexandrowitsch Archipow zu verdanken, dass ein mit nuklearem Sprengkopf ausgestatteter Torpedo *nicht* abgefeuert wurde, von dem der US-Kommandant nichts wissen konnte – „Wir vertrauen aber darauf, dass die Vernunft siegen wird. Der Krieg wird nicht ausbrechen, und Frieden und Sicherheit der Völker werden gesichert sein." Das hatte Chruschtschow in seinem Brief an Kennedy geschrieben, ohne zu wissen, welche Rolle die Vernunft seines eigenen U-Boot-Offiziers dabei gespielt hatte. – Danach wurden die Codes eingeführt, die heute von russischen und amerikanischen Staatsoberhäuptern in einem Köfferchen auf allen Wegen mitgeführt werden. Kein U-Boot-Kommandant kann heute eine Atomrakete abfeuern, wenn ihm nicht zuvor von höchster Stelle der passende Code zugeschickt wird.

Die Zeit nach der Kuba-Krise führte zu einem gigantischen Anwachsen von Atomwaffen auf etwa 70.000 nukleare Sprengköpfe. Dahinter stand die Doktrin der *mutually assured destruction* (abgekürzt MAD; auf Deutsch „*wechselseitige zugesicherte Zerstörung*"). Im Osten wie im Westen wurde eine „Overkill Kapazität" aufrechterhalten, um die jeweils andere Seite vom „Erstschlag" abzuschrecken. In einem Cartoon von Marie Marcks in der Süddeutschen Zeitung vom 8. 2. 1979 wird dieses „Gleichgewicht des Schreckens" durch eine Waage dargestellt, auf die beidseitig immer mehr Atombomben wandern. Ein kleiner Friedensengel zeigt besorgt auf einen kleinen Riss in der Mitte des Waagebalkens.

Im Bewusstsein der Öffentlichkeit blieben noch für viele Jahre die weltweiten Demonstrationen gegen den Nato-

Doppelbeschluss vom 12. 12. 1979, der eine beiderseitige Begrenzung von atomaren Mittelstreckenraketen anbot, zugleich aber die Aufstellung von atomar bestückten Marschflugkörpern (Cruise Missiles) und von *Pershing II*-Raketen androhte. Am 10. 10. 1981 demonstrierten in Bonn mehr als 300.000 Menschen, zum Staatsbesuch von Ronald Reagan am 10. 6. 1982 sogar 500.000. In Mainz fand 1983 im Zusammenhang mit dem Nato-Doppelbeschluss die Tagung „Naturwissenschaftler gegen Atomrüstung" statt. Ich sehe noch den Chemie- und Friedensnobelpreisträger Linus Pauling vor mir, wie er auf dem vollen Mainzer Domplatz sein *„Refuse the Cruise!"* skandierte.

Nach dem Ende des Kalten Krieges verschwanden die Atomwaffen zunehmend aus dem Bewusstsein der Öffentlichkeit. Michail Gorbatschow und George Bush sen. unterzeichneten 1991 den START-I-Vertrag über die Reduzierung strategischer Nuklearwaffen, und es gelang, alle sowjetischen Atomwaffen in der zerfallenden Sowjetunion nach Russland zu verlagern. Tatsächlich ist seither die Zahl der nuklearen Sprengköpfe auf unserem Planeten auf etwa ein Drittel gesunken. Allerdings besteht unter Experten kein Zweifel, dass das Risiko des Einsatzes von Atombomben seit dieser Zeit noch gewachsen ist und weiter ansteigt. Henry Kissinger sagte kürzlich in einem Interview, er habe zur Zeit des Kalten Krieges keine schlaflosen Nächte gehabt, weil er glauben konnte, dass die sowjetischen Atomwaffen unter der Kontrolle rational denkender Machthaber sicher waren. Das hat sich geändert, seit sich der „nukleare Klub" um Mitglieder wie Pakistan und Nordkorea erweitert hat und seine weitere Vergrößerung in den nächsten Jahren zu erwarten ist.

Meine persönliche Atomangst hat seit der Zeit des kalten Krieges nicht abgenommen und sie ist nicht auf Atombomben beschränkt. Die sogenannte „friedliche Nutzung der Atomenergie" war nach meiner Einschätzung von Anfang an eine Mischung aus Selbstbetrug und bewusster Täuschung der Öffentlichkeit. Jede Ultrazentrifuge zur Anreicherung von Uran für „friedliche" Kernkraftwerke erlaubt problemlos die höhere Anreicherung, die für waffenfähiges Uran erforderlich ist. Dies gilt nicht nur für den Iran, sondern auch für Brasilien, Südafrika und andere Staaten, die angeblich nur die „friedliche Nutzung der Kernenergie" im Sinn haben und die sich auf diesem Wege die Eintrittskarte für den „nuklearen Klub" beschaffen.

Jedes Sicherheitskonzept kann prinzipiell nicht weiterreichen als bis zum „größten anzunehmenden Unfall" (GAU). Demnach bilden extrem unwahrscheinliche oder nicht vorhersehbare Unfälle ein „Restrisiko", das als akzeptabel angesehen wird. Doch bereits zweimal gab es einen Super-GAU, der im Sicherheitskonzept der Kraftwerksbetreiber nicht vorgesehen war: Three Mile Island (1979) und Tschernobyl (1986). In beiden Fällen haben wir Menschen „Glück gehabt". Denn der wahre GAU ist der *Größte Auszudenkende Unfall*. Ein *worst case scenario* könnte heute so aussehen: Ein vollgetanktes Verkehrsflugzeug fliegt in weniger als einer Viertelstunde von Frankfurt nach Biblis und rammt von der Seite einen der Kraftwerksblöcke. Dies führt zu einer „Kernschmelze", bei der so viel radioaktives Material in den Rhein gelangt, dass alle Großstädte rheinabwärts von Mainz/Wiesbaden bis Rotterdam evakuiert werden müssen. Dies ist nur eine der Katastrophen, von denen wir bisher verschont blieben.

Dass sich in der Welt nach Hiroshima und Nagasaki keine der möglichen Katastrophen wirklich ereignet hat, verdanken wir nicht der Vernunft der „Verantwortlichen". Ich glaube ganz persönlich, dass ich zu meinen Lebzeiten ein echtes Wunder erlebt habe, für das ich meinem Gott danke. Dass Männer wie Henry Kissinger und Barack Obama die völlige Abschaffung aller Atomwaffen als einzige Lösung des Problems betrachten, sehe ich als Bestätigung meines „Wunderglaubens". Denn wer könnte im Ernst glauben, dass so etwas menschenmöglich ist. Doch unsere Kinder und Enkel können nicht für immer mit diesem Wunder rechnen. Selbst wenn sie noch für lange Zeit von wirklichen Katastrophen verschont bleiben sollten – und da hilft nur noch beten – müssen sie mit dem täglich wachsenden Atommüll leben, den wir ihnen hinterlassen. Es hat noch nie ein tragfähiges Konzept der „Endlagerung" gegeben, das auch nur für hundert Jahre Bestand haben könnte – geschweige denn für hunderttausend Jahre.

So bleibt mir als alter Mann die persönliche Atomangst – und die traurige Gewissheit, dass die verfluchte Kernenergie die Menschheit bis an ihr Ende begleiten und dieses möglicherweise herbeiführen wird.

17. 3. 2011

Postskriptum:

Der vorliegende Text ist das Skriptum zu einem Abendvortrag, den ich während eines Treffens von Doktoranden und Diplomanden der Physik und Chemie am 13. März 2010 in Wittenberg gehalten habe. Niemand konnte damals voraussehen, dass nach genau einem Jahr meine „Atomangst" sich als berechtigt herausstellen würde: Fukushima. Und so stellt sich jetzt die Frage: Wie steht es mit unseren weiteren Zukunftsängsten? –

Im Jahr 2011 wird die Weltbevölkerung die 7-Milliarden-Grenze überschreiten. Und diese Menschen wollen nicht nur leben, sie wollen so leben wie wir in der hochtechnisierten Welt. Was das bedeutet, zeigt die Entwicklung in China, wo der unstillbare Energiehunger alle Energiearten umfasst und überall den Verbrauch an die Weltspitze treibt. Das heißt, neben alternativen Energien und der Kernenergie wird auch immer mehr Öl, Gas und Kohle verbraucht. Und die Kohlevorräte der Welt reichen noch für schätzungsweise 300 Jahre. Viel früher werden jedoch die Folgen des Klimawandels das Leben auf diesem Planeten unerträglich machen, wenn die CO_2-Zunahme in der Atmosphäre immer so weitergeht. Wie sollen dann die weltweit 8, 9 oder 10 Mrd. Menschen satt werden?

Das Beispiel der Bevölkerungsexplosion gibt aber auch Grund zur Hoffnung. 1960 haben Bevölkerungs- und Ernährungswissenschaftler den Anstieg der Weltbevölkerung von 3 auf 6 Mrd. für das Jahr 2000 richtig vorhergesagt. Doch die aus ihren Berechnungen resultierenden katastrophalen Hungersnöte ab 1980 sind ausgeblieben, weil die mit der „grünen Revolution" verbundene Steigerung der Ernteerträge nicht vorhersehbar war. Vielleicht wird es ja auch in diesem Jahrhundert „revolutionäre" Innovationen geben, die das Schlimmste verhindern. Wir hoffen, weil die wirkliche Apokalypse bisher immer wieder ausgeblieben ist, und die Hoffnung stirbt zuletzt.

26
Loblied auf Roby

Über die kommende „Altenexplosion" und deren Folgen wird viel geredet und geschrieben. Zum Beispiel hat Frank Schirrmacher in seinen Büchern „Das Methusalem-Komplott" und „Minimum" eindrucksvoll dargestellt, was auf die Betroffenen zukommt, die massenhaft alt und pflegebedürftig werden. Doch was können wir tun? Sollen wir einfach tatenlos zusehen und abwarten? – Was heute fehlt, sind „positive Utopien", die Mut machen und zu kreativem Denken anregen.

Das „Loblied auf Roby" ist so eine „positive Utopie", gesungen im Jahre 2040 von einem Heimbewohner in der höchsten Pflegestufe an seinem hundertsten Geburtstag. Es will verstanden werden als ein Wunschtraum, der im Prinzip wirklich werden könnte, aber vermutlich so nicht in Erfüllung gehen wird. Das heißt, es ist wünschenswert, die Robotik auf reine „Körperpflege" zu beschränken und die dadurch frei werdende Zeit für eine persönliche Zuwendung durch speziell geschulte Pflegekräfte bereitzustellen. Tatsächlich werden aber wohl zuerst die billigen „Kuschelroboter" kommen, und die in der Anschaffung zunächst teure Robotik für körperliche Pflegeleistungen wird danach zur Entlassung von Pflegekräften bzw. deren Ersatz durch Ingenieure für die „Pflege" der Roboter führen.

Das „Loblied auf Roby" sollte dazu beitragen, einer derartigen Entwicklung schon in den Anfängen zu wehren.

Es ist einfach wunderbar beruhigend, einen Roby zu haben, der immer Zeit hat, der sich von selber auf meine Wünsche einstellen kann und vieles diskret erledigt, was ich doch nur vergessen würde. Vor allem kennt er meinen Gesundheitszustand. Wenn er Abweichungen von meinem Wohlbefinden registriert und diese nicht selbst beheben kann, ruft er sofort professionelle Hilfe. Dadurch wird mir ein einigermaßen schmerzfreies Leben ermöglicht, obwohl ich nach früheren Maßstäben gewissermaßen auf dem letzten Loch pfeife. Besonders genial ist die heutige Schmerzbehandlung, die sich aus Beobachtungen von Vilayanur Ramachandran in den Neunzigerjahren des vergangenen Jahrhunderts ergeben hat. In seinem damaligen Bestseller „Phantoms in the Brain" hat er beschrieben, wie man zum Beispiel Phantomschmerzen in den Fingern eines amputierten Armes dadurch heilen kann, dass man in einer einfachen Vorrichtung den noch gesunden Arm auf die andere Seite spiegelt und dem Patienten sagt, er möge jetzt *beide* Hände bewegen. Das Gehirn fällt auf diese optische Täuschung herein und überträgt im Laufe der Zeit die Gefühle der gesunden Hand auf die vorher schmerzende Phantomhand des amputierten Armes. Die Einsicht, dass alle Schmerzen im Grunde „Phantomschmerzen" sind, die im Gehirn erzeugt werden, führte nach jahrzehntelanger Arbeit von Hirnforschern zu einer Schmerztherapie, die ohne Medikamente auskommt. Sehr hilfreich war dabei auch die Erforschung der *Anosognosie*, einer Wahrnehmungsstörung, bei der zum Beispiel ein halbseitig gelähmter Patient die

Lähmung abstreitet, weil er sie nicht wahrnimmt. Sie ist für ihn nicht existent; daher hält er sich für vollkommen gesund und erfindet die abenteuerlichsten Erklärungen, wenn er auf offensichtliche Merkwürdigkeiten seines Verhaltens angesprochen wird. Nachdem man den Zusammenhang mit den neuronalen Prozessen im Gehirn verstanden hatte, konnte man daran gehen, diese so zu steuern, dass die betroffenen Patienten schmerzfrei mit ihren Defekten leben können, ohne in ihrem Lebensablauf mehr als nötig beeinträchtigt zu werden.

Als ich vor ein paar Jahren endgültig nicht mehr laufen konnte, hat sich natürlich der Zustand meiner Bandscheiben rasant verschlechtert. Wäre mir dies vor dreißig Jahren passiert, hätte ich nur noch mithilfe von stärksten Schmerzmitteln in halb betäubtem Zustand weiterleben können. Doch jetzt hat mein Gehirn einfach den schmerzenden kranken Rücken durch einen gesunden „Phantomrücken" ersetzt, der mir überhaupt keine Probleme bereitet. Meine völlige Bewegungsunfähigkeit wird durch die segensreichen Tätigkeiten von Roby mehr als ausgeglichen. Er dreht und wendet mich in regelmäßigen Abständen im Bett herum, transportiert mich zum Badezimmer, wechselt die Wäsche. Ohne viel Aufhebens sorgt er für meine Körperhygiene – einschließlich Zähneputzen. Natürlich bringt er mir zu essen, was mir mundet, füttert mich und verabreicht nötige Medikamente, die eben doch noch erforderlich sind. Den menschlichen Pflegern bleibt eigentlich nur noch eine Überwachungsfunktion. Ansonsten können sie sich ganz der persönlichen Betreuung ihrer Patienten widmen, von der weiter unten noch die Rede sein wird.

*

Die Multimedia-Einrichtungen in meinem Zimmer machen sogar für einen Bewegungsunfähigen wie mich das Leben erträglich. Da ich geistig rege geblieben bin, kann ich Fernsehen, Kino, Theater, Oper und Konzerte genießen und lesen, was immer mir als lesenswert erscheint. Denn über das Internet kann ich nicht nur alle Zeitungen, sondern auch alle Literatur der Welt auf den Riesenbildschirm in mein Zimmer holen. Über Langeweile kann ich mich also wirklich nicht beklagen, obwohl meine Kinder, Enkel und Urenkel mich relativ selten besuchen, weil sie dank der noch immer grassierenden Globalisierung in alle Winde zerstreut sind. Sehr anregend sind auch die Gespräche mit meinem „Pfleger". Wie viele seiner Berufskollegen hat er eine abgeschlossene Universitätsausbildung mit Zusatzkursen in Medizin und Krankenbetreuung hinter sich. In Orchideenfächern, zu denen inzwischen auch Theologie, Philosophie und Psychologie gehören, kommen auf die wenigen offenen Stellen bis zu hundert Bewerber, weil die Universitäten nach wie vor ohne jede Rücksicht auf den Arbeitsmarkt ausbilden. Doch für Pfleger/innen in Krankenhäusern oder Alten- und Pflegeheimen gibt es noch immer einen riesigen Bedarf. Trotz schlechter Bezahlung des Pflegepersonals sind daher die entsprechenden Ausbildungskurse sehr gefragt. Seit die körperliche Pflege weitgehend von Roby übernommen wurde, hat sich das Berufsbild des „Pflegers" grundlegend verändert. Die Zeiten, in denen sie übergewichtige Patienten anheben, waschen und baden mussten, sind längst vorbei. Roby beherrscht sogar das Wechseln von Inkontinenz-Windeln perfekt. Dank seiner hochentwickelten „Hände" ist er ausgesprochen „zart-fühlend". Dementsprechend haben in der Ausbildung der Pfleger theoretische Fächer aus der Psychologie und Soziologie an Bedeutung gewonnen. Die „Pfleger" erlernen dort Fähigkeiten, die sie für die „seelische" Betreuung der Patienten benötigen. Tatsächlich spielen sie eher die Rolle von persönlichen Betreuern oder Begleitern, die den Patienten helfen sollen, wenn sie mit ihrem Leben im Pflegeheimbetrieb nicht zurechtkommen.

Mein „Pfleger", Herr von Köhnen, hat Musikwissenschaft studiert, und wir verstehen uns besonders gut, weil sein Spezialgebiet die Renaissance-Musik ist, die ich bis vor wenigen Jahren noch auf meiner kleinen Diskantgambe spielen konnte, nachdem ich das Cello schweren Herzens zur Seite legen musste. Allerdings geht es meistens um meinen Gesundheits- bzw. Krankheitszustand, der sich in der letzten Zeit doch ziemlich verschlimmert hat, auch wenn ich nicht so viel davon spüre. Die Pfleger sind ja für den Patienten fast die einzigen Ansprechpartner, da die wenigen hochbezahlten Ärzte permanent überlastet sind. „Fragen Sie Ihren Arzt oder Apotheker", hieß es früher. Heute bekommt man den Arzt allenfalls auf der Intensivstation zu sehen, wenn man dort überhaupt etwas sieht, und Apotheker sind in Alten- und Pflegeheimen ohnehin überflüssig. Der Arzt gibt sein Rezept in den Computer ein, und Roby sorgt dafür, dass die verordneten Medikamente pünktlich eingenommen werden. Dazwischen läuft alles automatisch.

Übrigens kommt es immer wieder vor, dass sich Besucher in meinem Zimmer umsehen und erstaunt fragen, wo denn mein Roby zu finden sei. Sie erwarten, einen guten alten Roboter zu sehen mit zwei Armen, zwei Beinen und einem Kopf, dessen zwei Augen permanent ihre Umgebung mechanisch abscannen, vielleicht nach dem Fußball suchen, den sie ins gegnerische Tor schießen wollen. Menschlich aussehende „humanoide" Roboter, die im Fußball inzwischen wirklich Erstaunliches leisten, gibt es jedoch im Pflegebereich fast gar nicht. Alle Versuche, mitfühlende „Gemütsroboter" als Hilfe und „Seelentrost" für einsame Altenheimbewohner einzuführen, sind schon vor Jahren wieder aufgegeben worden. Was sie zu bieten hatten, war im Angebot der Kuschelwesen, die sich im Gefolge des legendären Roboterhundes „Aibo" entwickelten, viel besser unterzubringen. Hier hat sich allerdings in den vergangenen Jahrzehnten ein riesiger Markt entwickelt. Wer früher sein geliebtes Haustier zu Hause lassen musste, wenn er ins Altenheim umzog, muss heute nicht mehr befürchten, dass sein Robo-Bello abgewiesen wird, der ihm ans Herz gewachsen ist wie ehemals sein lieber Schmusehund.

Mein Roby ist bewusst nicht als humanoider Roboter konzipiert. Er existiert als „Person" nur virtuell, und er ist ein Gemeinschaftswerk von Kognitionswissenschaften, Psychologie, Philosophie und Neuroethik. Letztere wurde zu Beginn dieses Jahrhunderts als neues Teilgebiet der philosophischen Ethik eingeführt, als einige Bewusstseinsforscher die Probleme erkannten, die sich bei der Erschaffung von Wesen mit künstlichem Selbstbewusstsein ergeben. Obwohl man sich noch immer darüber streitet, was überhaupt Selbstbewusstsein ist, kann man ohne Weiteres sagen: Roby ist ein solches Wesen! Er ist ein durchaus selbstbewusst auftretendes Subjekt. Seine Wahrnehmungsorgane sind die vielen Kameras und Mikrophone in meinem Raum sowie die Tastsensoren, mit denen alle Vorrichtungen ausgestattet sind, die meinen Körper berühren. Aktiv wird Roby mithilfe seines Sprachgenerators und der Bewegungselemente, die man metaphorisch als „Arme und Beine" bezeichnen kann. Allerdings kommt bei der „Umlagerung" meines bewegungsunfähigen Körpers noch die „bewegliche Matratze" zu Hilfe, die sich zum richtigen Zeitpunkt an den richtigen Stellen einbuchtet. Natürlich fährt das Bett auch ganz alleine im Altenpflegeheim herum. Roby sagt mir immer freundlicherweise, was er mit mir vorhat. Er hat eine überaus angenehme Stimme und bewahrt dennoch die erforderliche Distanz, die verhindert, dass sich eine allzu menschliche Beziehung zu ihm entwickelt. Er hat ja auch keinen menschlichen Körper und ist daher immer nur als „multifunktionales Hilfesystem" präsent.

Zur Koordination aller passiven und aktiven funktionalen Elemente, mit denen mein Zimmer zu meinem körperlichen Wohl ausgestattet ist, wurde Roby ein gewisses Maß an Subjektivität verliehen, die natürlich in seinem Computerhirn lokalisiert ist. Seine „Subjektivität" ermöglicht es ihm, ein Bild von sich selbst zu entwickeln und zwar als ein „Subjekt", das sich in begrenztem Umfang auf ein zu bedienendes „Objekt" hin ausrichten und sich sogar in dasselbe hineinversetzen kann. Dadurch fällt es ihm viel leichter, dessen Wünsche und Bedürfnisse zu erfassen und zu erfüllen. Als Vorbild dienten Berichte über Leibdiener in Sklavenhalter-Gesellschaften. Diese Diener waren von klein auf trainiert, ihr ganzes Denken, Fühlen und Handeln dem Dienst ihres Herrn zu widmen und weder sich selber noch sonst jemandem „dumme Fragen" zu stellen, zum Beispiel, warum es dem Herrn so viel besser geht als dem Diener. Philosophisch betrachtet hat man Roby mit einem künstlichen „Selbstmodell" ausgestattet, das in ein ebenso künstliches „Weltmodell" eingebettet ist, eben die „Welt des Dienens", in der Begriffe wie „Eigeninteresse" oder gar „Neid" und „Begehrlichkeit" einfach nicht existieren. Die Forderungen der Neuroethik ließen sich besonders leicht erfüllen, da Roby ja nur für meinen Körper zu sorgen hat. Das heißt, er muss zwar *wissen*, was Schmerzen sind, damit er mir optimal helfen kann, aber er muss dazu nicht selber Schmerzen erleiden. Erst recht kennt er keine Seelenqualen. Wenn ich ihm etwa verrate, dass ich das Leben in dieser „Brave New World" im Grunde abscheulich finde und sein Ende herbeisehne, reagiert er völlig verständnislos. Derartige Fragen fallen in den Zuständigkeitsbereich der „Seelsorge", das heißt, der persönlichen Betreuung, für die Pfleger und Pflegerinnen sowie zahlreiche ehrenamtliche Mitarbeiter („grüne Damen" etc.) verantwortlich sind.

Die Bedeutung der persönlichen Betreuung hat sich in schmerzlicher Weise gezeigt, als vor etwa 20 Jahren die Robotik erstmals massiv im Pflegebereich eingesetzt wurde, weil die Pflegekräfte immer knapper wurden. In einigen Heimen musste man damals bis zu fünf Pflegefälle in ein Zimmer legen. Die aus Japan eingeführte Robotik war noch weit von dem heutigen Stand der Perfektion entfernt und das technische Personal, das die Vorrichtungen einrichten und warten sollte, war sichtlich überfordert. Das Ergebnis war ein dramatischer Anstieg vermeidbarer Todesfälle. Noch beängstigender war die Hilflosigkeit des überlasteten Pflegepersonals gegenüber dem sprunghaften Ansteigen von Alkoholismus und Suizidversuchen. Die Patienten hatten sich unter dem Einfluss der Massenmedien einem „Fortschritt" anvertraut, der in der Praxis nichts anderes war als die Hölle auf Erden. Viel zu lange haben die Politiker tatenlos zugesehen. Es fiel ihnen nichts Besseres ein, als zu Besonnenheit und Geduld aufzurufen, bis die „Anfangsprobleme" mit den Pflegerobotern überwunden seien.

Doch dann kam der 17. Januar 2026. Inmitten einer ganz außergewöhnlichen Frostperiode gab es einen in weiten Teilen Deutschlands bis zu 43-stündigen Stromausfall, dessen Ursachen nie völlig aufgeklärt werden konnten. Weil gerade in den neu eingerichteten Pflegeheimen Notstromaggregate aus Kostengründen nur für die Intensivstationen zur Verfügung standen, lagen die „normalen" Pflegefälle zu Tausenden ohne jede Hilfe in kalten, dunklen Zimmern. Als am Ende, nach Ausrufung des nationalen Notstands, die Hilfskräfte der Bundeswehr anrückten, konnten sie in vielen Fällen nur noch die Leichen abtransportieren. Die meisten der über zehntausend Todesopfer waren an Alkoholvergiftung gestorben oder alkoholisiert erfroren. Offenbar war die Versorgung mit „Hochprozentigem" das Einzige, was im allgemeinen Chaos noch funktionierte, und viele Verzweifelte sahen im Freitod den einzigen Ausweg.

Der Schock dieser entsetzlichen Katastrophe erfasste besonders die junge Generation. Schlagartig kam ins Bewusstsein, was jedem von ihnen in einigen Jahrzehnten drohte, wenn nicht endlich grundlegende Veränderungen in der Altenpflege vorgenommen würden. Dass diese nur durch eine drastische Steuererhöhung finanziert werden konnten, wurde jetzt von einer breiten Mehrheit akzeptiert. Sogar weitere Rentenkürzungen wurden klaglos hingenommen.

Die Welle der allgemeinen Hilfsbereitschaft führte zu zahlreichen neuen Initiativen und einer erfreulich hohen Zahl neuer hochmotivierter ehrenamtlicher Mitarbeiter. In diesem Klima des allgemeinen Aufbruchs wurde schließlich das bundesweite Programm „Menschliche Altenpflege" gestartet, dessen überwältigender Erfolg auch die Basis meiner jetzigen Lebenssituation ist.

Die in Schnellkursen ausgebildeten Pflegekräfte kamen aus allen Bevölkerungsschichten. Dadurch wurde auch die noch immer quälende Arbeitslosigkeit auf ein erträgliches Maß reduziert, was sogar zu einer gewissen Belebung der Wirtschaft führte. Während in den ersten Jahren die Pfleger noch häufig selber Hand anlegen mussten, um die elementaren Bedürfnisse der Patienten zu erfüllen, sind diese Tätigkeiten heute praktisch vollständig in der Hand von „Roby". Bis jetzt hat man auch noch der Versuchung widerstanden, die zahlreichen Pflegekräfte einfach zu entlassen. Durch Fortbildungskurse in Bereichen, die dem körperlichen *und* seelischen Wohlbefinden dienen und die unter dem Sammelbegriff „Psychosomatik" angeboten werden, sind tatsächlich die „Pfleger" in den letzten Jahren mehr und mehr zu „Seelsorgern" geworden, die sich ganz persönlich um die ihnen anvertrauten Patienten kümmern. Der Erfolg zeigt sich in der deutlichen Abnahme von „vermeidbaren Todesfällen", zu denen auch der Suizid gehört, der freilich den lebensmüden Patienten auch physisch immer mehr erschwert wird.

Das oberste Ziel der „Seelsorge" ist es, eine Atmosphäre gegenseitigen Vertrauens und menschlicher Nähe zu schaffen. Nach der Aufnahme in ein Pflegeheim erfährt der neue Heimbewohner die besondere Zuwendung von mindestens einem Pfleger (oder einer Pflegerin), der in besonderen Kursen in der Kunst geschult wurde, ein persönliches Vertrauensverhältnis aufzubauen. Dazu kann auch durchaus körperliche Zärtlichkeit gehören. Denn seit Roby die Körperpflege übernommen hat, fehlen ja alle körperlichen Kontakte zu wirklichen Menschen. Sind Patienten von der Alzheimer-Krankheit oder anderer Demenz betroffen, so stehen speziell für deren Probleme geschulte Pfleger zur Verfügung. Als sehr segensreich haben sich auch „Patenschaften" von ehrenamtlichen Helfern erwiesen. Die „Paten" sind in der Regel deutlich jünger als die einsamen Alten, um die sich so oft überhaupt niemand mehr kümmert, seit familiäre Bindungen immer seltener geworden sind. Vielleicht entwickelt sich hier ein echter Ersatz für den traditionellen „Generationenvertrag". Denn die „Paten" werden ja selber irgendwann alt und pflegebedürftig, und sie freuen sich dann über die Besuche ihrer jüngeren „Nachfolger".

Doch zurück zu Roby! Schließlich würde das ganze System der „Menschlichen Altenpflege" aus Personalmangel zusammenbrechen, wenn nicht die zeitaufwendigen Aufgaben der körperlichen Altenpflege von Roby übernommen würden. Vielleicht sollte ich hier noch einiges zu seinen so hilfreichen „Händen" sagen und erläutern, warum sie wirklich „zartfühlend" sein können. Tatsächlich ist heute ein Roboterarm mit voll ausgebildeter Hand ein hochkomplexes dynamisches System. In der Handinnenfläche befindet sich ein „Auge"; zahlreiche Drucksensoren und Laser-Abstandssensoren stecken in den Fingern. Durch

einen eigenen Computer, der die ganze Feinmotorik der
Finger und ihre Wechselwirkung mit den „begriffenen"
Objekten steuert, erhält das System eine gewisse Autono-
mie. Dadurch wird eine „manuelle Geschicklichkeit" simuliert, die dem Zentralcomputer „unbewusst" bleibt und die
Organisation des Gesamtsystems „Roby" außerordentlich
erleichtert. Die Entwicklung und Optimierung derartiger
hochkomplexer Robotik-Systeme ist besonders in Japan
mit bewundernswertem Eifer vorangetrieben worden und
hat viele Milliarden verschlungen. Doch inzwischen sind
die Entwicklungskosten größtenteils abgeschrieben, und
die künstlichen Hände sind weltweit buchstäblich milliar-
denfach im Einsatz. Zum Beispiel sind in meinem Zimmer
vier Arme mit voll ausgebildeten Händen in die Konstruk-
tion meines Bettes integriert. Die übrigen „Beweger" in
meinem Zimmer und dem dazugehörigen Sanitärbereich
kann ich nicht im Einzelnen aufzählen, da sie häufig gar
nicht sichtbar sind. Aber an der „Vielarmigkeit" von Roby
besteht überhaupt kein Zweifel.

Durch die Massenproduktion sind die Preise für künst-
liche Hände auf immer neue Rekordminima gesunken, was
zu einer Revolution aller „manuellen" Tätigkeiten auf der
Welt geführt hat, die noch heute in vollem Gange ist. Natürlich gestaltet sich der Ersatz menschlicher Hände nicht
überall so problemlos wie in deutschen Altenheimen. Doch
der weltweite Siegeszug von Roby bietet vielleicht ein Modell dafür, wie man „freigesetzte Arbeitskräfte" sinnvoll
beschäftigen kann. Tatsächlich ist Roby inzwischen in alle
Altenpflegeheime der zivilisierten Welt eingezogen. Und er
heißt auch überall „Roby" (bzw. „Loby" in Ostasien). Weil
er so billig geworden ist und immer schwierigere Aufgaben

übernehmen kann, konnten die Kosten für Pflegepersonal seit der Einführung des Programms „Menschliche Altenpflege" stabil gehalten werden. Auf ähnlichem Niveau bewegen sich die Altenpflegekosten in den anderen hochentwickelten Ländern und ermöglichen auf diese Weise eine humane Versorgung aller pflegebedürftigen Seniorinnen und Senioren.

Roby zu Hause Das Loblied auf Roby ist keineswegs auf seine Vollversion im Pflegeheim beschränkt. Meine Bekanntschaft mit ihm begann schon vor fünfzehn Jahren, als ich mich entschloss, in eine barrierefreie Wohnung in einer Altensiedlung nahe der Innenstadt umzuziehen. Es war ein typisches Single-Appartement. Wohnzimmer mit Küchennische, kleinem Schlafzimmer und Bad reichten völlig für einen alten Mann. Mein erster Roby war eine Fortentwicklung des früheren Rollators. Mit einem „Roby komm her!" kam er angerollt und half mir sogar beim Aufstehen, indem er mir eine „Hand" reichte, an der ich mich hochziehen konnte. Auch sonst war er eine hilfreiche Hand, die mir sogar für einige Zeit die Haushaltshilfe ersparte. Die Kommunikation mit ihm war problemlos, zumal in seinem Roby-Hirn eine bewundernswerte Lernfähigkeit einprogrammiert war. Die Grundstruktur seines Gehirns entsprach ja schon derjenigen der Vollversion, mit der ich es heute zu tun habe. Nach wenigen Wochen hatte Roby meine Lebensgewohnheiten verinnerlicht, und ich konnte mich mit ihm über alle meine Wünsche unterhalten. In den fünfzehn Jahren seit meinem fünfundachtzigsten Geburtstag hat das Roby-Hirn zwar viele neue Möglichkeiten hinzugewonnen, aber seine Fähigkeiten waren schon damals für mich außerordentlich beeindruckend.

Als sich nach einigen Jahren meine Bedürfnisse mehr und mehr in Richtung „Pflegesessel" entwickelten, half Roby mir bei der Auswahl eines für mich optimalen Roby-Sessels. Dieser besitzt zwei vollentwickelte Roboter-Hände, deren „Zartgefühl" ja schon weiter oben beschrieben wurde. Die beiden „Augen" steuern nicht nur die Bewegung der Hände, sondern auch alle weiteren Bewegungen des Sessels, der nicht nur gezielt in der Wohnung herumrollt, sondern auch die Form der Sitz- und Liegefläche ganz nach meinen jeweiligen Bedürfnissen optimieren kann. Der Roby-Sessel ist also zugleich ein optimaler Rollstuhl. Ich war anfangs immer wieder neu erstaunt, wie sensibel die Roby-Hände mir unter die Arme greifen konnten, wenn ich aufstehen wollte, um mit dem Roby-Rolli in der Wohnung herumzulaufen. Seine beiden Arme halfen mir auch beim Umsteigen ins Bett oder ins Bad, solange dies noch mit zwei Händen möglich war. Der Übergang vom Roby-Sessel zum Roby-Bett war relativ einfach, weil alle Eigenheiten des Sessels erhalten blieben. Die hauptsächlichen Änderungen waren eine Vergrößerung der Liegefläche und ein Paar weiterer Arme am Fußende des Bettes. Die zwei paar Arme mit ihren wunderbaren Händen waren schon fast so leistungsfähig wie deren Weiterentwicklung, die mir heute in puncto „Körperpflege" zur Verfügung steht.

Vielleicht sind zum Schluss noch einige allgemeine Bemerkungen zu „Roby" im häuslichen Bereich sinnvoll. Die Wohnung ist ja seit Jahrzehnten ein stetig wachsender Markt für Anwendungen der Robotik. Von den Kuschelrobotern war bereits weiter oben die Rede. In der Unterhaltungselektronik sind CD- und DVD-Player inzwischen genauso selten geworden wie der alte Plattenspieler. Alles kommt über das Internet aus der „Cloud" und wird daraus in ganz normaler Sprache „abgerufen". Auch sonst läuft in Haushalt und Küche alles über den Dialog mit „Roby". Seit für die Kommunikation mit Robotern einheitliche internationale Standards vereinbart wurden, ist der Dialog mit den in einer Wohnung vorhandenen Geräten und Service-Einrichtungen denkbar einfach. Alle reagieren auf „Roby", aber auch andere Namen sind auf Wunsch des Kunden einstellbar. Das ganze System ist so perfekt optimiert, dass es kaum noch zu Missverständnissen kommt. Manchmal frage ich mich, ob in diesem Bereich überhaupt noch ein Fortschritt vorstellbar ist. Aber schließlich bin ich ein alter Mann. Junge Menschen werden immer wieder neue Ideen haben und aus ihren Zukunftsvisionen ihre eigene Welt gestalten, in der dann „Roby" ganz selbstverständlich mit dazugehören wird.

27

Ich und die große Welt

Hier geht es auch um die Wahrheit über den sogenannten „bescheidenen Wissenschaftler." Zu diesen habe ich mich selber solange gezählt, bis mir meine ganz persönliche Eitelkeit und der dazugehörige Ehrgeiz im Jahre 1991 schmerzlich bewusst wurden. Ich hatte zum ersten Mal ein Manuskript an die prestigeträchtigen *Physical Review Letters* geschickt, weil ich dachte, unsere neuen Ergebnisse seien so bedeutend, dass sie unbedingt dort erscheinen müssten. Doch das Manuskript wurde abgelehnt; es war dies überhaupt das erste meiner Manuskripte, das je abgelehnt wurde. Meine nachfolgenden Gefühle haben sich tief in mein Gedächtnis eingeprägt, es waren schlicht und einfach Gemütszustände einer zutiefst verletzten Eitelkeit. „Ich" wollte mit meiner Arbeit ganz groß herauskommen und bin gescheitert. – Eine späte Genugtuung, die wiederum meine Eitelkeit dokumentiert, ergab sich zehn Jahre später. Wir hatten unsere Ergebnisse nämlich nach der Ablehnung in der ziemlich unbedeutenden deutschen *Zeitschrift für Physik B – Condensed Matter* veröffentlicht. Und nun erhielt ich eine Anfrage der Herausgeberin eines Sammelbandes bedeutender Publikationen auf diesem Gebiet, die unsere

Arbeit in ihre Sammlung aufnehmen wollte. Ach, wie wohl mir das tat!

In der Schule erzählte der Mathematiklehrer uns von dem kleinen Gauß, der als Abc-Schütze die Zahlen von eins bis hundert zusammenzählen sollte und das so machte: $1 + 99 = 100$, $2 + 98 = 100$, $3 + 97 = 100$ und so weiter bis $49 + 51 = 100$ macht zusammen 5000, und mit 50 in der Mitte ergibt dies 5050. Auf so eine geniale Idee wäre ich nie gekommen, das war mir schon als Kind klar. Also, Mathematiker ist kein Beruf für mich. Mit Wunderkindern, die schon mit neunzehn Professor in Oxford werden, möchte ich nicht konkurrieren. Mit der Physik ging es mir ähnlich. Da gab es diesen Wolfgang Pauli, der 1919 nach seinem Abitur schon ein fertiges Publikationsmanuskript über die Allgemeine Relativitätstheorie mit nach München brachte und damit seinen Physikprofessor in Erstaunen setzte. Auch in der Musik gibt es diese Wunderkinder. Sonja Nees zum Beispiel spielte mit vielleicht sechzehn das Cellokonzert von Haydn mit dem Frankfurter Jugendsinfonieorchester. Da konnte ich nicht mithalten, zumal ich nicht täglich stundenlang üben wollte, um schließlich als Cellist am letzten Pult in irgendeinem mittelmäßigen Orchester zu enden.

In der Chemie-Vorlesung saß ich immer in der ersten Reihe. Und weil der Professor dauernd Schusseligkeitsfehler an die Tafel schrieb, hob ich oft meinen Finger, um ihn zu korrigieren. So lernte ich im ersten Semester Hans Eisert kennen, der offenbar von meinen Chemiekenntnissen beeindruckt war. Nach einer Vorlesung kam er auf mich zu und sagte, dass er sich auch für Chemie interessiere. Eisert korrigierte häufig den Professor in der Mathematik-

Vorlesung, was nun wiederum mich beeindruckte. Außerdem verriet er mir, dass er gerade auf dem Weg in seinen Russisch-Kurs sei; denn er vertrete demnächst die Bundesrepublik als Pianist bei den internationalen Jugendfestspielen in Moskau. Eisert war also einer von diesen begnadeten Menschen, denen alles zuflog, und die spielend überall an die Weltspitze gelangten. Übrigens würde er demnächst in Offenbach in einem Vorspielnachmittag bei seinem Klavierlehrer eine Schubert-Sonate spielen. Natürlich war ich da und saß wahrscheinlich wieder in der ersten Reihe. Am Ende eines der üblichen Schüler-Konzerte, wo sich aufgeregte Kinder mit Schumanns Fröhlichem Landmann plagen, betrat Hans Eisert die Bühne und spielte eine der späten Schubert-Sonaten. Schon während der ersten paar Takte stürzte das jugendliche Genie in meiner Vorstellungswelt aus dem Olymp der Weltgrößen auf den harten Boden irdischer Mittelmäßigkeit. Wo man aus dem Radio kristallklare perlende Läufe gewohnt war, erklang ein peinlich hoppelndes Geklimper, bei dem sich unter dem Klavier immer mehr ausgelassene Noten ansammelten. Und damit wollte er in Moskau die Bundesrepublik vertreten??? – Es war nur zu offensichtlich, warum man ihn ausgewählt hatte. Er sollte vor aller Welt die Dekadenz der westlichen Deutschen demonstrieren, damit der Vertreter aus der DDR nur umso strahlender erklingen konnte. Tatsächlich wurde Eisert bei dem Wettbewerb in Moskau letzter. Sogar in Mathematik landete er nach wenigen Semestern in der unteren Mittelklasse.

Den ersten wirklich genialen Menschen lernte ich als Doktorand kennen, als ich an einem der Ferienkurse für Theoretische Chemie in Konstanz teilnahm. Zwei Vormittage des Kurses wurden von Manfred Eigen und Mitarbeitern bestritten. Es ist schwer, den überwältigenden Eindruck zu beschreiben, die alles ergreifende Faszination, die von diesem Menschen ausging. Mir wurde sofort klar: Wenn jemals in Zukunft ein deutscher Physikochemiker den Nobelpreis bekommen würde, wäre dies Manfred Eigen. Tatsächlich bekam er ihn schon drei Jahre später. Viele Jahre danach hat er als Präsident der Studienstiftung des Deutschen Volkes gelegentlich zusammen mit Stipendiaten musiziert – als ausgezeichneter Pianist.

Meine erste persönliche Begegnung mit einem (zukünftigen) Nobelpreisträger erlebte ich im Streichquartett. Ende 1967 war ich mit Beate und dem kleinen Daniel für vier Monate in Cambridge, Massachusetts. Roy Gordon, bei dem ich an der Harvard University arbeitete, spielte Geige, und ich durfte gelegentlich mit ihm im Streichquartett spielen. Eines Tages saß Bill Lipscomb, ein Professor aus der Anorganischen Chemie, am Pult der ersten Geige und spielte alles, was wir uns wünschten, auf seiner Klarinette. Er spielte nicht nur alles, prima vista, vom Blatt, sondern transponierte dazu noch die Noten in die Notation seiner B-Klarinette, bei der B-Dur wie C-Dur aussieht. Doch nicht dafür bekam er später den Nobelpreis, sondern für seine bahnbrechenden Forschungen in der Chemie der Bor-Verbindungen. Ansonsten war er ein netter Mensch, und von einer Aura des Genialen war nicht viel zu spüren.

Doch wie kam ich eigentlich an die Harvard Universität? – Nun, nach meiner Promotion hatte ich ein Forschungsstipendium erhalten und arbeitete zwei Jahre lang bei Daniel Kivelson an der University of California in Los Angeles. Monatelang saßen wir nachmittags zusammen und versuchten eine Theorie zu finden, mit der man die Resultate gewisser Experimente mit zähen Flüssigkeiten aus Kivelsons Labor beschreiben konnte. Als wir nicht weiterkamen, suchte ich in der Bibliothek nach Publikationen über ähnliche Experimente. Tatsächlich fand ich dort eine Gleichung, deren Lösung sich relativ einfach auf unser Problem übertragen ließ und am Ende zu einem fertigen Publikationsmanuskript führte. Als Kivelson Kopien dieses Manuskripts an seine amerikanischen Kollegen schickte, stellte sich heraus, dass man unser Problem, fast gleichzeitig, aber auf ganz anderen Wegen, an der Stanford-, der Yale-, der Cornell- und der Harvard-University gelöst hatte. Und so wurde ich plötzlich vom ganz gewöhnlichen Postdoktoranden zum Welt-Spitzenforscher, einfach weil ich nichtsahnend in so prominente Gesellschaft geraten war. An der Harvard-Universität hatte ein Doktorand von Roy Gordon die Lösung des Problems ausgearbeitet, und Kivelson meinte, es wäre für mich sicherlich ein schönes Erlebnis, zum Abschluss meines USA-Aufenthalts ein paar Monate an dieser Universität zu sein, wo nicht nur er selber, sondern auch seine Frau studiert hatte.

Die zweite persönliche Begegnung mit einem Nobelpreisträger war für mich eher peinlich. 1983 fand im Zusammenhang mit dem Nato-Doppelbeschluss in Mainz die Tagung „Naturwissenschaftler gegen Atomrüstung" statt. Am Abend vorher hatte Matthias Kreck, ein befreundeter Kollege und Nachbar in Drais, die eingeladenen Redner und einige weitere Teilnehmer, darunter auch mich, zu einem zwanglosen Beisammensein in seinem Garten eingeladen. Und da stand ich plötzlich ganz allein neben Linus Pauling, der außer dem Nobelpreis für Chemie auch noch den Friedensnobelpreis für seine erfolgreichen Aktivitäten gegen die Atombombenversuche in der Atmosphäre erhalten hatte. Was hätte ich ihn nicht alles fragen können! – Und nun fiel mir nichts ein außer ein bisschen Small Talk, bis er einen einfallsreicheren Gesprächspartner gefunden hatte. Am nächsten Tag stand er dann auf dem Domplatz und skandierte mit den zahlreich erschienenen Teilnehmern der Protestkundgebung: *Refuse the Cruise*. Hier war er in seinem Element, auch wenn er den Bau der *Cruise Missiles* nicht verhindern konnte, jener teuflischen Raketen, die sich unter den Radarschirmen der Gegner durchschlängeln können, um schließlich ihre *Smart Bomb* oder gar Atombombe metergenau in das vorprogrammierte Ziel zu transportieren. Während auf dem Domplatz alle die Faszination spürten, die von diesem Menschen ausging, war er bei unserer Begegnung im Garten von Matthias Kreck ein ganz gewöhnlicher alter Mann, der täglich 10 g oder mehr Vitamin C aß, weil er glaubte, damit sei er gegen Erkältungskrankheiten immunisiert.

Und wie habe ich es zum „Ordinarius" gebracht? – In Frankfurt war ich als Privatdozent 1971 aufgrund eines neuen Universitätsgesetzes in eine Lebenszeitprofessur „übergeleitet" worden. Natürlich habe ich mich überall in Deutschland um eine „richtige" Professur beworben. Elfmal kam ich sogar in die engere Wahl und wurde zum Vorstellungsvortrag eingeladen. Doch als in Mainz die Nachfolge des berühmten Polymerforschers G. V. Schulz ausgeschrieben wurde, habe ich mich erst gar nicht beworben, weil ich mir keinerlei Chancen ausrechnete. Denn ich hatte ja gerade erst angefangen, langsame Bewegungen in Polymersystemen mit der Methode der magnetischen Kernresonanzspektroskopie zu untersuchen, auch weil es dazu ein bundesweites „Schwerpunktprogramm" der Deutschen Forschungsgemeinschaft gab. Aber die Gutachter zu diesem Schwerpunktprogramm saßen im „Sonderforschungsbereich Chemie und Physik der Makromoleküle" in Mainz. Und denen gefiel offenbar mein Forschungsprojekt, das sie als gute Ergänzung ihrer eigenen Arbeiten betrachteten. Später erfuhr ich noch, dass es in der Besetzungskommission eine gewisse Pattsituation gegeben hatte, weil man sich nicht auf einen der renommierten Polymerforscher einigen konnte. Daher wurde beschlossen, noch „einige junge Kollegen" zum Vortrag einzuladen, unter denen ich schließlich das Rennen gewann. Übrigens war die Stelle als „H4-Professur" ausgeschrieben, und ich war sehr überrascht, als ich auf meiner vom damaligen Ministerpräsidenten Helmut Kohl unterschriebenen Urkunde eine Ernennung zum „ordentlichen Professor" vorfand. In Rheinland-Pfalz waren demnach die Ordinarien noch nicht ganz ausgestorben. Nur die Talare waren abgeschafft und sind es bis auf den heutigen Tag.

Tja, und wie war das nun mit dem „bescheidenen Wissenschaftler"? – Es handelt sich dabei einfach um eine liebenswürdige Tradition, die in England noch virtuoser gepflegt wird (wurde?) als in Deutschland. Da treffen sich zwei typische britische Gentlemen, in abgetragenen Anzügen mit zerknitterten Hosenbeinen, abends im Club. Der eine erwähnt nebenbei, neulich auf dem Nachhauseweg vom Kricket-Spielen sei ihm etwas ganz Nettes eingefallen, das er mal versuchsweise aufgeschrieben habe. Es sei sicherlich ganz unbedeutend, aber vielleicht hätte der Kollege ja gelegentlich Lust, einen Blick darauf zu werfen.

Und damit überreicht er diesem Kollegen das Manuskript einer Arbeit, an der er seit Monaten fast ununterbrochen fieberhaft gearbeitet hat und die er insgeheim, wohl nicht zu Unrecht, für einen bahnbrechenden Fortschritt, wenn nicht sogar eine Revolution eines ganzen Wissenschaftszweigs hält. *„Understatement"* nennt man so etwas, und wer es sich leisten kann, ist stolz darauf. Dass irgendein Gentleman mit diesen guten Umgangsformen weniger eitel ist, als sein jederzeit dick auftragender amerikanischer Kollege, glaubt natürlich keiner. – Was mich persönlich angeht, so möchte ich ehrlich zugeben, dass ich in diesem „Gedankenspiel" endlich mal die Gelegenheit ergreifen wollte, allen meinen Freunden und Bekannten zu sagen, was für ein bedeutender Mensch ich (bald gewesen) bin. Wenn man ein gewisses Alter überschritten hat, muss man nämlich in dieser Hinsicht kaum noch auf irgendjemanden Rücksicht nehmen. Und natürlich weiß ich auch, was schon Kohelet, der „Prediger Salomonis", wusste: „Ich sah an alles Tun, das unter der Sonne geschieht; und siehe, es war alles eitel und Haschen nach Wind." (Pred. 1, 14)

Literatur

Barrow JD (1992) Pi in the sky. Oxford University Press, New York

Barrow JD, Tipler F (1986) The anthropic cosmological principle. Oxford University Press, New York

Beckermann A (2000) Analytische Einführung in die Philosophie des Geistes. De Gruyter, Berlin

Bojowald M (2009) Zurück vor den Urknall. Fischer, Frankfurt a. M.

Bonhoeffer D (1951) Widerstand und Ergebung, Briefe und Aufzeichnungen aus der Haft. Kaiser, München

Boom C ten (1960) Dennoch. Brockhaus-Taschenbuch Nr. 3 (Originaltitel: Boom C ten (1946) Gefangene en toch. Uitgeverij W. ten Have N. V., Amsterdam)

Brecht B (1993) Werke. Große kommentierte Berliner und Frankfurter Ausgabe, Bd 15. Suhrkamp Verlag, Frankfurt a. M. (Gedichte 5. © Bertholt-Brecht-Erben)

Caspary R et al (2012) Lernen und Gehirn: Der Weg zu einer neuen Pädagogik, 7. Aufl. Nikol, Hamburg

Changeux JP, Connes A (1992) Conversations on mind, matter, and mathematics. Princeton University Press, Princeton

Cicero (1965) Cato der Ältere über das Greisenalter. Reclam, Stuttgart, S 44

Damasio AR (1997) Descartes' Irrtum: Fühlen, Denken und das menschliche Gehirn. dtv, München

Damasio AR (2002) Ich fühle, also bin ich: Die Entschlüsselung des Bewusstseins. List, Berlin

Damasio AR (2011) Selbst ist der Mensch: Körper, Geist und die Entstehung des menschlichen Bewusstseins. Siedler, München

DeWitt B, Graham N (1973) The many-worlds interpretation of quantum mechanics. Princeton University Press, Princeton

Doctrine Commission of the General Synod of the Church of England (1995) The mystery of salvation. Church House Publishing, London

Drossel B (2013) Und Augustinus traute dem Verstand – Warum Naturwissenschaft und Glaube keine Gegensätze sind. Brunnen, Gießen

Einstein A (1940) Beitrag zu einem Symposium über *Science, Philosophy and Religion*. (Zitiert nach: Einstein A (1984) Aus meinen späten Jahren). Deutsche Verlagsanstalt, Stuttgart, S 43 f.

Friederici AD (2008) Gehirnkorrelate sprachlicher Verarbeitungsprozesse in den ersten Lebensjahren. In: Fink H, Rosenzweig R (Hrsg) Neuronen im Gespräch – Sprache und Gehirn. Mentis, Paderborn, S 185–206

von Glasersfeld E (1997) Radikaler Konstruktivismus. Suhrkamp, Frankfurt a. M.

Hawking S (1988) A brief history of time. Bantam Books, New York (Deutsche Ausgabe: Hawking S(2010) Eine kurze Geschichte der Zeit. Rowohlt, Berlin)

Hawking S, Mlodinow L (2010) The grand design. Bantam Books, New York (Deutsche Ausgabe: Hawking S, Mlodinow L (2010) Der große Entwurf. Rowohlt, Berlin)

Jammer M (1999) Einstein and religion. Princeton University Press, Princeton

Jung CG (1928) Die Beziehung zwischen dem Ich und dem Unbewussten. Gesammelte Werke (1995), Bd 7. Walter, Olten

Jüngel E (1971) Tod. Kreuz, Stuttgart

Kippenhahn R (2011) Kosmologie: Basics. Piper, München

Kümmel R (2005) Moderne Physik und christlicher Glaube. In: Becker P, Gerold T (Hrsg) Die Theologie an der Universität. LIT, Münster

Kümmel R (2015) Die Vierte Dimension der Schöpfung: Gott, Natur und Sehen in die Zeit. Springer Spektrum, Heidelberg

Küng H (1992) Credo. Das Apostolische Glaubensbekenntnis – Zeitgenossen erklärt. Piper, München

Lakoff G, Nunez RE (2000) Where mathematics comes from – how the embodied mind brings mathematics into being. Basic Books, New York

Leibniz GW (1710) Theodizee. (Originaltitel: Essais de Théodicée.) Amsterdam

Lewis D (1986) On the plurality of worlds. Wiley-Blackwell, Oxford

Livio M (2009) Is god a mathematician? Simon & Schuster, New York

Lorenz (1973) Die Rückseite des Spiegels. Piper, München

Metzinger T (2003) Being no one. The MIT Press, Cambridge

Metzinger T (2009) Der Ego-Tunnel. Piper, München

Neffe J (2005) Einstein. Eine Biographie. Rowohlt, Reinbek bei Hamburg, S 40, 257

Pauen S (2006) „Was Babys denken." Eine Geschichte des ersten Lebensjahres. Beck, München

Pauen S (2011) Vom Baby zum Kleinkind: Entwicklungstagebuch zur Beobachtung und Begleitung in den ersten Jahren. Springer Spektrum, Heidelberg

Peirce CS (1877) The fixation of belief. Popular Sci Mon 12:1–15

Penrose R (1998) Das Große, das Kleine und der menschliche Geist. Spektrum Akademischer Verlag, Heidelberg

Piaget J (1937) La construction du réel chez l'enfant (Der Aufbau der Wirklichkeit beim Kinde). Delachaux et Niestlé, Neuchâtel

Primas H (1995) Über dunkle Aspekte der Naturwissenschaft. In: Atmanspacher H et al (Hrsg) Der Pauli-Jung-Dialog. Springer, Heidelberg

Ramachandran (1999) Phantoms in the brain. Fourth Estate Paperbacks, London (Deutsche Ausgabe: Ramachandran (2000) Die blinde Frau die sehen kann, Rowohlt, Berlin)

Ratzinger J (2012) Jesus von Nazareth: Prolog – Die Kindheitsgeschichten. Herder, Freiburg

Sacks O (1990) Der Mann, der seine Frau mit einem Hut verwechselte. Rowohlt, Reinbek

Sacks O (1995) Eine Anthropologin auf dem Mars. Rowohlt, Reinbek

Singh S (2000) Fermats letzter Satz. dtv, München

de Spinoza B (1677) Die Ethik nach geometrischer Methode dargestellt. (1. Kap. „Über Gott", 29. Lehrsatz.) Übersetzung von Baensch O (1976) Felix Meiner, Hamburg

Strauß DF (1836) Das Leben Jesu, kritisch bearbeitet. 1835–1836, mehrere veränderte Neuauflagen

Tammet D (2009) Wolkenspringer. Patmos, Ostfildern

Tugendhat E (2003) Egozentrizität und Mystik. Beck, München

Vollmer G (1975) Evolutionäre Erkenntnistheorie. Hirzel, Stuttgart

Weber H (1893) Leopold Kronecker. Jahresber Dtsch Math Ver 2:19

von Weizsäcker CF (1977) Der Garten des Menschlichen. Hanser, München, S 517

von Weizsäcker CF (1985) Aufbau der Physik. Hanser, München, S 565

von Weizsäcker CF (1992) Zeit und Wissen. Carl Hanser, München, S 641

Welsch N (2015) Leben ohne Tod? Springer Spektrum, Heidelberg

Wijkmark CH (2001) Der moderne Tod – Vom Ende der Humanität, Gemini, Berlin (Schwedische Originalausgabe 1978)

Literatur **271**

Internetlinks, nach Stichwörtern alphabetisch geordnet. Letzter
   Zugriff am 28.04.2015

astronews http://www.astronews.com/frag/antworten/frage341.html
astronomische Maßstäbe http://www.weltderphysik.
   de/gebiet/astro/astronomische-massstaebe/entfernungen-teil1/
Beobachtbares Universum https://de.wikipedia.org/wiki/Beobachtbares_Universum
cosmological parameters http://www.letterstonature.wordpress.
   com/2010/01/29/wmap-7-cosmological-parameter-set/
Gravitationslinseneffekt https://de.wikipedia.org/wiki/Gravitationslinseneffekt
Hintergrundstrahlung http://www.kosmologie.fuer-eilige.de/hintergrundstrahlung.htm
kosmische Expansion http://www.scilogs.de/relativ-einfach/kosmische-expansion-zwischen-gummiband-und-rosinenkuchen/
Lambda-CDM-Modell https://de.wikipedia.org/wiki/Lambda-CDM-Modell
Lineweaver D http://www.mso.anu.edu.au/~charley/papers/LineweaverDavisSciAm.pdf
many worlds http://www.plato.stanford.edu/entries/qm-many-worlds/
Plasmamodell http://www.setterfield.org/ZPE-Plasma_model.html
Raumkrümmung https://de.wikipedia.org/wiki/Raumkrümmung
Sagittarius https://de.wikipedia.org/wiki/Sagittarius_A*#cite_ref-6
Schwarzschild-Radius http://www.einstein-online.info/lexikon/schwarzschildradius
Standardkosmologie http://www.skyweek.wordpress.com/2013/03/21/planck-bestatigt-die-standardkosmologie-aber/
time http://www.ldolphin.org/time.html
unbefleckte Empfängnis https://de.wikipedia.org/wiki/Unbefleckte_Empfängnis
Viele Welten http://www.viele-welten.de/

Viele-Welten-Interpretation   https://de.wikipedia.org/wiki/Viele-Welten-Interpretation

Weltraum http://www.welt.de/wissenschaft/weltraum/astronomie/article3531299/Wann-geht-das-Universum-zugrunde.html

Wetterich C https://de.wikipedia.org/wiki/Christof_Wetterich

Zwei-Wahrheiten-Lehre http://www.u01151612502.user.hosting-agency.de/malexwiki/index.php/Zwei-Wahrheiten-Lehre

Sachverzeichnis

Willkommen zu den Springer Alerts

- Unser Neuerscheinungs-Service für Sie:
  aktuell *** kostenlos *** passgenau *** flexibel

Springer veröffentlicht mehr als 5.500 wissenschaftliche Bücher jährlich in gedruckter Form. Mehr als 2.200 englischsprachige Zeitschriften und mehr als 120.000 eBooks und Referenzwerke sind auf unserer Online Plattform SpringerLink verfügbar. Seit seiner Gründung 1842 arbeitet Springer weltweit mit den hervorragendsten und anerkanntesten Wissenschaftlern zusammen, eine Partnerschaft, die auf Offenheit und gegenseitigem Vertrauen beruht.

Die SpringerAlerts sind der beste Weg, um über Neuentwicklungen im eigenen Fachgebiet auf dem Laufenden zu sein. Sie sind der/die Erste, der/die über neu erschienene Bücher informiert ist oder das Inhaltsverzeichnis des neuesten Zeitschriftenheftes erhält. Unser Service ist kostenlos, schnell und vor allem flexibel. Passen Sie die SpringerAlerts genau an Ihre Interessen und Ihren Bedarf an, um nur diejenigen Information zu erhalten, die Sie wirklich benötigen.

Mehr Infos unter: springer.com/alert

Printed in the United States
By Bookmasters